U0936716

# 大学生安全教育

鲁先长　主编

合肥工業大學 出版社

**图书在版编目(CIP)数据**

大学生安全教育/鲁先长主编．—合肥:合肥工业大学出版社,2015.8
ISBN 978-7-5650-2381-1

Ⅰ.①大… Ⅱ.①鲁… Ⅲ.①大学生—安全教育—高等学校—教材
Ⅳ.①G645.5

中国版本图书馆 CIP 数据核字(2015)第 185323 号

**大学生安全教育**

鲁先长 主编　　　　责任编辑 朱移山 张 慧

| | | | |
|---|---|---|---|
| 出 版 | 合肥工业大学出版社 | 版 次 | 2015 年 8 月第 1 版 |
| 地 址 | 合肥市屯溪路 193 号 | 印 次 | 2015 年 9 月第 1 次印刷 |
| 邮 编 | 230009 | 开 本 | 710 毫米×1000 毫米 1/16 |
| 电 话 | 总 编 室:0551-62903028 | 印 张 | 14 |
| | 市场营销部:0551-62903198 | 字 数 | 240 千字 |
| 网 址 | www.hfutpress.com.cn | 印 刷 | 合肥市广源印务有限公司 |
| E-mail | hfutpress@163.com | 发 行 | 全国新华书店 |

ISBN 978-7-5650-2381-1　　　　定价:21.60 元

如果有影响阅读的印装质量问题,请与出版社市场营销部联系调换。

# 《大学生安全教育》
## 编委会


**主　编**　鲁先长

**副主编**　朱世华　　金相平

　　　　　黄贤武　　郑　琳

# 前　言

当前，我国的高等教育进入了快速发展时期，办学规模不断扩大，在校大学生人数急剧增加。而时代的变化，也让大学与社会的联系越来越紧密。大学校园里，一些危及大学生生命和财产安全的恶性案件和意外事故不时发生，大学生安全问题已经引起社会各界的高度关注。构建平安校园，营造安全和谐的学习氛围，促进大学生健康成长是学校工作的重要任务。安全教育是行为教育，不能仅仅依靠家长、学校和社会的外界重视，关键是要大学生树立安全意识，掌握各种安全知识，在行为上培养安全技能，使他们既能做到防患于未然，又能在面临危情时，临危不惧，果断、机智、正确地处理各种安全问题，达到保护自身安全的目的。

《大学生安全教育》根据目前大学校园的实际情况，系统地介绍了大学生面临的种种安全问题，包括公共安全、交通与出行安全、消防安全、人身与财产安全、人际交往安全和计算机网络安全等，旨在帮助大学生养成良好的安全习惯，提高安全意识，掌握安全知识和培养安全技能，增强自我防护能力。《大学生安全教育》内容全面、丰富，通俗易懂，既有理论的阐述，也有实例的分析，更有“思考与练习”启发学生，巩固所学，提高学生安全实践能力。《大学生安全教育》以其知识性、实践性和可操作性的特点，可作为本、专科高等院校在校大学生进行安全教育的教材使用。

本教材由鲁先长担任主编，朱世华、金相平、黄贤武、郑琳担任副主编。由于编者水平所限，书中疏漏之处在所难免，恳请同行和广大同学们批评指正。

编　者

2015 年 8 月

# 目 录

# 第一章　公共安全

## 第一节　国家安全

2015 年 7 月 1 日，第十二届全国人民代表大会常务委员会第十五次会议通过新的国家安全法，指出“国家安全是指国家政权、主权、统一和领土完整、人民福祉、经济社会可持续发展和国家其他重大利益相对处于没有危险和不受内外威胁的状态，以及保障持续安全状态的能力”。当前我国国家安全内涵和外延比历史上任何时候都要丰富，时空领域比历史上任何时候都要宽广，内外因素比历史上任何时候都要复杂，它是集政治安全、国土安全、军事安全、经济安全、文化安全、社会安全、科技安全、信息安全、生态安全、资源安全、核安全等于一体的国家安全体系。其中最基本、核心的是国民安全。

国家安全问题事关国家安危和民族存亡，事关每个公民的切身利益。一方面国家安全是个人安全的前提，没有国家安全就不可能有个人安全；另一方面，国家安全有赖于每个公民的自觉维护。我国国家安全的维护，是由一个庞大的保护体系来完成的，主体是国家安全机关、公安机关以及各国家机关、企事业单位、各种团体和公民个人，由宪法、刑法、国家安全法、保守国家秘密法、行政处罚法和刑事诉讼法等法律提供法律保障。国家安全法只是对国家安全中最重要、最突出的部分进行保护，同时还指导国家的整个安全工作。

## 一、国家安全的特征

国家安全具有以下三个特征：

1. 政治性

无论是来自国外还是国内的敌对分子受国外敌对势力的派遣或指使，或内外勾结，无论危害国家安全的行为来自军事、经济或情报等方面，最终都是针对我国的国家政权，都服务于政治，都是为了颠覆人民民主政权，因而国家安全具有非常明显的政治性。

2. 广泛性

广泛性是指国家安全涉及国家社会生活的方方面面，国家主权、领土完整、公共安全、经济秩序、社会秩序、财产所有权、公民的人身和各种权利等各个方面的安全都与国家安全相关，而其他方面的安全问题都不具有这样的广泛性。

3. 全民性

全民性特征是广泛性特征派生出来的，是指维护国家安全与每个国家机关、企事业单位和社会团体以及公民个人有关，是他们的法律义务。我国《宪法》规定："公民有维护国家统一和全国各民族团结的义务"；"公民有维护国家的安全、荣誉和利益的义务"；"一切国家安全机关和武装力量，各政党和各社会团体及各企业事业组织，都有维护国家安全的义务"。国家安全的另一层含义是国家安全与全民有关。"有国才有家"，这个浅显的道理清楚地说明了这个含义。每个组织和个人把国家的安危都当作自己个人的安危来维护，专门机关与人民群众相结合，国家安全才有保障。国家安全的全民性就体现在这里。

## 二、什么是危害国家安全的行为

《中华人民共和国国家安全法》所称危害国家安全的行为，是指境外机构、组织、个人实施或者指使、资助他人实施的，或者境内组织、个人与境外机构、组织、个人相勾结实施的下列危害中华人民共和国国家安全的行为。

1. 阴谋颠覆政府，分裂国家，推翻社会主义制度的行为。

例如，达赖喇嘛在境外成立了流亡政府，东突厥势力在国内进行破坏、谋杀、爆炸等活动。

2. 参加间谍组织或者接受间谍组织及其代理人的任务的行为。

无论行为人是否接受了间谍组织的任务，是否进行了窃取、刺探、收买、非法提供情报或其他破坏活动，只要参加了间谍组织，即构成了间谍犯罪。未参加间谍组织，却接受了间谍组织或其代理人的任务，不管其任务实现与否，不影响间谍犯罪的成立。

3. 窃取、刺探、收买、非法提供国家秘密的行为。

一般是指在未参加间谍组织，也没接受其代理人任务的情况下，主动为间谍机构窃取、刺探、收买、提供情报。不管情报是否到了间谍手中，都不影响间谍犯罪的成立，属于危害国家安全的行为。

4. 策动、勾引、收买国家工作人员叛变的行为。

5. 进行危害国家安全的其他破坏活动的行为：

（1）组织、策划或者实施危害国家安全的恐怖活动的行为；

（2）捏造、歪曲事实，发表、散布文字或者言论，或者制作、传播音像制品，危害国家安全的行为；

（3）利用设立社会团体或者企业、事业组织，进行危害国家安全活动的行为；

（4）利用宗教进行危害国家安全活动的行为；

（5）制造民族纠纷，煽动民族分裂，危害国家安全的行为；

（6）境外个人违反有关规定，不听劝阻，擅自会见境内有危害国家安全行为或者有危害国家安全行为重大嫌疑的人员的行为。

**【案例】** 2014 年 8 月，某市国家安全机关工作人员在执行工作任务，某公司总经理朱某某、部门经理郭某以种种借口故意阻挠。朱某某还抢夺国家安全机关工作人员的证件并推搡工作人员，郭某则纠集该公司十余名员工聚众与国家安全机关工作人员对抗，持续时间长达一个多小时。朱某某、郭某无视法律，公然聚众阻挠国家安全机关工作人员依法执行工作任务的恶劣行为，造成了极坏的社会影响，触犯了有关法律规定。为维护国家法律的严肃性，国家安全机关依法对朱某某、郭某分别处以拘留 15 日行政处罚。

**【案例】** 郭某某，男，南开大学毕业，军事领域某方面技术专家。20 世纪 90 年代初，郭某某在参加一个远房亲戚的婚礼时结识了某境外间谍人员，随后被该间谍以金钱收买。在明知对方为境外间谍组织工作的情况下，郭某某仍然向其提供了大量有关我军队武器装备方面的情报信息，其中包括多项绝密级国家秘密，对国家安全与国防建设造成了特别巨大的危害，后果特别严重。2007年5月，郭某某被判死刑。

## 三、公民维护国家安全的义务和权利

我国《宪法》第五十四条、《国家安全法》第三条中都明确规定："中华人民共和国公民有维护国家安全、荣誉和利益的义务，不得有危害祖国安全、荣誉和利益的行为。"国家利益高于一切，维护国家的利益和安全，是每个公民的神圣义务，任何情况下不得做有损国家安全的事情，并自觉与一切损害国家安全的行为作斗争。作为21世纪的中华人民共和国公民，维护国家安全是义不容辞的责任，是党和国家对每个公民的基本要求。

### （一）公民维护国家安全的义务

《国家安全法》规定的公民和组织维护国家安全的七项义务：

1. 遵守宪法、法律法规关于国家安全的有关规定；
2. 及时报告危害国家安全活动的线索；
3. 如实提供所知悉的涉及危害国家安全活动的证据；
4. 为国家安全工作提供便利条件或者其他协助；
5. 向国家安全机关、公安机关和有关军事机关提供必要的支持和协助；
6. 保守所知悉的国家秘密；
7. 法律、行政法规规定的其他义务。

### （二）公民维护国家安全的权利

《国家安全法》规定，"公民和组织支持、协助国家安全工作的行为受法律保护"。"因支持、协助国家安全工作，本人或者其近亲属的人身安全面临危险的，可以向公安机关、国家安全机关请求予以保护。公安机关、国家安全机关应当会同有关部门依法采取保护措施"。"公民和组织因支持、协助国家安全工作导致财产损失的，按照国家有关规定给予补偿；造成人身伤害或者死亡的，按照国家有关规定给予抚恤优待"。"公民和组织对国家安全工作有向国家机关提出批评建议的权利，对国家机关及其工作人员在国家安全工作中的违法失职行为有提出申诉、控告和检举的权利"。

## 四、大学生如何维护国家安全

有国家就有国家安全工作，无论处于何种社会形态，或者实行怎样的社会制度，都会视国家利益为最高、最根本的利益，将维护国家安全列为首要任务。所以，每名大学生都应当成为国家安全和利益的自觉维护者。

### （一）始终树立国家利益高于一切的观念

邓小平指出："国家的主权、国家的安全要始终放在第一位。"国家安全涉及国家社会生活的方方面面，是国家、民族生存与发展的首要保障。科学技术是没有国界的，但知识分子不能没有自己的祖国。所以，把国家安全放在高于一切的地位，既是国家利益的需要，又是个人安全的需要。

### （二）努力熟悉有关国家安全的活动、法规

有关国家安全和保密工作的法律、法规、规章制度，我们都应该有所了解，弄清什么是合法，什么是违法，可以做什么，不能做什么。其中，特别应当熟悉宪法、国家安全法、保密法、刑法、刑事诉讼法、科学技术保密规定、出国留学人员守则等，对遇到的法律界限不清的问题，要肯学、勤问、慎行。

### （三）善于识别各种伪装

从理论上讲，有关国家安全的法律、法规都比较完善了，依法行事不会出什么问题，但是，实际情况比我们想象的要复杂得多。有的间谍、情报人员采用五花八门的手段，套取国家秘密、科技政治情报和内部情况。如果我们丧失警惕，就可能上当受骗，甚至违法犯罪。因此，在对外交往中，既要热情友好，又要内外有别、不卑不亢；既要珍惜个人友谊，又要牢记国家利益；既要争取各种帮助、资助，又不失国格、人格。如果发现别有用心者，要依法及时举报，绝不准其恣意妄为。

### （四）克服妄自菲薄等不正确思想

任何国家都有自己的安全与利益，也有别国没有的政治、经济、文化、军事、科技、资源的秘密，还有独具特色的传统工艺等。也就是说，再富有的国家也不可能应有尽有，再贫穷的国家也有别国羡慕的东西。中国是发展中国家，但又是不可小视的国家。所以，作为中国人要挺直腰板，决不妄自菲薄、悲观失望，要看到我们有许多世界第一的"中国特色"。对这一切，如果没有正确的认识，就可能在许多问题上产生错误的看法，做出亲者痛、仇

者快的事情来。

**（五）积极配合国家安全机关的工作**

国家安全机关是国家安全工作的主管机关，是与公安机关同等性质的司法机关，分工负责间谍案件的侦查、拘留、预审和执行逮捕。当国家安全机关需要大家配合工作时，在工作人员表明身份和来意之后，每个学生都应当按照《国家安全法》赋予的七条义务的要求，认真履行职责。要尽力提供便利条件或其他协助，如实提供情况和证据，做到不推、不拒，更不以暴力、威胁方法阻碍执行公务，还要切实保守好已经知晓的国家安全工作的秘密。

**【案例】** 卢某某，某高校在校学生。卢某某家境贫寒，在大学学习期间曾多次在校园论坛上发布求职信息。2013 年 5 月，卢某某接到一封自称某主编的境外电子邮件。邮件中，该主编自称主办一份学术刊物，需要卢某某协助查找某方面的资料，并许诺给予重酬。随后，卢某某以从事学术研究为名，通过其导师和图书馆馆长的帮助，在图书馆借阅了大量内部刊物，并将有关内容拍成照片发给某主编。卢某某共获取活动经费 16000 元，主要用于购买手机、电脑、学习驾驶，以及支付学习期间的生活费等。2013 年 8 月，卢某某被国家安全机关抓获。因卢某某归案后能如实供述自己的违法行为，有悔罪表现，其行为的危害不大，国家安全机关决定对卢某某予以警告，并没收作案工具和经费。

## 第二节　反对邪教迷信

### 一、邪教的特征和本质

邪教组织就是指冒用宗教、气功或其他名义建立，神化首要分子，利用制造、散布迷信邪说等手段蛊惑、欺骗他人，发展控制成员，危害社会的非法组织。

**（一）邪教组织的特征**

美国学者詹姆斯·路丁和马西姬·路丁提出“邪教特征”有以下 14 种：

1. 宣誓效忠一个全能的领导者，相信他是救世主；

2. 反对或禁止理性思维；
3. 通常以欺骗的手段来吸收新成员；
4. 削弱成员的心理防线；
5. 随心所欲地进行犯罪；
6. 与外部世界隔绝；
7. 领导者独裁决定成员的事业和生活；
8. 成员为组织或领导奉献所有的精力和资金；
9. 成员为组织全力工作，却得不到适当的报酬；
10. 反对妇女、儿童、家庭；
11. 相信世界末日即将来临；
12. 伦理体系的准则是卑贱者将在末日受到审判；
13 制造神圣和神秘气氛，财政状况隐秘；
14. 时常有暴力或潜在的暴力倾向。

### （二）邪教组织的本质

邪教组织的本质主要有以下几个方面：

1. 反社会

邪教组织逃避现实，对抗社会，妄图建立一个以邪教教主为核心的天国社会。表现在：制造人间悲剧，恣意践踏法律，破坏社会和民众正常的生产生活秩序，侵蚀和瓦解基层政权，充当国外敌对势力的工具。

2. 反科学

任何邪教都反对科学，企图以神秘主义、封建迷信和伪科学来代替科学。其表现为：大搞人神合一，宣传现代迷信，用迷信害人杀人，歪曲现代科学技术的成果为其所用，阻碍科学知识的传播和发展。

3. 反人类

邪教组织为了宣扬歪理邪说至高无上的地位，极力否定人的社会地位及其创造的一切文明成果。其表现为：实施精神控制，践踏人性尊严，摧残人的健康，无视生命价值，背弃正常人伦，湮灭人的亲情。

## 二、邪教的危害

### （一）残害生命，侵犯人权

世界各国的邪教，为达到其不可告人的邪恶目的，都把成员当作任意摆布的奴隶，将其生命视同草芥，极尽折磨、残害之能事。以极端利己主义的说教宣扬世界末日，宣扬自我“圆满”，鼓吹集体自焚、集体服毒自杀是他们经常采取的一种最残忍、最恐怖的行为。

**（二）骗取钱财，精神控制**

邪教组织在初创“功法”时，就是将其作为一种敛财手段。当他们发现确有不少人落入圈套后，就开始巧立名目，不断地榨取精神上已被他们控制的成员。

**（三）破坏生产，扰乱社会**

有的邪教主张“不要搞农业生产，庄稼不用打药，天父会照看的”，致使许多成员整天在家祷告，不种地、不锄草、不养牲畜。

**（四）侵蚀政权，践踏法律**

从我国的情况看，邪教起家时往往以敛财为目的，但随着其组织壮大、成员增多、钱财聚集，他们的政治野心也随之膨胀，便公然践踏法律，竭力进行各种反党、反政府、反社会主义的活动，甚至走上卖国求荣的罪恶之路。

**【案例】** 2014年5月28日晚上9点多，为宣扬邪教发展成员，张帆、张立冬等六名被告人在山东招远市一家麦当劳快餐店，向一位陌生人吴某某索要电话号码被拒绝后，将她殴打致死，手段之残忍让国人震惊。2014年10月11日上午烟台市中级人民法院对张帆等5名被告人故意杀人，利用邪教组织破坏法律实施一案做出一审判决，认定被告人张帆犯故意杀人罪，判处死刑，剥夺政治权利终身；犯利用邪教组织破坏法律实施罪，判处有期徒刑7年。决定执行死刑，剥夺政治权利终身。被告人张立冬犯故意杀人罪，判处死刑，剥夺政治权利终身；犯利用邪教组织破坏法律实施罪，判处有期徒刑5年。决定执行死刑，剥夺政治权利终身。被告人吕迎春犯故意杀人罪，判处死刑，剥夺政治权利终身；犯利用邪教组织破坏法律实施罪，判处有期徒刑7年。决定执行死刑，剥夺政治权利终身。被告人张航犯故意杀人罪，判处有期徒刑10年。被告人张巧联犯故意杀人罪，判处有期徒刑7年。

## 三、我国处理邪教问题的法律法规

邪教披着宗教或者气功的外衣，散布歪理邪说，进行各种非法活动，严重侵害了公民的合法权益，扰乱了社会秩序。必须依法取缔和严厉打击。对绝大多数受骗上当的群众，要千方百计团结、教育和挽救；对极少数邪教头目和骨干，要依法严厉打击。

（1）《中华人民共和国刑法》第三百条规定："组织和利用会道门、邪教组织或者利用迷信破坏国家法律、行政法规实施的，处 3 年以上 7 年以下有期徒刑；情节特别严重的，处 7 年以上有期徒刑。组织和利用会道门、邪教组织或者利用迷信蒙骗他人，致人死亡的，依照前款的规定处罚。组织和利用会道门、邪教组织或者利用迷信奸淫妇女、诈骗财物的，分别依照本《刑法》第二百三十六条、第二百六十六条的规定定罪处罚。"

（2）《中华人民共和国治安处罚法》第二十七条规定有下列行为之一的，处十日以上十五日以下拘留，可以并处一千元以下罚款；情节较轻的，处五日以上十日以下拘留，可以并处五百元以下罚款：①组织、教唆、胁迫、诱骗、煽动他人从事邪教、会道门活动或者利用邪教、会道门、迷信活动，扰乱社会秩序、损害他人身体健康的；②冒用宗教、气功名义进行扰乱社会秩序、损害他人身体健康活动的。此外，邪教活动违反我国《集会游行示威法》《未成年人保护法》《社团管理登记条例》等法律法规的，也要承担相应的法律责任。

## 四、大学生如何防范和抵制邪教

（1）不听邪教的宣传，不相信邪教的鬼话，更不要帮邪教去传播。如果自己的亲戚朋友、邻里上下、同事之间有人信了邪教，要耐心劝阻。

（2）要用科学的方法，破除封建迷信思想，正确对待人的生老病死。要正确对待人生，珍惜生命，以积极的态度面对各种困难，自强不息地追求美好生活。

（3）要坚定生活信心，正确解决生活问题。人生多挫折，有的人家庭不幸，有的人感情失意，有的人下岗失业，有的人事业受挫，有的人身残多病。面对不幸与挫折，决不能心灰意冷，垂头丧气，更不能到邪教那里寻找出路。应该理智地分析现实原因，这才是改变命运的正确选择。

（4）要树立科技致富、勤劳致富的思想，用自己的双手创造美好的生活。幸福生活不是等来的，是靠我们自己的双手创造出来的。

（5）自觉增强防范意识和能力，坚决与邪教做斗争。

（6）遇到一时难以识别的情况，可向当地人民政府防范和处理邪教问题办公室和公安机关咨询。如果发现邪教的违法活动，要依法向当地政府检举揭发或向公安机关报案。

## 第三节　应对突发公共事件

### 一、突发公共事件的含义

突发公共事件是指突然发生，造成或者可能造成重大人员伤亡、财产损失、生态环境破坏和严重社会危害，危及公共安全的紧急事件。2006 年 1 月国务院颁布的《国家突发公共事件总体应急预案》规定，根据突发公共事件的发生过程、性质和机理，突发公共事件主要分为以下四类：

一是自然灾害。主要包括水旱灾害、气象灾害、地震灾害、地质灾害、海洋灾害、生物灾害和森林草原火灾等。

二是事故灾难。主要包括工矿商贸等企业的各类安全事故、交通运输事故、公共设施和设备事故、环境污染和生态破坏事件等。

三是公共卫生事件。主要包括传染病疫情、群体性不明原因疾病、食品安全和职业危害、动物疫情，以及其他严重影响公众健康和生命安全的事件。

四是社会安全事件。主要包括恐怖袭击事件、经济安全事件和涉外突发事件等。

在突发公共事件发生后，大学生应以健康的心理、平和的心态冷静对待，分清是非，不能轻信谣言，要相信国家和政府有能力领导人民战胜灾害，要相信学校有能力保障校园的安全。在此基础上，大学生还应采取科学的态度，掌握一定的相关知识，进行科学防范，要重视但不紧张，要勇敢但不莽撞，要谨慎但不怯懦。此外，在应对突发事件时，大学生应树立全局观念，增强大局意识，克服个人困难，服从学校管理，努力为防控突发公共事件做出自己的贡献。

### 二、大型活动安全事件

#### （一）大型活动安全事件发生的原因

大型活动安全事件是社会安全事件的一种。大学生对大型活动安全事件的预防及应对，主要是指对公共场所发生的或可能出现的踩踏事件的预防和应对。

人群拥挤踩踏事件主要发生在空间有限而人群又相对集中的场所，如球场、商场、街道、室内通道或楼梯、影院、酒吧、夜总会、举办宗教朝圣仪式处、彩票销售点、超载的车辆、航行的轮船等，人群的情绪如果因为某种原因而变得过于激动，置身于其中的人就有可能受到伤害。

导致踩踏事件发生的原因主要有：

1. 人群较为集中时，前面有人摔倒而后面的人没有止步，而造成踩踏。

2. 人群受到惊吓，产生恐慌，在无组织、无目的的逃生中，相互拥挤踩踏，如听到爆炸声、枪声，出现惊慌失措的失控局面。

3. 人群因为过度激动（兴奋、愤怒等）而出现骚乱，导致踩踏事件的发生，这一点尤其是在宗教朝圣的仪式中表现得最明显。

4. 因好奇心驱使，专门找人多拥挤处去探索究竟，造成不必要的人员集中而发生踩踏。

**【案例】**　2014年12月31日23时35分，正值跨年夜活动，因很多游客市民聚集在上海外滩迎接新年，黄浦区外滩陈毅广场进入和退出的人流对冲，致使有人摔倒，发生踩踏事故，受伤者多为女性，学生居多。造成36人死亡49人受伤。遇难者中最大的37岁，最小的仅12岁。平均年龄仅22岁，遇难者包括复旦大学、华东师范大学、华东政法大学等高校的学生。

### （二）如何应对大型活动安全事件

高校大型群体活动较多，活动场所安全控制及紧急情况下人员疏散任务很重，没有有效的安全措施，一旦发生安全事故，就会给师生带来生命安全的威胁。此外，大学生还经常去校外公共场所参加活动。因此，具有应对突发安全事故的意识和常识是十分必要的。

1. 参加大型集体活动要穿有利于安全疏散的鞋，尽量穿平底系带的鞋。

2. 进入场地后先了解安全通道、应急出口的位置，一旦发生危险后，可以有目标地脱险。

3. 当身不由己陷入混乱的人群，置身于拥挤的场所时，面对惊慌失措的群体，一定要保持冷静，要远离店铺或柜台的玻璃，防止被扎伤；要双脚站稳地面，如果具备条件，可以抓住身边牢固的物品。

4. 在空间局限的场所，如在影院、商场、彩票销售点和车船上遇到突发情况时，个人应听从组织者的安排，在组织者的疏导下有序撤离，做到互相谦让，特别是让老人、妇女、儿童首先撤离到安全的地方。

5. 在拥挤人流中要尽量“溜边”，如果出现拥挤踩踏的现象，应及时联系外援（如拨打报警或急救电话等），寻求帮助。

6. 在行进时，如果身处混乱的人群中，发现慌乱的人群朝自己的方向拥过来时，应快速躲避到一旁，或者蹲在附近的墙角下，等人群过去后再离开。如果身不由己被人群拥着前进，要用一只手紧握自己的另一手腕并双肘撑开，平放于胸前，还要微微向前弯腰，形成一定的空间，以保证自己的呼吸顺畅，避免拥挤时造成窒息而晕倒。如果自己被人推倒在地上，应设法让身体靠近墙根或其他支撑物，把身子蜷缩成球状，双手紧扣置于颈后，护住后脑和颈部，两肘向前，护住双侧太阳穴。虽然手臂、背部和双腿会受伤，却保护了身体的重要部位和器官。

## 三、突发公共卫生事件

### （一）突发公共卫生事件及其危害

突发公共卫生事件是指突然发生，造成或者可能造成社会公众健康严重损害的重大传染病疫情、群体性不明原因疾病、重大食物和职业中毒以及其他严重影响公众健康的事件。

近年来，世界各地重大卫生突发事件接连不断。1984 年，印度博帕尔农药厂发生毒剂泄漏事件，含有异氰酸甲酯的烟雾逸入空气并扩散到附近村庄，中毒 20 万人，受害者 67 万人，死亡 2500 人。1986 年 4 月，苏联切尔诺贝利核电站核外泄事故，13.5 万人撤离，死亡 237 人。1988 年，在上海市民中突然发生不明原因的发热、呕吐、厌食、乏力和黄疸等症状的病例，数日内成倍增长，后查明为甲型肝炎，短短的几个月就发生了 29.23 万例。2003 年上半年，我国发生传染性非典型肺炎病例，累计报告 5327 例，死亡 348 例。2014 年埃博拉病毒感染，在西非的几内亚、利比里亚和塞拉利昂三国中，有超过 2 万人感染致命的埃博拉病毒。2014 年 12 月 27 日发布的统计数据显示，在三个遭受病毒侵害最严重的国家，有 20081 人感染病毒，其中 9409 人在塞拉利昂。

### （二）突发公共卫生事件的预防和处置

为了有效预防、及时控制和消除突发公共卫生事件的危害，保障公众身体健康与生命安全，维护正常的社会秩序，国务院于2003年5月9日颁布了《突发公共卫生事件应急条例》使突发公共事件的应急处理有法可依。

1. 传染性疾病的应急处理方法

（1）学生出现风疹、麻疹、流感等传染性疾病，应及时请假就医并向学校医院报告，不得带病上课。

（2）在校内发现传染病学生，学校领导应亲临现场指挥，在第一时间内开辟隔离室并进行隔离观察，并马上打电话联系校医院，根据校医院的安排进行处理。

（3）组织对传染病病人所在班级教室或宿舍及所涉及的公共场所进行消毒，对与传染病人密切接触的学生进行隔离观察，以防止疫情扩散，迅速切断感染源。

（4）如传染病烈性感染，报请上级主管部门批准，实行全校停课。并采取一切有效措施，迅速控制传染源，切断传染途径，保护易感人群。

2. 食物中毒的预防和应急处理方法

食物中毒是由于吃了有毒食物而引起的，往往容易被人忽视，但危害却比较大，被污染或有毒的食物通常在外观上与正常的食物没有明显的区别，学生凭感官往往不易判别。食物中毒轻者可使人体健康受到损害，重者会导致死亡。

要防止食物中毒，在日常生活中应该注意以下问题：

（1）个人要养成良好的卫生习惯，养成饭前便后洗手的卫生习惯。外出不便洗手时一定要用酒精棉或消毒餐巾擦手。

（2）餐具要卫生，每个人要有自己的专用餐具，饭后将餐具洗干净存放在一个干净的塑料袋内或纱布袋内。

（3）饮食要卫生，生吃的蔬菜、瓜果之类的食物一定要洗净皮。不要吃隔夜变味的饭菜。不要食用腐烂变质的食物和病死的禽、畜肉。剩饭菜食用前一定要热透。

（4）生、熟食品要分开，切过生食的刀和砧板绝不能再切熟食，摸过生肉的手一定要洗净再去拿熟肉，避免生熟食品交叉污染。

（5）对不熟悉的野生动物不要随意采捕食用，海蜇等产品宜用饱和食盐水浸泡保存，食用前应冲洗干净。扁豆一定要焖熟后食用。

（6）不随意购买、食用街头小摊贩出售的劣质食品、饮料。

(7) 服用药品时一定要遵照医嘱，千万注意不要超剂量服用，以免造成药物中毒。药物同时服用要遵医嘱，避免混合产生副作用。

一旦发现食物中毒的症状，应及时分析发病原因，及时采取应急措施：

(1) 立即停止供应、食用可疑食物。

(2) 进食后不久的中毒者如未呕吐，可用筷子、手指等刺激其咽后壁、舌根催吐，尽快排出毒物。

(3) 催吐后注意补充水分，应多饮盐开水、茶水或姜糖水、稀米汤等，并应就地休息，减少体力活动，以防毒素向全身扩散。

(4) 如果患者出现休克症状，应使患者平卧，抬高其下肢，同时还要注意保暖。

(5) 尽快将病人送附近医院救治。

(6) 立刻向所在地的卫生监督所或防保所、疾病预防控制中心报告；同时注意保护好中毒现场，就地收集和封存一切可疑食品及其原料，禁止转移、销毁。

(7) 配合卫生部门调查，落实卫生部门要求采取的各项措施。

## 第四节　重大自然灾害的预防与自救

### 一、地震灾害

#### (一) 地震灾害的危害

地球上每天都在发生地震，一年约有 500 万次。其中约 5 万次人们可以感觉到；能造成破坏的约有 1000 次；7 级以上的大地震平均一年有十几次。地震就是因地球内部缓慢积累的能量突然释放而引起的地球表层的震动。它是一种经常发生的自然现象，是地壳运动的一种特殊表现形式。强烈的地震会给人类带来很大的灾难，是威胁人类安全的一种突如其来的自然灾害。

大地震所释放的能量比人类所引发威力最大的爆炸要大好多倍。1945 年美国在日本广岛投下的原子弹相当于两万吨黄色炸药，而唐山地震的地震波约等于 400 个这样的原子弹。大地震的破坏力是相当惊人的，在山区会造成山体崩塌，在城市会引起火灾，在海上会激起海啸，以致远在离震源数千千米外的地方都可能受到影响。

1976年发生在我国唐山的大地震，24万余人死亡。2008年5月12日14时28分发生的汶川强烈地震，造成的直接经济损失达到8451亿元人民币；截至2008年10月8日12时遇难69229人，受伤374643人，失踪17923人。四川受害最严重，占到总损失的91.3%；甘肃占到总损失的5.8%；陕西占总损失的2.9%。

**（二）地震灾害的预防与救助**

1. 地震前兆

地震前兆是指地震发生前出现的异常现象，岩体在地应力的作用下，在应力应变逐渐积累、增强的过程中，会引起震源及附近物质发生如地震活动、地表的明显变化以及地磁、地电、重力等地球物理异常，地下水位、水化学、动物的异常行为等。这些与地震孕育、发生有关联的异常变化现象称为地震前兆（也称地震异常）。

（1）地下水异常

地下水包括井水、泉水等。主要异常有发浑、冒泡、翻花、升温、变色、变味、突升、突降、井孔变形、泉源突然枯竭或涌出等。

（2）生物异常

许多动物的某些器官感觉特别灵敏，它能比人类提前知道一些灾害事件的发生，例如海洋中水母能预报风暴，老鼠能事先躲避矿井崩塌或有害气体等等。伴随地震而产生的物理、化学变化，往往能使一些动物的某种感觉器官受到刺激而发生异常反应。

地震前的生物异常表现：

牛、马、驴、骡惊慌不安，不进厩、不进食，乱闹乱叫、打群架、挣断缰绳逃跑，蹬地、刨地、行走中突然惊跑；

猪不进圈、不吃食、乱叫乱闹、拱圈、越圈外逃；

羊不进圈、不吃食、乱叫乱闹、越圈逃跑、闹圈；

狗狂吠不休、哭泣、嗅地扒地、咬人、乱跑乱闹、叼着狗崽搬家，警犬不听指令，猫惊慌不安、叼着猫崽搬家上树。

（3）气象异常

人们常形容地震预报科技人员是“上管天，下管地，中间管空气”，这的确有道理。地震之前，气象也常常出现反常。主要有震前闷热，人焦灼烦躁，久旱不雨或淫雨绵绵，黄雾四塞，日光晦暗，怪风狂起，六月冰雹等等。例如：浮云在天空呈极长的射线状，射线中心指向的位置就是中心地震的位置，这样的射线云层很容易被人们观察到。

（4）地声异常

地声异常是指地震前来自地下的声音。其声有如炮响雷鸣，也有如重车行驶、大风鼓荡等多种多样。当地震发生时，有纵波从震源辐射，沿地面传播，使空气振动发声。由于纵波速度较大但势弱，人们只闻其声，而不觉地动，需横波到后才有动的感觉。所以，震中区往往有“每震之先，地内声响，似地气鼓荡，如鼎内沸水膨胀”的记载。如果在震中区，3 级地震往往可听到地声。地声是地下岩石的结构、构造及其所含的液体、气体运动变化的结果，有相当大部分地声是临震征兆。掌握地声知识就有可能对地震起到较好的预报预防效果。

（5）地光异常

地光异常指地震前来自地下的光亮，其颜色多种多样，可见到日常生活中罕见的混合色，如银蓝色、白紫色等，但以红色与白色为主；其形态也各异，有带状、球状、柱状、弥漫状等。一般地光出现的范围较大，多在震前几小时到几分钟内出现，持续几秒钟。我国海城、龙陵、唐山、松潘等地震时及地震前后都出现了丰富多彩的发光现象。地光多伴随地震、山崩、滑坡、塌陷或喷沙冒水、喷气等自然现象同时出现，常沿断裂带或一个区域作有规律的迁移，且与其他宏观微观异常同步。其成因总是与地壳运动密切相关。且受地质条件及地表和大气状态控制，能对人或动物、植物造成不同程度的危害。

目前我们所掌握的地光异常报告，都在震前几秒钟至 1 分钟左右。如海城地震，澜沧、耿马地震等都搜集到了类似的报告。

（6）地气异常

地气异常指地震前来自地下的雾气，又称地气雾或地雾。这种雾气，具有白、黑、黄等多种颜色，有时无色，常在震前几天至几分钟内出现，常伴随怪味，有时伴有声响或带有高温。

（7）地动异常

地动异常是指地震前地面出现的晃动。地震时地面剧烈震动，是众所周知的现象。但地震尚未发生之前，有时感到地面也晃动，这种晃动与地震时不同，摆动得十分缓慢，地震仪常记录不到，但很多人可以感觉得到。最为显著的地动异常出现于1975年2月4日海城7.3级地震之前，从1974年12月下旬到1975年1月末，在丹东、宽甸、凤城、沈阳、岫岩等地出现过17次地动。

（8）地鼓异常

地鼓异常是指地震前地面上出现鼓包。1973年2月6日四川炉霍7.9级地震前约半年，甘孜县拖坝区一草坪上出现一地鼓，形状如倒扣的铁锅，高20厘米左右，四周断续出现裂缝，鼓起几天后消失，反复多次，直到发生地震。与地鼓类似的异常还有地裂缝、地陷等。

（9）电磁异常

电磁异常是指地震前家用电器如收音机、电视机、日光灯等出现的异常。最为常见的电磁异常是收音机失灵，在北方地区日光灯在震前自明也较为常见。1976年7月28日唐山7.8级地震前几天，唐山及其邻区很多收音机失灵，声音忽大忽小，时有时无，调频不准，有时连续出现噪音。同样是唐山地震前，市内有人见到关闭的荧光灯夜间先发红后亮起来，北京有人睡前关闭了日光灯，但灯仍亮着不息。

电磁异常还包括一些电机设备工作不正常，如微波站异常、无线电厂受干扰、电子闹钟失灵等。

2. 地震后的自救

破坏性地震发生后，被埋压人员能否得到迅速、及时抢救，对于减少震灾死亡意义重大。从唐山大地震统计资料得知：地震后半小时内救出的被埋压人员生存率可达95%，24小时内救活率为81%，48小时内救活率为53%。由此可见，地震后及时组织自救、互救是非常重要的，对埋压者来说，时间就是生命。

自救是指被压埋人员尽可能地利用自己所处环境，创造条件及时排除险情，保存生命，等待救援。

地震时如被埋压在废墟下，周围又是一片漆黑，只有极小的空间，你一定不要惊慌，要沉着，树立生存的信心，相信会有人来救你，要千方百计保护自己。地震后，往往还有多次余震发生，处境可能继续恶化，为了免遭新的伤害，要尽量改善自己所处环境。如一时不能脱险，不要勉强行动，应做到以下几点：

首先，要保证呼吸畅通。设法将双手从压塌物中抽出来，清除头部、胸前的杂物和口鼻附近的灰土，移开身边的较大杂物，以免再次被砸伤或因倒塌建筑物的灰尘而窒息；闻到煤气、毒气时，要用湿衣服等物捂住口、鼻；不要使用明火（以防有易燃气体引爆），尽量避免不安全因素；避开身体上方不结实的倒塌物和其他容易引起掉落的物体；扩大和稳定生存空间，用砖块、木棍等支撑残垣断壁，以防余震发生后，环境进一步恶化。

其次，要维持生命，设法脱离险境。如果被埋在废墟下的时间比较长，救援人员未到，或者没有听到呼救信号，就要想办法维持自己的生命。防震包的水和食品一定要节约，尽量寻找食品和饮用水，必要时自己的尿液也能起到解渴作用。

如果找不到脱离险境的通道，要尽量保存体力，用石块敲击能发出声响的物体，向外发出呼救信号，不要哭喊、急躁和盲目行动，这样会大量消耗精力和体力；要尽可能控制自己的情绪或闭目休息，等待救援人员到来。如果受伤，要想法包扎，避免流血过多。

最后，要因地制宜，不同的场所，采取不同的自救方案。震时就近躲避，震后迅速撤离到安全的地方是地震应急防护的基本原则。所谓就近躲避，就是因地制宜地根据不同的情况做出不同的对策。

（1）在公共场所。要听从现场工作人员的指挥，不要慌乱，不要拥向出口；要避开人流，避免被挤到墙壁或栅栏处。在影剧院、体育馆等处：就地蹲下或趴在排椅下；注意避开吊灯、电扇等悬挂物；用书包等保护头部；等地震过去后，听从工作人员指挥，有组织地撤离。

（2）在商场、书店、展览馆、地铁等处。选择结实的柜台、商品（如低矮家具等）或柱子边，以及内墙角等处就地蹲下，用手或其他东西护头；避开玻璃门窗、玻璃橱窗或柜台；避开高大不稳或摆放重物、易碎品的货架；避开广告牌、吊灯等高耸悬挂物。在行驶的电（汽）车内抓牢扶手，以免摔倒或碰伤；降低重心，躲在座位附近；地震过去后再下车。

（3）在学校。地震时最需要的是学校领导和教师的冷静与果断。有中长期地震预报的地区，平时要结合教学活动，向学生们讲述地震和防、避震知识。震前要安排好学生转移、撤离的路线和场地；震后要沉着地指挥学生有秩序地撤离。在比较坚固、安全的房屋里，可以躲避在课桌下、讲台旁，教学楼内的学生可以到开间小、有管道支撑的房间里，绝不可让学生们乱跑或跳楼。

（4）在街上行走时。高层建筑物的玻璃碎片和大楼外侧混凝土碎块以及广告招牌、马口铁板、霓虹灯架等，可能掉下伤人。因此在街上走时，最好将身边的皮包或柔软的物品顶在头上，无物品时也可用手护在头上，尽可能做好自我防御的准备；要镇静，应该迅速离开电线杆和围墙，跑向比较开阔的地区躲避。

（5）在车间。工人可以躲在车床、机床及较高大设备下，不可惊慌乱跑；特殊岗位上的工人要首先关闭易燃易爆、有毒气体的阀门，及时降低高温、高压管道的温度和压力，关闭运转设备。大部分人员可撤离工作现场，在有安全防护的前提下，少部分人员留在现场随时监视险情，及时处理可能发生的意外事件，防止次生灾害的发生。

（6）在行驶的车辆里。司机应尽快减速，逐步刹闸；乘客（特别是在火车上）应用手牢牢抓住拉手、柱子或座位等，并注意防止行李从架上掉下伤人，面朝行车方向的人，要将胳膊靠在前座的椅垫上，护住面部，身体倾向通道，两手护住头部；背朝行车方向的人，要两手护住后脑部，并抬膝护腹，紧缩身体，做好防御姿势。

（7）在楼房内。首先要保持清醒、冷静的头脑，及时判别震动状况，千万不可在慌乱中跳楼，这一点极为重要。其次，可躲避在坚实的家具下，或墙角处，亦可转移到承重墙较多、开间小的厨房、厕所去暂避一时。因为这些地方结合力强，尤其是管道经过处理，具有较好的支撑力，抗震系数较大。总之，震时可根据建筑物布局和室内状况，审时度势，寻找安全空间和通道进行躲避，以减少人员伤亡。

3. 地震后的互救

互救是指灾区幸免于难的人员对亲人、邻里和一切被埋压人员的救助。

震后，被埋压的时间越短，被救者的存活率越高。外界救灾队伍不可能立即赶到救灾现场，在这种情况下，为使更多被埋压在废墟下的人员获得宝贵的生命，灾区群众积极投入互救，是减轻人员伤亡最及时、最有效的办法，也体现了“救人于危难之中”的崇高美德。因此在外援队伍到来之前，家庭和邻里之间应当自动组织起来，开展积极的互救活动。救人的原则是“先救近，后救远；先救易，后救难；先救青壮年和医务人员，以增加帮手”。

根据“先易后难”的原则，应当先抢救建筑物边沿瓦砾中的幸存者和那些容易获救的幸存者；先救年轻人和轻伤者，后救其他人员；先抢救近处的埋压者，后救较远的人员；先抢救医院、学校、旅馆等人员密集的地方。抢救出来的轻伤幸存者，可以迅速充实扩大互救队伍，更合理地展开救助活动。合理科学的救助方法可以更多、更好地救出被埋压人员，因此掌握一定的技巧和要领是保持救助成果的必要条件。

救助被埋压人员要注意如下几点要领：①注意搜听被救人员的呼喊、呻吟或敲击的声音；②根据房屋结构，先确定被埋人员位置，再进行抢救，不要破坏了埋压人员所处空间周围的支撑条件，引起新的垮塌，使埋压人员再次遇险；③抢救被埋人员时，不可用利器刨挖等，首先应使其头部暴露，尽快与埋压人员的封闭空间沟通，使新鲜空气流入，如尘土太大应喷水降尘，以免埋压者窒息，要迅速清除口鼻内尘土，再行抢救；④对于埋在废墟中时间较长的幸存者，首先应输送饮料和食品，然后边挖边支撑，注意保护幸存者的眼睛，不要让强光刺激；⑤对于颈椎和腰椎受伤人员，切忌生拉硬拽，要在暴露其全身后慢慢移出，用硬木板担架送到医疗点；⑥对于一息尚存的危重伤员，应尽可能在现场进行急救，然后迅速送往医疗点或医院。

在救人的过程中千万要讲究科学，对于埋压过久者，不应暴露眼部和过急进食，对于脊柱受伤者要专门处理，以免造成高位截瘫。

救人方法：挖掘被埋压人员时保护支撑物，以防进一步倒塌伤人；使伤者先暴露头部，清除其口鼻内异物，保持呼吸畅通，如有窒息，应立即进行人工呼吸；被压者不能自行爬出时，不可生拉硬扯，以免造成进一步受伤，脊椎损伤者，搬运时，应用门板或硬担架；当发现一时无法救出的存活者，应留下标记，以待救援。

在对灾区进行救助时应注意以下几点：

（1）救援工作要多带、多用简单机械，尤其是千斤顶、倒链、滑轮等。千斤顶可以顶起楼板，而且力量均匀，没有回劲，既可以节省人力，又可以使压在楼板下的人免受二次挤压，还可以防止楼体进一步垮塌，压伤下面的人员；千斤顶还可以将挡路巨石移开，快速打通道路；倒链可以一端固定，吊起或拉动楼板，一个倒链运用得好可以胜过百人；滑轮可以改变力的方向，还可以省力。建议赶紧收集简单机械给抢险队配备（千斤顶在机动车上一般都有），进而使抢险工作效率更高。

（2）尽快疏通排水通道，以免积水灌入地震废墟，给废墟下的同胞生命造成威胁。唐山大地震时，很多压在低洼地带的人都是被积水呛死的。

(3) 尽快用“人力”打通救灾通道。救灾通道被堵死，外面的救援车辆无法进入，不要坐等专业修路队，要多派人手，利用现有的交通工具和简单机械打通道路：千斤顶完全可以将巨石移开，卡车也可以用推和拉的方法移开障碍。

(4) 采取多种方法，搜寻地震废墟下的生命迹象。在先进科学仪器无法运达或无法使用的情况下，可以用铁皮等物品围成大喇叭形，小口放在耳朵上，大口对准废墟，这样可以将废墟下微弱的求救声放大几十倍，对寻找生命会很有效（尤其是夜间效果会更好）。

(5) 充分利用灾区现有的人力、物力和自然资源，组织灾区民众充分自救。可以把幸存者就地组织成救灾队，也可以组织轻灾区救援队赶赴重灾区，可以带领群众挖野菜补充粮食不足，采草药解决药品短缺……所有这些方法，唐山大地震时都用到过，效果很显著。尤其是对目前救援人员无法及时赶到的情况下更是必要。

(6) 立刻印制大量慰问宣传材料，给灾民送去全国人民的关怀，增添抗震救灾的信心，平息灾民恐慌浮躁的心理，增强灾民战胜灾害的勇气，增加防灾、减灾的知识，尤其在震后通信中断的情况下，更为重要。唐山大地震时，很多灾民看到党中央毛主席的慰问信都感动得哭了。

4. 地震后的疾病预防

地震发生后，由于大量房屋倒塌，下水道堵塞，致使环境、饮用水源、食品等遭到严重污染，再加上畜禽尸体腐烂变臭，极易发生霍乱、伤寒、痢疾、流行性乙型脑炎、流行性出血热等肠道传染病和急性传染病的传播和流行。

(1) 加强饮用水卫生管理

①应选择合格的水源并加以保护。水井应有井台、井栏、井盖及井的周围 30 米内禁止设有厕所、猪圈以及其他可能污染地下水的设施。取水应有专用的取水桶。对集中式供水的水源地要派专人看管，并划出一定的水源保护区，禁止在此区域排放粪便、倒污水与垃圾。

②对饮用水进行消毒处理。用漂白精片（净水片）消毒缸水、井水，按每 50 千克水用 1 片计量，研碎后放入。

③应喝开水或瓶装水，不喝生水。

(2) 加强食品卫生管理

避免在简易住处集中做大量食物和集体供餐，避免购买和食用摊贩销售的未包装的熟肉和冷荤菜；食品要生熟分开，现吃现做，做后尽快食用；所有现场加工的食品应烧熟煮透，剩下的饭菜一定要在食用前单独重新加热，存放时间不明的食物不要直接食用；生吃瓜果蔬菜要洗净。

(3) 搞好环境卫生

① 管理好人畜粪便。在临时居住地修建和使用临时厕所，禁止随地大小便；露天粪坑要加盖，粪尿要经石灰或漂白粉消毒后集中处理；家禽家畜应圈养，不让其粪便污染环境及水源。

② 保持居住地及周围环境清洁。禁止在灾民集中居住场所内饲养畜禽；清扫卫生死角，疏通下水道、沟渠；设置垃圾和污水收集点；及时清理垃圾、粪便、动物尸体，并集中进行高温堆肥法处理或集中掩埋，减少蚊蝇滋生地。

③ 消灭四害（苍蝇、蚊子、老鼠、蟑螂）。灾民居住地，家畜、家禽的棚圈及垃圾和污水收集点要定期喷洒药物，消灭“四害”等病媒生物，防止流行性乙型脑炎、鼠疫、疟疾、黑热病、霍乱、痢疾等传染病的传播和流行。

(4) 讲究个人卫生

不随地大小便，小孩解便也要上厕所；要勤洗手，即饭前便后要洗手，照顾病人后要及时洗手；不用脏手揉眼睛：避免与他人共用餐具、毛巾和洗脸水等。

(5) 饮用水净化和消毒

地震后对饮用水要进行净化和消毒，一般采取浑水澄清法、饮水消毒法。

① 浑水澄清法：用明矾、硫酸铝、硫酸铁或聚合氯化铝作混凝剂，适量加入混水中，用棍棒搅动，待出现絮状物后静置沉淀，水即澄清。没有上述混凝剂时，可就地取材，把仙人掌、仙人球、量天尺、木芙蓉、锦葵、马齿苋、刺蓬、榆树、木棉树皮捣烂加入混水中，也有助凝作用。

② 饮水消毒法：煮沸消毒，效果可靠，方法简便易行。也可用漂白粉等卤素制剂消毒饮用水。按水的污染程度，每升水加 1 ~ 3 毫克氯，15 ~ 30 分钟后即可饮用。为验证氯素消毒效果，加氯 30 分钟后应作水中剩余氯测定，一般每升水中还剩有 0.3 毫克氯时，才能认为消毒效果可靠。个人饮水每升加净水锭两片或 2% 碘酒 5 滴，振摇 2 分钟，放置 10 分钟即可饮用。

## 二、洪水灾害

### （一）洪水的危害

洪水是一种自然水文现象，只有威胁到人类安全和影响社会经济活动并造成损失时，才称为洪水灾害。我国的洪灾具有以下特点：季节性、规律性、普遍性、区域性、破坏性。洪水所到之处，房屋倒塌，工业设施受损，人员遭受淹没之苦，城市积水不退，甚至长至数月。我国历史上的特大洪水造成的灾难触目惊心。例如：1954 年，长江、淮河大水，长江中下游受淹农田 317 万公顷，受灾人口 1888 万，死亡 3 万余人；淮河全流域成灾农田 408.2 万公顷。1996 年，珠江、长江、海河大水。该年全国各省（自治区、直辖市）均不同程度地遭受了洪涝灾害，一半以上省（区）严重受灾，全国有 311 个县级以上城市进水，洪涝成灾面积 1182.33 万公顷，受灾人口 2.67 亿，直接经济损失 2208.36 亿元。1991 年和 1998 年的特大洪水，受灾人口过亿，数十个城市泡在水中，交通瘫痪，供电及电信中断，饮用水污染，死亡近千人，直接经济损失数百亿元，间接经济损失数千亿元。

### （二）洪水灾害的预防与自救

水灾是困扰人类的一大恶魔。严重的水灾通常发生在河流、沿海地带以及低洼地带。如果住在这些地方，遇到风暴或暴雨，必须格外小心，许多地区有水灾报警系统，遇到危险，应该迅速报警，警方就会采取行动。遭遇洪水侵袭时，应按以下方法自救。

1. 洪水到来之前的准备

（1）根据当地电视、广播等媒体提供的洪水信息，结合自己所处的位置和条件，冷静地选择最佳路线撤离，避免出现“人未走水先到”的被动局面。

（2）认清路标，明确撤离的路线和目的地，避免因为惊慌而走错路。

（3）自保措施：备足速食食品或蒸煮够食用几天的食品，准备足够的饮用水和日用品。扎制木排、竹排，搜集木盆、木材、大件泡沫塑料等适合漂浮的材料，加工成救生装置以备急需。将不便携带的贵重物品作防水捆扎后埋入地下或放到高处，票款、首饰等小件贵重物品可缝在衣服内随身携带。保存好尚能使用的通信设备。

同时还应注意，洪水到来之前，要关掉煤气阀和电源总开关，以防电线浸水而漏电失火、伤人。

2. 洪水到来时的自救

(1) 洪水到来时，来不及转移的人员，要就近迅速向山坡、高地、楼房、避洪台等地转移，或者立即爬上屋顶、楼房高层、大树、高墙等高的地方暂避。

(2) 如洪水继续上涨，暂避的地方已难自保，则要充分利用准备好的救生器材逃生，或者迅速找一些门板、桌椅、木床、大块的泡沫塑料等能漂浮的材料扎成筏子逃生。

(3) 如遭遇洪水围困于低洼处的岸边、干坎或木结构的住房里，情况危急时，有通信条件的，可利用通信工具向当地政府和防汛部门报告洪水态势和受困情况，寻求救援；无通信条件时，可制造烟火或来回挥动颜色鲜艳的衣物或集体同声呼救，不断向外界发出紧急求助信号，求得尽早解救。注意：千万不要游泳逃生，不可攀爬带电的电线杆、铁塔，也不要爬到泥坯房的屋顶。

(4) 如已被卷入洪水中，一定要尽可能抓住固定的或能漂浮的东西，寻找机会逃生。

(5) 发现高压线铁塔倾斜或者电线断头下垂时，一定要迅速远避，防止直接触电或因地面“跨步电压”触电。

(6) 如果洪水不断上涨，应在楼上储备一些食物、饮用水、保暖衣物以及烧开水的用具。

(7) 如果水灾严重，水位不断上涨，就必须自制木筏逃生。任何入水能浮的东西，如床板、箱子及柜、门板等，都可用来制作木筏。如果一时找不到绳子，可用床单、被单等撕开来代替。

(8) 在爬上木筏之前，一定要试试木筏能否漂浮。收集食品、发信号用具（如哨子、手电筒、旗帜、鲜艳的床单）、划桨等是必不可少的。在离开房屋漂浮之前，要吃些含较多热量的食物，如巧克力、糖、甜糕点等，并喝些热饮料，以增强体力。水性不好的人不到迫不得已不可乘木筏逃生，因为木筏一遇上汹涌的洪水，很容易翻船。

**(三) 洪水灾后的疾病预防**

1. 水灾后防病基本知识

(1) 灾后做好“三管、三灭、一清理”

“三管”是指管水、管粪、管饮食，“三灭”是指灭蚊、灭蝇、灭老鼠，

“一清理”是指清理环境

（2）讲究个人卫生，做到“四勤两不五好”

“四勤”，是勤洗手、勤洗澡、勤剪指甲、勤打扫卫生；“两不”，是不与别人共用毛巾，不乱扔垃圾；“五好”，是心态调整好、生活安排好、饮食调节好、衣服穿得好、健康关注好。

2. 主要传染病的预防

预防水灾后传染病的主要措施如下：

（1）预防肠道传染病的主要措施

① 水灾之后要清除垃圾、污物，消毒环境，管理好粪便、垃圾，以减少污染。

② 保护水源，特别是生活饮水，免受污染。用漂白粉或漂白粉精片（净水片）消毒生活用水。

③ 洪水之后不要去游泳，减少感染机会。

④ 注意个人卫生和饮食卫生。

⑤ 消灭苍蝇。水灾期间建临时厕所，不随地大小便；粪缸、粪坑中加药杀蛆；动物尸体要深埋，土层要夯实；灾后应创造条件修建防蝇厕所。

（2）预防钩端螺旋体病和流行性出血热的主要措施

① 尽量减少或避免与疫水接触的机会，不在可疑的疫水中游泳、洗衣物等。

② 管好猪、狗等动物，猪要圈养，不让其尿液直接流入水中，猪粪等要发酵后再施用。

③ 大力开展防鼠、灭鼠工作，尤其是洪灾期间人群较集中的地方，也是鼠类密度较高的地方。洪灾后应立即加强灭鼠、杀虫工作。

④ 注意个人卫生，禁止随地小便，下水作业时要尽量穿长筒胶鞋等，保护皮肤不受钩体侵袭。

⑤ 病人粪尿用石灰或漂白粉消毒。

⑥ 临时居所要修建在地势较高、干燥向阳的地带，在周围挖防鼠沟；还要求有一定的坡度，以利于排水和保持地面干燥。床铺应距离地面 2 尺以上，不要睡地铺。

⑦ 加强个人防护，在疫区作业时，应穿戴防护衣裤，防止皮肤破损。不要在草堆上坐卧、休息。

⑧ 有条件的可接种疫苗，或在医生指导下服用预防药物。

(3) 预防疟疾、流行性乙型脑炎、登革热的主要措施

① 控制和管理传染源，家畜、家禽圈棚要经常洒灭蚊药，病人要隔离。

② 开展爱国卫生运动，清扫卫生死角、积水，疏通下水道，喷洒消毒杀虫药水，消除蚊虫滋生地，降低蚊虫密度，切断传播途径。

③ 夜间睡眠挂蚊帐，露宿或夜间野外劳动时，暴露的皮肤应涂抹防蚊油，或者使用驱蚊药，做好个人防护，避免被蚊虫叮咬。

## 三、山洪灾害

山洪最常见的是由暴雨引起，通常是指在山区沿河流及溪沟形成的暴涨暴落的洪水及伴随发生的滑坡、崩塌、泥石流。拦洪设施的溃决也可引发山洪。山洪灾害是指山洪暴发而给人们带来的危害，包括人员伤亡、财产损失、基础设施毁坏及环境资源破坏等。山洪灾害分为泥石流灾害、滑坡灾害和溪河洪水灾害。

### （一）山洪的预防

居住在山洪易发区或冲沟、峡谷、溪岸的居民，每遇连降大暴雨时，必须保持高度警惕，特别是晚上，如有异常，应立即组织人员迅速脱离现场，就近选择安全地方落脚，并设法与外界联系，做好下一步救援工作。切不可心存侥幸或救捞财物而耽误避灾时机，造成不应有的人员伤亡。

### （二）山洪的应对

1. 一定要保持冷静，迅速判断周边环境，尽快向山上或较高地方转移；如一时躲避不了，应选择一个相对安全的地方避洪。

2. 山洪暴发时，不要沿着行洪道方向跑，而要向两侧快速躲避。

3. 山洪暴发时，千万不要轻易涉水过河。

4. 被山洪困在山中，应及时与当地政府防汛部门取得联系，寻求救援。

## 四、泥石流灾害

泥石流是山区沟谷或斜坡上由暴雨、冰雪消融等引发的含有大量泥沙、石块、巨石的特殊洪流。泥石流常与山洪相伴，其来势凶猛，在很短时间里，大量泥石横冲直撞，冲出沟外，并在沟口堆积起来。

泥石流是指在山区或者其他沟谷深壑、地形险峻的地区，因为暴雨、暴

雪或其他自然灾害引发的山体滑坡并携带有大量泥沙以及石块的特殊洪流。

泥石流流动的全过程一般只有几个小时，短的只有几分钟，是广泛分布于世界各国的一些具有特殊地形、地貌状况地区的自然灾害。这是山区沟谷或山地坡面上，由暴雨、冰雪融化等水源激发的、含有大量泥沙石块的介于挟沙水流和滑坡之间的土、水、气混合流。泥石流大多伴随山区洪水而发生。它与一般洪水的区别是洪流中含有足够数量的泥沙石等固体碎屑物，其体积含量最少为15%，最高可达80%左右，因此比洪水更具有破坏力。

**（一）泥石流的危害**

泥石流具有突然性以及流速快、流量大、物质容量大和破坏力强等特点。发生泥石流常常会冲毁公路铁路等交通设施甚至村镇等，给人民的生命财产和经济建设带来极大危害。1970 年南美秘鲁的安第斯山发生冰川泥石流，将3000 多万立方米的冰雪泥石冲入容加依城，顷刻间全城被彻底摧毁，3 万居民全部遇难。2003 年 7 月 11 日 22 时，四川省甘孜藏族自治州丹巴县发生特大泥石流灾害，造成 1 人死亡，50 人失踪，另有 71 人被困。这是灾情最严重的水卡子村损毁严重的民房。

**（二）遇到泥石流的应急措施**

在泥石流多发地区，切记建新房一定要选择安全地带。当地居民要随时注意灾害预警预报，选好躲避路线，避免到时措手不及。

泥石流灾害来势凶猛、威力无比，远比洪水来得突然，也更加惨烈。所以，远离灾害、避开险境是最好的防灾方法。前往山区沟谷旅游，一定要事先了解当地的近期天气实况和未来数日的天气预报及地质灾害气象预报。游客应尽量避免大雨天或连续阴雨天前往这些景区旅游。如恰逢恶劣天气，宁可蒙受经济损失、调整旅游路线，也不可贸然前往。地质专家告诉我们，泥石流、滑坡、崩塌的发生也有迹可循。坡度较陡或坡体成孤立山嘴或为凹形陡坡、坡体上有明显的裂缝、坡体前部存在凌空空间或有崩塌物，这说明曾经发生过滑坡或崩塌，今后还可能再次发生；河流突然断流或水势突然加大，并夹有较多柴草、树木，深谷或沟内传来类似火车的轰鸣或闷雷般的声音，沟谷深处突然变得昏暗，还有轻微震动感，这些迹象都能确认沟谷上游已发生泥石流。

根据各种现象判断泥石流发生之后应立即逃逸：①沿山谷徒步时，一旦遭遇大雨，要迅速转移到附近安全的高地，离山谷越远越好，不要在谷底过多停留。②注意观察周围环境，特别留意是否听到远处山谷传来打雷般声响，如听到要高度警惕，这很可能是泥石流将至的征兆。③要选择平整的高地作为营地，尽可能避开有滚石和大量堆积物的山坡下面，不要在山谷和河沟底部扎营。④发现泥石流后，要马上与泥石流成垂直方向向两边的山坡上面爬，爬得越高越好，跑得越快越好，绝对不能往泥石流的下游走。选择最短、最安全的路径向沟谷两侧山坡或高地跑，切忌顺着泥石流前进方向奔跑。⑤暴雨停止后，不要急于返回沟内住地，应等待一段时间。

## 思考与练习

1. 什么是国家安全？大学生如何维护国家安全？
2. 邪教有哪些危害？我们如何防范邪教？
3. 如何应对大型活动安全事件？
4. 如何预防和处理食物中毒？

# 第二章　交通与出行安全

## 第一节　交通安全

### 一、交通安全常识

#### （一）行人的安全

1. 步行安全

步行外出时要行走在人行道内，在没有人行道的地方要靠路边行走。横过马路时须走过街天桥或地下通道，没有天桥和地下通道的地方应走人行横道；在没画人行横道的地方横过马路时要注意来往车辆，不要斜穿、猛跑；在通过十字路口时，要听从交通民警的指挥并遵守交通信号；在设有护栏或隔离墩的道路上不得横过马路。

2. 骑车安全

骑车出行前要先检查一下车辆的铃、闸、锁、牌是否齐全有效，保证没有问题后方可上路。在道路上要在非机动车道内行驶，若没有划分车道要靠右边行驶。通过路口时要严守信号，停车不要越过停车线；不要绕过信号行驶；不要骑车逆行；不扶肩并行；不双手离把骑车；不攀扶其他车辆；不在便道上骑车。在横穿 4 条以上机动车道或中途车闸失效时，须下车推行；骑车转弯时要伸手示意，不要强行猛拐。

#### （二）搭乘交通工具的安全

乘坐车、船时要先下后上，排队上车或上船，不要乱拥、乱挤，以免踩伤或为小偷作案提供条件。车、船停稳时，才能上下，不能抢车、扒车。乘车、船时不可将头或手伸出窗外，以免受到伤害。

1. 乘坐汽车的安全

（1）乘坐公共汽车、电车和长途汽车，须在站台或指定地点依次候车，待车停稳后，先下后上。下车后，不要突然从车前、车后走出或猛跑穿越马路，防止被来往车辆撞上。

（2）不要在车行道上招呼出租车，以免被疾驰而至的汽车、自行车撞伤。

（3）车辆行进中，不要将身体的任何部分伸到车外，防止被车辆刮撞，或被树木、建筑物刮撞。同时，机动车在行驶中，严禁乘车人扒车和跳车。

（4）乘坐货车时，不要站立，更不可坐在车厢栏板上。因人站在车中，人体重心升高，容易被甩出。

（5）乘车人不要同司机攀谈，不应催促司机开快车，或用其他方式妨碍司机正常驾驶。

（6）要系好安全带。研究发现，如果乘客没有扣上安全带，座位上的乘客更易发生危险，而且他本身的重量加上相撞时的冲力，会对自己和其他乘客的安全构成极大的威胁。

2. 乘坐列车的安全

列车是我国旅客出行的主要交通工具。它的特点是载客量大，费用低廉，中途可以换乘、停留（在车票有效期内），具有一定的灵活性，还有夜间行车的优越性。另外，列车发车时刻是固定的，不受天气影响，便于我们掌握时间合理安排日程。但我们在乘坐列车时应注意以下问题：

（1）严禁携带危险物品

下列物品不得带入车内：国家禁止或限制运输的物品；法律、法规、规章中规定的危险品，弹药以及承运人不能判明性质的化工产品；动物以及妨碍公共卫生（包括有恶臭等异味）的物品；能够损坏或污染车辆的物品。

（2）乘坐列车防盗

在车上，不论是白天还是晚上，尤其是在夜间，要切记不可与不相识的人轮流睡觉、看包，不然，犯罪分子会顺手牵羊，盗走你放在行李架上的行李。

在列车靠站时，往往出现三多，即上下乘客多，找座位的人多，找行李架空位置的多。此时要特别注意防范犯罪分子浑水摸鱼，留神看好自己的行李物品。

在车上掏钱购物时，尤其是处在人挤人的情况下，不宜将自己的大把钞票露出来，这样被一些人看见，很容易被抢或被盗。

离开座位时不可产生麻痹大意的思想，要严密防范行李被盗。切不可随便接过他人递过来的饮料，尤其是已经打开封口的饮料，以防止被麻醉而造成损失。

上车用包占座位时，或下车在窗口请人递包交接时，因人离包有时间差，此时，人多物多又忙乱，要特别留心行李包被人提走或调包。

对那些坐立不安、东张西望、瞄来瞄去的人，以及装疯卖傻碰擦他人的人，都要注意严加防范。

（3）铁路道轨安全知识

不要在道轨上行走、坐卧和玩耍。不要扒停在道轨上的列车，也不要在车下钻来钻去。不要在铁轨上摆放石块、木块等东西。不可擅动扳道、信号等设施，不可拧动铁轨上的螺丝。不得翻越护栏横穿铁路。铁路桥梁和铁路隧洞禁止一切行人通过。车辆不能从没有道口或其他平面交叉设施的铁路道轨上穿越。

3. 乘坐飞机的安全

（1）登机前，旅客及其随身携带的一切行李物品，必须接受机场安全部门的安全检查，否则不准登机。这是为了防止枪支、弹药、凶器、易燃、易爆、腐蚀、放射性物品以及其他危害民航安全的危险品被带入机场和机舱，以便维护飞机和乘客的安全。

（2）乘坐国内班机，在机舱内一律禁止吸烟；乘坐国际班机，旅客只能在指定的吸烟区内吸烟，烟头必须掐灭后放进烟灰盒内。禁止在机内的厕所里吸烟。

（3）机舱内有灭火设备、氧气设备及紧急出口设施，飞经海上的飞机还有救生衣。这些设施只能在发生紧急情况时，由机组人员组织旅客使用。

（4）飞机最容易发生危险的时候是起飞和降落时，这时要系好安全带，仔细听乘务员讲解如何应付紧急事故。安全带是保证旅客乘机时免于摔伤的一种安全设备。在飞机起飞、降落或者遇到较强气流时，飞机会发生剧烈颠簸，没系好安全带的旅客很容易受伤。所以，旅客乘机时，一定要注意系好安全带。

（5）会用氧气面罩。氧气面罩是在机舱失密或机舱内出现有害烟雾、气体时保证旅客正常供氧需求的设备。氧气面罩一般放在座位的上方，一个座位配备一个，在需要的时候，会由机组操纵自动落下。旅客如遇到这种情况，切忌乱抓乱抢，以免拽断输氧管，只需轻轻拉过离自己最近的氧气面罩套在头上即可。

（6）留意靠近自己座位的太平门及开启方法，万一失事，要能在浓烟中找到并打开。勿动安全门。安全门是飞机在机场以外的地面或水面迫降后疏散旅客的出口。门上有明显标记，其把手为红色。安全门一旦打开，就会有一条连接地面的滑道自动展开并充气。所以，请记住勿动安全门，也不要碰机上任何红色标志的把手和按钮。

（7）遇险急救时，机舱门一开，充气救生梯会自行膨胀，乘客跳到梯上用坐着的姿势滑到地面。滑到地面后，尽可能快速地远离飞机，不要返回机上取行李。

（8）如果自己和别人受伤，应迅速通知服务员进行急救处理。等待救援时，要设法和其他乘客交谈，保持求生意志。

4. 乘船的安全

（1）不夹带危险物品上船。

（2）不要乘坐缺乏救护设施、无证经营的小船，也不要冒险乘坐超载的船只或者“三无”船只（没有船名、没有船籍港、没有船舶证书）。

（3）上下船时，必须等船靠稳，待工作人员安置好上下船的跳板后方可行动；上下船不要拥挤，不随意攀爬船杆，不跨越船挡，以免发生意外落水事故。

（4）上船后，要仔细阅读紧急疏散示意图，了解存放救生衣的位置，熟悉穿戴程序和方法，留意观察和识别安全出口处，以便在出现意外时掌握自救主动权。同时按船票所规定的舱位或地点休息和存放行李，行李不要乱放，尤其不能放在阻塞通道和靠近水源的地方。

（5）客船航行时不要在船上嬉闹，不要紧靠船边摄影，也不要站在甲板边缘向下看波浪，以防眩晕或失足落水；观景时切莫一窝蜂地拥向船的一侧，以防船体倾斜，发生意外。

**（三）驾驶汽车的安全**

1. 驾驶汽车安全常识

许多车祸的发生，其实与我们不了解特殊情况下的险情有关。因此了解一定的驾车安全常识是非常必要的。

(1) 超车头、会车尾

“超车头、会车尾”，在超越同向行驶的汽车时一定要注意它的前部，因为看似慢吞吞行驶的车，其实有可能正在避让从它车头经过的行人；而与对面来车会车时则需注意它的尾部，因为那里也可能会突然蹿出横穿马路的行人。类似的情况还有很多，比如一辆正常行驶的汽车突然减速，那么你也要采取相应的举措，因为那辆车很有可能突然发现了一些情况，比如路中间的异物、大坑等，如果你此时贸然加速很可能发生险情。

(2) 不要依赖电子设备

车上的电子设备越来越多，但还是要提醒车主不要盲目依赖。任何电子设备都是辅助司机驾驶的，无论多先进的电子设备，都只是在一定限度内帮助我们回避危险。像ESP也有它的工作极限，倒车雷达也有可能存在盲区或者有故障的时候，安全驾驶的关键还是靠你自己。

(3) 学会预见性驾车

许多驾驶员都有过这样的经历，在下山行驶时，一个看似不急的下坡弯道，却要比平时费更大的力气才能降低速度。这是由于车辆在下坡时的重力加速度会让刹车系统的负担变大，而车辆在转弯时轮胎的抓地力要比正常路面差，再加上频繁的上下坡制动也可使制动系统的力度发生衰退，因此，山路行车时一定要匀速驾驶。

还要懂得对路况进行预见性判断。山路是盲区最多的路段，许多看似普通转弯其实却是连续的S形弯路，而一辆莽撞的汽车有可能会从弯道里冲出来。一定要多留意路边的提示标牌，通过弯道时最好鸣笛示意。

(4) 自觉遵守道路交通管理法规，文明开车

坚持做到“九要九不要”，以保证行车安全。

一要遵章守法，不要开违章车；二要加强保养，不要开带病车；三要劳逸结合，不要开疲劳车；四要安全装载，不要开超载车；五要安全行驶，不要开急躁车；六要文明礼让，不要开赌气车；七要控制车速，不要开英雄车；八要掌握规律，不要开盲目车；九要坚持预防，不要开冒险车。

2. 驾车过程中紧急情况的处理

在驾驶途中可能会遇到各种紧急情况，必须学会处置。

(1) 迫不得已偏离行车路线：驾车靠右行驶时，突然一辆车迎面开来，

侵占了你的车道，迫使自己不得已向右偏出车道。此时，要注意不要猛刹车，也不要试图立刻回到车道上来。你必须停止加油门，握紧方向盘，控制好汽车，然后稍稍向左打方向，同时要轻轻地点几下刹车。在车速减慢或停止后，再小心地把车开上原来的车道。

（2）正面相撞似乎不可避免：正常行驶时，突然有辆车或者一个预想不到的障碍物出现在面前，似乎相撞已不可避免。记住，此时千万不要向左打方向，必须始终踩住刹车并向右打方向。如有方法，应该立即开出车道，宁愿冒翻车的危险，也不要向左打方向；如果无法躲避，就把车刹死，使你的车尽可能保持低速。

（3）如果刹车失灵：此时要反复地踩刹车，并尽力把挡位换到最低速度，以利用发动机的减速作用。在车速有所减缓时，要利用手闸制动。如果车速非常快，手闸控制不住，那就要找合适的目标撞击。在最坏的情况下，当汽车要撞击物体时，一定要看准方向，并且要关闭发动机。宁可毁掉汽车，也不能让汽车在没有制动的情况下向前飞奔，因为那样会酿成更大的灾难。

（4）如果汽车打滑：首先必须减速行驶。如果是汽车排成队行驶，你要学着前面车子的后轮摆动的方向转运方向盘，一旦汽车开始向右摆动就可以加速，并把方向盘向相反方向滑动。这样就可以避免汽车再次向相反方向滑动。一旦汽车不再打滑，就要缓慢地踩刹车。如果汽车的 4 个轮子都在打滑，那就应该放开刹车，让轮子自己转动。

（5）如果挡风玻璃碎了：千万不要一下子把刹车踩死，要集中注意力，让车子继续向右前进；可能的话要把头探出车窗外看看，到底是什么原因引起的玻璃破碎。

## 二、交通事故的原因、预防及处理

《中华人民共和国道路交通安全法》中对“交通事故”的定义是，车辆在道路上因过错或者意外造成的人身伤亡或者财产损失的事件。其中的“道路”，是指公路、城市道路和虽在单位管辖范围但允许社会机动车通行的地方，包括广场、公共停车场等用于公众通行的场所。车辆在道路以外通行时发生的事故，参照《中华人民共和国道路交通安全法》处理。

也就是说，只要是在道路上和车辆有关的造成损害后果的事件都是交通事故，但利用交通工具作案或者因当事人主观故意造成的事故不属于交通事故，例如：利用交通工具杀人或者“碰瓷”案件都不属于交通事故，应当属于刑事案件或者其他治安案件。

近年来，我国汽车市场实现了跨越式的发展，年新增需求2000多万辆。截至2013年年底，我国汽车保有量达到1.37亿辆，千人汽车保有量突破100辆，我国正式进入汽车社会。到2020年，保有量将达到2.5亿辆，也有可能超过美国，再次刷新一个世界纪录。汽车社会的快速到来，极大地方便了人们的生活。但是，我国从原有的交通形态过渡到汽车社会仅用了十余年的时间，过渡时间短，交通管理和人民群众生活习惯等方面还存在不适应汽车社会的问题。人们的交通文明意识发展滞后，交通设施不完善，驾驶行为不规范和道路交通陋习多等诸多原因，导致我国道路交通事故发生率和伤害水平高于发达国家的平均水平。

中国每年发生交通事故50万起，交通事故死亡人数均超过10万人，相当于一个小型县，居世界第一。统计数据显示，每5分钟就有一人丧身于车轮下，每一分钟都会有一人因为交通事故而伤残。每年因交通事故而造成的经济损失达数百亿元。近年来，全国的交通安全形势日趋严峻，交通事故频繁发生，人员伤亡和财产损失惨重，交通事故造成的死亡人数占各种事故的90%以上，对人类的危害已远远超过了地震、洪水、火灾这些可怕的灾难。

### （一）交通事故发生的原因

机动车消费大幅度地增长，尽管车辆的增多给人们的出行带来了快捷、方便，但同时也带来了潜在的危险。因为驾驶员素质、嗜好和不良习惯在某种程度上都会给行车安全造成一定的安全隐患，特别是超载、超速、酒后驾驶、疲劳驾驶和无证驾驶是交通事故发生的五大重要原因。

#### 1. 超载超限驾驶

车辆超载是指车辆运载的货物重量或人数超过车辆行驶证的核定载质量或人数；车辆超限是指车辆的轴载质量、车货总质量或装载总尺寸超过国家规定的限制。车辆违法超载超限驾驶对安全行车或运输造成了极大的危害，不但会给司机自身的安全和群众的生命财产造成影响，而且对城市的道路、桥梁等市政设施造成的危害更是灾难性的。据统计，70%的道路交通事故是由于车辆超限超载引发的，50%的群死群伤重大道路交通事故与超限超载有直接关系。车辆超载超限运输给人民生命财产造成了巨大的损失，其危害主要有以下几个方面：

（1）车辆超载会使车辆制动、转向等性能降低。由于总载质量的成倍增加，因而汽车加速能力降低，坡路制动效果减弱，转弯灵敏度减小，加大了制动不合格、溜坡、爆胎等事故隐患。许多超载车辆还有超长、超宽和超高违法等现象，极易发生倒翻、刮擦和货物抛撒的交通事故。

（2）车辆部件磨损加剧，车辆寿命陡减。超载车辆超负荷运转，极易“积劳成疾”，特别是前后桥、大梁、钢板、轮毂等部位磨蚀损害加剧，致使整车安全状况降低，缩短了车辆寿命。

（3）损害道路路面。超载车辆总质量过大，对路面的压力、制动产生的摩擦力和转弯的离心力都随之加大，从而增加了对路面的摩擦、碾压的破坏程度。

（4）车辆超载严重污染大气环境。为了取得较大的牵引动力，驾驶员常用低挡大油门行驶，发动机油料燃烧不充分，致使排放的废气超标，噪声过大，大气环境被严重污染。

2. 超速驾驶

追求刺激或许是人类的天性。无论是从自身的体验，还是从电视上看汽车比赛，高速驾驶所带给人们的刺激是无法用言语来形容的。为此，很多司机在驾驶汽车的时候总是跃跃欲试，殊不知危险正在一步一步地靠近。据统计，超速驾驶肇事导致的死亡人数占交通事故总死亡人数的10%左右。超速驾驶已成为导致交通事故发生的主要原因之一，并成为名副其实的“马路杀手”。

我国《道路交通安全法实施条例》第七十八条规定：高速公路应当标明车道行驶速度，最高车速不得超过每小时120千米，最低车速不得低于每小时60千米。

同向有两条车道的，左侧车道最低车速为每小时100千米；同向有3条以上车道的，最左侧车道最低车速为每小时110千米，中间车道的最低车速为每小时90千米。道路限速标志标明的车速与上述车道行驶车速规定不一致的，按道路限速标志标明车速行驶。

3. 酒后开车

科学研究发现，驾驶员在没有饮酒的情况下行车，发现前方有危险情况，从视觉感知到踩制动器的动作中间的反应时间为0.75秒，饮酒后尚能驾车的情况下反应时间要减慢2~3倍，同速行驶下的制动距离也要相应延长，这大大增加了出事故的可能性。资料表明，人呈微醉状态开车，其发生事故的可能性为没有饮酒情况下开车的 16 倍。所以，饮酒驾车，特别是醉酒后驾车，对道路交通安全的危害是十分严重的。

酒后驾车的危害主要表现在以下几个方面：

（1）触觉能力降低。饮酒后驾车，由于酒精的麻醉作用，人的手、脚的触觉较平时降低，往往无法正常控制油门、刹车及方向盘。

（2）判断能力和操作能力降低。饮酒后，驾驶员对光、声刺激反应时间延长，本能反射动作的时间也相应延长，感觉器官和运动器官如眼、手、脚之间的配合功能发生障碍，因此，无法正确判断距离、速度。

（3）视觉障碍。饮酒后可使视力暂时受损，视像不稳，辨色能力下降，因此驾驶员不能发现和正确领会交通信号、标志和标线；同时，饮酒后视野大大缩小，视线模糊，眼睛只盯着前方目标，对处于视野边缘的危险隐患难以发现，易发生事故。

（4）心理变态。在酒精的刺激下，人有时会过高地估计自己，对周围人的劝告常不予理睬，往往会干出一些力不从心的事。

（5）疲劳。饮酒后人易困倦，表现为行驶不规律、空间视觉差等疲劳驾驶的行为。

现行的《中华人民共和国道路交通安全法》（以下简称《交法》）第九十一条规定：饮酒后驾驶机动车的，处暂扣一个月以上三个月以下机动车驾驶证，并处 200 元以上 500 元以下罚款；醉酒后驾驶机动车的，由公安机关交通管理部门约束至酒醒，处 15 日以下拘留和暂扣三个月以上六个月以下机动车驾驶证，并处 500 元以上 2000 元以下罚款。

饮酒后驾驶营运机动车的，处暂扣三个月机动车驾驶证，并处 500 元罚款；醉酒后驾驶营运机动车的，由公安机关交通管理部门约束至酒醒，处 15 日以下拘留和暂扣六个月机动车驾驶证，并处 2000 元以下罚款。

一年内有前两款规定醉酒后驾驶机动车的行为，被处罚两次以上的，吊销机动车驾驶证，五年内不得驾驶营运机动车。

但是按照现行法律，一般性的酒后驾车如果没有造成致人重伤、死亡或者使公私财产遭受重大损失的（否则就构成交通肇事罪），主要是经济处罚；即使是情节严重的酒后驾车，最严重的也就是治安拘留 15 天。

4. *疲劳驾驶*

驾驶疲劳是指驾驶员在长时间连续行车后，产生心理机能和生理机能的失调，出现视线模糊、腰酸背疼、反应迟钝、动作呆板，使驾驶机能下降的现象。

驾驶人疲劳时判断能力减弱、反应迟钝和操作失误增加。驾驶人处于轻微疲劳时，会出现换挡不及时、不准确；驾驶人处于中度疲劳时，操作动作呆滞，有时甚至会忘记操作；驾驶人处于重度疲劳时，往往会下意识操作或出现短时间睡眠现象，严重时会失去对车辆的控制能力。驾驶人疲劳时，会出现视线模糊、腰酸背疼、动作呆板、手脚发胀或有精力不集中、反应迟钝、思考不周全、精神涣散、焦虑、急躁等现象；如果仍勉强驾驶车辆，则可能导致交通事故的发生。因此，遵循人体生理、心理规律驾驶车辆，是一件绝不能忽视、轻视的事。

5. 无证驾驶

《交法》第十九条规定，驾驶机动车，应当依法取得机动车驾驶证。

申请机动车驾驶证，应当符合国务院公安部门规定的驾驶许可条件；经考试合格后，由公安机关交通管理部门发给相应类别的机动车驾驶证。

持有境外机动车驾驶证的人，符合国务院公安部门规定的驾驶许可条件，经公安机关交通管理部门考核合格的，可以发给中国的机动车驾驶证。

驾驶人应当按照驾驶证载明的准驾车型驾驶机动车；驾驶机动车时，应当随身携带机动车驾驶证。

《交法》第九十九条规定，有下列行为之一的，由公安机关交通管理部门处200元以上2000元以下罚款。

（1）未取得机动车驾驶证、机动车驾驶证被吊销或者机动车驾驶证被暂扣期间驾驶机动车的。

（2）将机动车交由未取得机动车驾驶证或者机动车驾驶证被吊销、暂扣的人驾驶的。行为人有前款第二项、第四项情形之一的，可以并处吊销机动车驾驶证；有第一项、第三项、第五项至第八项情形之一的，可以并处十五日以下拘留。

无证驾驶的危害主要如下：

（1）违反国家法律法规，一旦发生重特大交通事故，将追究刑事责任；

（2）没有经过学习培训考核，对机动车驾驶技术操作不熟练；

（3）缺乏对道路交通事故发生的可预见性。

通过对车祸原因的分析，除了以上五个引发交通事故的原因外，车况、技术、身体和心理也是引发汽车交通事故的重大因素。对开车多年的司机来说，在技术方面一般没有问题，最主要的是身体和心理因素。据统计，每天11时至13时、17时至21时是事故的高发期，这个时段发生的事故占事故总量的40%。据分析，这个时段人们容易出现神经和视觉疲劳，容易导致判断失误、处理不当，再加上又是上下班的高峰期，人车混杂、乱穿马路等紧急情况较多。而0时至3时，正是人容易犯困、感觉疲劳的时段，由于此时道路上车辆、行人稀少，不少司机可能放松警惕而致超速行驶，较易导致汽车撞到路边的树木、建筑物上，从而发生重大交通事故。

初学驾驶者、初上路者以及妇女是汽车车祸的高发人群，由于这些人对路况观察不全面，常顾左忘右、顾前忘后，加上手忙脚乱、反应迟缓，容易引发事故。不遵守交通规则，不按规定行车，是引发事故的主要原因。有的司机在路上开赌气车、霸王车，不允许别人的车超自己的车；有的司机故意长时间占用超车道，不管身后的车怎样提示，依然我行我素；有的司机自恃技术高超，在车流里左突右冲；有的司机夜晚会车时不关远光灯，用强光照射对方，致使对方视线模糊；有的司机对别人的不良行为不满，在行进途中故意挤超对方。以上这些不良的心理也极易引发车祸。

**（二）交通事故的预防**

防止交通事故，预防是关键，驾驶员在驾驶机动车辆时，应当做到以下几点：

（1）保持车状况良好。车辆技术性能完好，是保障行车安全的基础和前提。要勤检查，勤保养，使车辆时刻处于良好的技术状态，而不能因工作繁忙，就对车辆疏于检查、保养，更不能让故障车带“病”运行。所以上道之前，应例行检查。

（2）控制车速。俗话说：“十次车祸九次快，中速行驶保安全。”超速行驶是安全行车的大忌。司机在驾车时必须控制车速，特别是在驶经弯道、坡道、桥梁、窄路或视线不良、交通流量大的路段或遇到下雪、大雾等恶劣天气时，更须严格控制车速，否则极易发生交通事故。

（3）按规定装载，严禁超载。驾驶员不能产生多拉快跑、急功近利的思想，而应该从行车安全和长期效益着眼，严格按规定装载，切勿超载营运。

（4）注意劳逸结合。有些驾驶员为经济利益所驱使，往往不惜体力“连轴转”，这种要钱不要命的做法是不足取的。驾驶员一定要注意睡眠和休息。

只有劳逸结合，时刻保持充沛的精力，才能保证行车安全。

（5）注意职业道德的修养。驾驶员行车时难免碰到这样或那样的不顺心、不愉快的事，在这种情况下，不可情绪激动、莽撞行事，要心胸放宽、讲究礼让，切勿争强斗胜，开“霸道车”、“怄气车”——这是职业道德差的突出表现，也极易引发交通事故。

（6）严禁酒后开车。俗话说：“司机一滴酒，亲人两行泪。”驾驶员一定要做到喝酒不开车，开车不喝酒。

**（三）交通事故处理程序**

发生交通事故时，一般要遵循以下流程进行处理：

1. 立即停车

停车后按规定拉紧手制动，切断电源，开启危险报警闪光灯。如在夜间，需开示宽灯、尾灯。若在高速公路上，需按规定在车后设置危险警告标志。

2. 及时报案

当事人应及时将事故发生的时间、地点、肇事车辆及伤亡情况，打电话（交通事故报警电话：122；高速公路报警电话：12122）或委托过往车辆、行人向附近的公安机关或执勤民警报案，同时也可向附近的医疗单位、急救中心呼救、求救（医疗急救求助电话：120）；如现场发生火灾，还应向消防部门报告（火灾求救电话：119）。同时，已参加保险的车辆和人员还要在48小时之内向保险公司报案。

3. 保护现场

保护现场的原始状态，其中的车辆、人员、牲畜和遗留的痕迹、散落物不能随意挪动位置。为抢救伤者，应在其原始位置做好标记，不得故意破坏、伪造现场。在警察到来之前，当事人可用绳索等设置警戒线，保护好现场。

4. 抢救伤者或财物

当确认受伤者的伤情后，能采取紧急抢救措施的应尽最大努力抢救，设法送附近医院抢救治疗。除未受伤或虽有轻伤但本人拒绝去医院诊断的之外，一般可以拦搭过往车辆或通知急救部门、医院派救护车前来抢救。应妥善保管现场物品或被害人的钱财，防止被盗、被抢。

5. 防火防爆

当事人首先应关掉车辆的发动机，消除火灾隐患，现场禁止吸烟。如果是载有危险物品的车辆发生事故，除将此情况报告警方及消防人员外，还要采取防范措施。

6. 协助现场调查取证

当事人必须如实向公安交通管理机关陈述事发经过，不得隐瞒交通事故的真实情况。应积极配合、协助警察做好善后处理工作，并听候处理。

7. 肇事者接受交通管理部门的处罚

（1）对驾驶员积分的有关处罚规定：对累计积分达到12分的机动车驾驶人，扣留机动车驾驶证，对其进行道路交通安全法律法规教育，重新考试，考试合格者发还其机动车驾驶证。

（2）未投保第三者责任强制保险的处罚：公安机关交通管理部门将扣留车辆至依照规定投保后，并处依照规定投保最低责任限额应缴纳的保险费两倍的罚款。

（3）超速行驶的处罚：机动车行驶速度超过规定时速50%的，最高可处罚2000元，可以并处吊销机动车驾驶证。高速公路最高时速不得超过120千米。

（4）机动车驾驶证被吊销或被暂扣期间是否可以驾驶机动车：机动车驾驶证被吊销或者被暂扣期间不准驾驶机动车；否则，最高可处罚2000元，还可并处15日以下拘留。

## 三、车辆遇险的应急处理与救护

### （一）车辆遇险的应急处理

1. 交通事故的应急处理

大部分交通事故在发生的瞬间，驾驶员均可做出些避让的动作，这些动作有的可以起到减轻事故损失的作用，有的则适得其反。所以，在车辆遇到紧急情况时，要做到以下五点。

（1）不要惊慌失措。有关资料显示，当发现紧急情况，尤其是知道事故已不可避免的一刹那，几乎所有的驾驶员都会出现一种极度紧张的状态，全身战抖，四肢发麻。此时有的驾驶员能保持清醒的头脑，及时判明情况，采取正确的紧急避让动作，则能及时避免事故，使事故的损失减到最低程度；有的驾驶员则惊慌失措，胡乱地做出一些避让动作，这类驾驶员能在事故后及时停车，但仍会有严重的事故损失；还有的驾驶员则完全惊呆了，没有采取任何避让动作，眼睁睁地看着事故发生和蔓延，这类驾驶员则会造成连续事故，扩大事故的损失。造成这不同后果的关键在于驾驶员在事故初发时能否保持冷静的头脑。这除了与驾驶员自身的素质有关外，还与平时的训练有关。

（2）要先顾人后顾物。驾驶员在做紧急避让时，首先要考虑到避让车辆与物资相撞会不会伤害到人；如果避让会伤害到人，那么即使会损坏车辆或物资也不能躲让。车辆避让要向有物资的一侧，不能向有人的一侧，宁让物资受损失，也要保证人员不受伤害。

（3）要避重就轻。许多司机在前方突然出现障碍时，习惯性地向左打方向盘，这是不可取的。正确的做法是选择损失或危害较轻的一方避让，尽可能地躲开损失较重和危害较大的一方。

（4）要先方向后制动。在出现险情时，往往车速较高，如果先采取制动，容易延误时机或造成车辆跑偏、侧滑等情况；而先转动方向盘，可以使车辆避开事故的中心位置，有时甚至能避免事故的发生。对于需要短制动距离的事故，最好是在打方向盘的同时采取紧急制动。

（5）要先他人后自己。在事故发生后，应首先抢救处在危险中的乘客和受伤的群众，不能为保自身安全而弃车离开现场。当车辆起火或有爆炸危险时，司机应将危险车辆驶离人群、工厂、村镇，尽量减少事故车辆对人民生命财产造成的损害。

2. 汽车失火的应急处理

汽车失火不仅会威胁司乘人员的生命安全、毁损车辆，而且还会影响交通秩序。应急处理要点：①汽车发动机起火。迅速停车，切断电源，用随车灭火器对准火的根部灭火。②车厢货物起火。立即将汽车驶离重点要害地区或人员集中场所，并迅速报警。同时，用随车灭火器扑灭。周围群众应远离现场，以免发生爆炸时受到伤害。③汽车加油过程中起火。立即停止加油，疏散人员，并迅速将车开出加油站，用灭火器及衣服等将油箱上的火焰扑灭。地面如有流洒的燃料着火，立即用灭火器或沙土将其扑灭。④汽车被撞后起火。先设法救人，再进行灭火。⑤公共汽车在运营中起火。立即开启所有车门，让乘客有秩序地下车。同时，迅速用随车灭火器扑灭火焰。若火焰封住了车门，乘客可用衣服蒙住头部，从车门冲下；或者打碎玻璃，从车窗逃生。

3. 汽车落水后的应急处理

驾驶员因不熟悉路况等原因，导致车辆冲入江河、池塘或其他水域中的交通事故并不罕见。在汽车不慎落水的情况下，车内人员应该如何处理。

专家指出，汽车落水后保持冷静是关键。当车落入水中，水不会很快流入车内，大概会有两三分钟的准备时间。怎么利用好这关键的时间，关系到驾驶员的生死存亡。驾驶员一定要根据实际情况，果断采取措施，为逃生寻找突破口。

**情况一：汽车尚未沉入水底**

汽车即使坠入浅水区，也必然是从一定高度摔下的，车内人员难免发生骨折、身体被卡等情况。伤者首先要想办法报警，然后稳定自己的情绪，保持体力，等待救援。

如果汽车坠入深水区但尚未下沉，被困者应想尽办法推开车窗，爬出汽车逃生。如果是自动锁的车窗，遇水后很可能会因短路而无法启用，因此必要的蛮力是不可少的。被困者应积极争取汽车漂浮在水面的时间进行自救，一旦汽车沉入水底，救援难度会大大增加。

**情况二：汽车沉入水底**

第一步：保持冷静，马上报警。

一旦发现汽车坠入河底，首先应保持冷静，不要惊慌。情绪稳定对被困人员的自救非常重要，过于慌乱只会消耗大量体力，从而影响自救效率。

一是马上报警。在手机尚有信号的时候报警，清楚地告诉对方自己的位置和车内人数、受伤情况。

二是观察地形。如果汽车仍然在河水中移动，切不要轻举妄动，要尽量维持身体的平衡，不要让自己在车内受伤；如果已经骨折或卡住，尽量不要移动受伤部位。

第二步：尝试打开车门。

汽车停止移动后，可以尝试打开车门。如果汽车能够沉入河底，说明车内存在进水的情况，此时车内压力与车外压力的差距会逐渐缩小；如果力气够大，打开车门并非不可能。

第三步：用救生锤敲开车窗。

如果车门无法打开，砸开车窗成了必然选择。如果车窗无法用自动锁打开，则必须用蛮力敲破。如果备有救生锤最好，如没有救生锤，可用尖利物将车窗敲裂，或用脚使劲踹开。虽然车窗确实很难敲碎，但人在求生时应有比平时更大的力气，用脚踹开玻璃也并非不可能。

第四步：憋足气，逃出车窗游到水面。

彻底踹开车窗前，车内人员先做好憋气准备。车窗砸开后，河水会迅速涌入车内，此时车内人员应立即爬出车窗并游上水面。

如果不会游泳，则在车内寻找有浮力的物体，如充气枕头、气垫，能找到的全部抱上。如果一样东西都没有，且车内人员完全不会游泳，那就保持冷静，减缓呼吸，在报警后即耐心等待岸上救援。

**（二）交通事故现场救护**

1. 车祸受伤后的自救

车祸事故的发生往往是比较突然的，司机平时可在车上备几样急救物品以防不测之需，如木板、绷带以及清洁的毛巾等。万一发生车祸受伤时，在没有专业救护人员在场的情况下，可采用以下方法自救：

（1）在车祸中，撞击是驾驶员最易受到的伤害。被方向盘撞到胸部后，如果伤者感觉到剧痛和呼吸困难，可能是肋骨发生骨折并刺伤肺部。此时伤者千万不要贸然移动身体，以避免碎骨对内脏造成新的伤害。如果手臂仍可以移动接触到手机，可打急救电话求救，或者呼喊请别人帮助。

（2）大多数小客车的方向盘比较靠下，发生撞击时，肝脏和脾脏等器官也易受到侵害。假如肝、脾破裂，发生大出血时会有腹痛出现。此时最好不要随意活动，以免加重出血。如果发现车子有起火等隐患，则要缓慢地离开车子转移到安全地带，等待救护人员到来。

（3）撞击或其他原因可能会使驾驶员胸部受外伤，如果发现胸部外伤出血时，要用毛巾或其他替代品暂时包扎，以免失血过多。

（4）如果感觉肢体疼痛、肿胀、畸形，则可能是骨折。骨折后伤者不宜乱动，以避免血管和神经在搬动时受到伤害，而应尽快对伤肢进行简易固定。如果请别人帮助固定伤肢，最好用木板或较直、有一定硬度的树枝。

（5）如果感觉颈椎或腰椎受到了冲击，不恰当的搬动可能会造成再受伤而形成永久性的伤害甚至瘫痪。因此，遇到这样的情况，驾驶员如果自己没把握就不要乱动，可在原地等待救护人员来救助处理。

2. 车祸受伤人员的急救

在车祸中死亡的人中，有一些人本可挽回生命；受伤的人中，有一些本可避免终身截瘫或其他伤残，但未能挽回或避免。究其原因，往往是人们救护不当造成伤员伤情加重，或因不会运用抢救措施，失去抢救时间而导致不该发生的悲剧发生。在车祸后如何正确进行紧急处理救护办法作如下：

交通事故致伤，一般分为开放性辗轧伤和钝性挫伤两类。肢体有毁损、破裂、出血等，属于开放性辗轧伤；皮肤无破坏、无出血，但内部有严重挫伤，有的甚至有危险的内出血，这叫内伤。此外，还有两类伤都兼有复杂情况。若要有效地抢救伤员，首先应该了解伤者有无威胁其生命的征兆存在，然后对症下药进行抢救。

如果伤员已经昏迷不清，对外界刺激反应消失，或瞳孔两侧大小不等，对光反应迟钝或消失，呼吸不规则，脉搏不清，均说明情况严重。对昏迷的伤员，应注意呼吸道是否畅通。如果口腔中有呕吐的食物、痰、血块等异物，应予以及时清除，并使伤员的头后仰，以防堵塞呼吸道，造成窒息死亡。

如果伤员的心跳停止，可采用胸外心脏按压法（即用手掌紧贴左胸部，每分钟 60 ~ 80 次）。如呼吸停止，应立即给予人工呼吸。

如果伤员出现烦躁不安、脉搏变弱而快、呼吸急促等情况，说明伤者已进入休克状态，此时应抓紧时间送医院。

搬运护送中应注意的事项：伤员经初步处理后，要根据情况转运，在护送过程中应注意对骨折伤员要给予肢体固定，目的是减轻疼痛，减少骨折端的活动，以免加重血管、神经组织的损伤；对于有肢体严重畸形、扭转现象的，可用手牵引肢体来矫正畸形，然后固定；对于开放伤口则不应复位：肢体固定用夹板，可就地取材，树枝、木条、硬纸板都可以用来做夹板的代用品。对脊柱骨折伤员，护送时要保持脊柱平直，以免加重脊髓损伤。伤员平卧于木板上，禁止伤员弯腰，用担架时要让伤员俯卧。对伤情严重的伤员，应就近送医院进行抢救，不要舍近求远，一味强调送大医院而延误抢救时间。

**（三）其他交通事故应急常识**

1. 铁路交通事故

铁路交通安全事故是指铁路在运营过程中发生的各种事故，包括铁路行车事故、路外伤亡事故及其他运营事故。

铁路交通事故的具体应急要点如下：

（1）机动车在铁路道口内发生故障或装载货物掉落时，应将车辆或掉落的物品移至铁路线路最外侧钢轨 5 米以外的安全地点；不能移动的，应立即报告铁路道口看守人员，采取措施拦停列车；在无人看守的道口处，应立即在道口两端采取措施拦停列车，并通知就近铁路车站采取紧急措施。

（2）发生意外情况危及列车安全时，应迎向来车方向（无法判明来车方向时，应向两端方向）距离意外地点 800 米以上，向列车显示红色信号（白天为红旗，夜间为红灯；无红色信号时，可用红色物品或者两臂高举头上向两侧急剧摆动）。

（3）旅客列车发生火灾、爆炸事故时应立即停车，疏散旅客，迅速扑救；并切断火源和爆炸源，设置防护，报告救援，抢救伤员，保护现场。

（4）危险货物罐车发生泄漏或火灾时，应立即拨打 110 或 119 报告现场情况；向逆风方向疏散；有条件时应采取措施防止危险货物流入河川；如系可燃气体及易燃液体发生泄漏时应迅速隔断火源，禁止一切火种。

（5）车辆通过道口时应停车瞭望，确认安全后方可通过。应遵循一停、二看、三通过的原则。

2. 水上交通事故

水上交通事故是指船舶、浮动设施在海洋、沿海水域和内河通航水域发生的交通事故，包括碰撞事故、搁浅事故、触礁事故、触损事故、浪损事故、火灾、爆炸、风灾事故、自沉事故，以及其他引起人员伤亡、直接经济损失的交通事故。

水上交通事故的具体应急要点如下：

（1）船舶遇险时，要保持冷静，听从船上工作人员的指挥。

（2）船上有救生衣、救生圈的，要迅速拿上、穿好；没有救生衣可用其他漂浮物体作为救生用具；要尽可能向水面抛投漂浮物，如大块泡沫、空木箱、船舱木板、木凳等。

（3）当船上发生火灾时，要用湿手巾或湿棉织品捂住口鼻，向起火的上风位置逃避烟火，在上风（即迎风）一侧下水逃生。

（4）如船只正在下沉，千万不要在倾倒的一侧下水，以防被船体压入水下难以逃生；如果船体尾部先下沉，应逃到船头处下水。

（5）跳水逃生前不要慌张，要观察船只及周围情况，要避开水上漂流的硬物。

（6）穿救生衣跳水，要双臂交叠在胸前，压住救生衣，跳时要深吸一口气，用手捂住口鼻，眼望前方，双腿并拢伸直，脚先下水。不要向下望，防止身体向前扑进水里受伤。

（7）落水后往下沉时，要保持镇静，紧闭嘴唇，咬紧牙齿憋住气，不要在水中拼命挣扎，应仰起头，使身体倾斜，保持这种姿态，就可以慢慢浮出水面。

（8）浮上水面后，不要将手举出水面，要放在水面下划水，使头部保持在水面上，以便呼吸空气。如有可能，应脱掉鞋子，扔掉身上的重物，寻找漂浮物并牢牢抓住。

（9）不要离出事船只太远，要通过各种方式（呼喊或摇动色彩鲜艳物等）向岸上发出求救信号，并自行有规律地划水，慢慢向岸边游动，可尝试游上岸；如水流很急，应顺着水流游向下游岸边；如河流弯曲，应游向内弯水浅、流速较慢处上岸或等待救援。

（10）木质船舶翻船后，一般不会下沉，人被抛入水中后，应立即抓住船舶并设法爬到翻扣的船底上，等待救助。其他非木质船翻了会下沉，但有时船翻后，因船舱中有大量空气而漂浮在水面上，这时不要将船翻正过来，要尽量使其保持平衡，避免空气跑掉，并设法抓住翻扣的船只，以等待救援。

（11）穿救生衣要注意保持体温，最好的姿势是双脚并拢屈到胸前，两肘紧贴身旁，交叉放在救生衣上，使头部露出水面。

对落水人员进行施救时应注意以下几点：

（1）用救生圈施救时：在救生圈上系一根绳子，将救生圈掷给溺水者，将他拖至船边或岸边。如绳不够长或无长绳时，应先将救生圈抛给溺水者（有明显水流情况下，应抛向溺水者的上游处），接着迅速跳入水中游向溺水者，帮助其抓住救生圈，然后拖拉着游向岸边或船边。

（2）用竹竿施救时：在溺水者离船（或岸）较近时，可用竹竿将他拖近施救。

（3）用绳索施救时：先在绳索一端系一鲜明漂浮物，另一端结一个套握在手上，然后将绳子掷在溺水者前方，以便溺水者抓住将其拉回。

（4）用木板施救时：在无其他救生器材的情况下，可将木板抛给溺水者。在确保自身安全的前提下，也可挟扶木板游向溺水者，将其拖带上船（或上岸）。

3. 民用航空事故

民用航空事故是指民用航空系统所处的一种紧急状态，在这种状态中，人员及设备有受到伤害或损坏的危险。

民用航空事故的具体应急要点如下：

(1) 遇空中减压，应立即戴上氧气面罩。

(2) 飞机紧急着陆和迫降时，应保持正确的姿势：弯腰，双手在膝盖下握住，头放在膝盖上，两脚前伸紧贴地板。

(3) 飞机失事前的预兆：机身颠簸；飞机急剧下降；机舱内出现烟雾；机身外出现黑烟；发动机关闭，一直伴随的飞机轰鸣声消失；高空飞行时发出一声巨响；舱内尘土飞扬等。

(4) 舱内出现烟雾时，一定要把头弯到尽可能低的位置，屏住呼吸用饮料浇湿毛巾或手帕捂住口、鼻后再呼吸，弯腰或爬行到出口处。

(5) 若飞机在海洋上空失事，要立即穿上救生衣。

(6) 在飞机撞地轰响瞬间，要飞速解开安全带，朝着外面有亮光的出口全力逃跑。

(7) 飞机紧急着陆迫降时，在机上人员与设备基本完好的情况下，要听从工作人员指挥，迅速而有秩序地由紧急出口滑落地面。

同时，坐飞机时应做到：飞机上不要打手机；登机后，熟悉机上安全出口，听、阅有关航空安全知识，有不清楚的地方要及时请教乘务人员；飞机起飞、着陆时必须系好安全带，飞行途中应按要求系好安全带。

## 四、校园交通事故的预防及处理

学校内交通虽然不如校外那样拥挤，但是随着高校的发展、扩大，教师、学生拥有车辆数不断增加，也有其特殊的现象，如：流量不均衡，时间相对集中，无专职交通管理人员，上、下课时间交通流量大以及无牌无证驾驶车辆现象严重；再加上校内道路四通八达，汽车、摩托车、农用车、三轮车、自行车来回在校园穿梭等。面对交通状况出现了诸多新情况、新特点，校园无重大交通事故已成为历史。只要稍有疏忽，造成重大人员伤亡的交通事故将会在校园内随时发生。

大学生交通安全是指大学生在校园内和校园外的道路行走、乘坐交通工具时的人身安全。只要有行人、车辆、道路这三个交通安全要素存在，就有交通安全问题，也许只是一个小小的意外，就会造成严重后果，断送美好的前程，甚至生命。

### （一）校园发生交通事故的原因

许多大学生刚刚离开父母和家庭，缺乏社会生活经验，头脑里交通安全意识比较淡薄。同时有的同学在思想上还存在校园内骑车和行走肯定比公路上安全的错误认识，一旦遇到意外，发生交通事故就在所难免。大学生交通安全事故的主要原因有以下几种：

（1）注意力不集中。这是最主要的形式，表现为行人在走路时边走路边看书边听音乐，过马路看手机，或者左顾右盼、心不在焉。例如某高校同学李某，虽然眼睛近视，可他却最喜欢戴着耳塞边听音乐边走路边看书，有时候车到了他跟前才发觉。同学提醒他要注意，而他却当作耳边风。2010 年 11 月的一天下午，他像往常一样一边听着音乐、看着书回宿舍，经过一个十字路口时，一辆轿车从他左侧开过来，汽车鸣笛，他丝毫没有避让的意思，结果汽车刹车不及将其撞倒。幸好车速不是太快，否则性命难保。

（2）在路上进行球类等体育活动。大学生精力旺盛、活泼好动，即使在路上行走也是蹦蹦跳跳、嬉戏打闹，甚至有时还在路上进行球类等体育活动，这更增加了发生事故的危险。例如，2010 年 5 月，某高校两名男同学在操场踢完足球后，在回寝室的路上相互边跑边传球，此时身后正好驶来一辆两轮摩托车，驾驶员在躲闪他们传递的足球时，不幸摔倒在路上，造成摩托车驾驶员脸部、腿部严重挫伤。

（3）骑“飞车”。一般高校校园面积都比较大，宿舍与教室、图书馆等之间的距离比较远，所以许多大学生购买了自行车，课间或下课时骑自行车在人海中穿行是大学的一道风景线。但部分学生骑车居然能把自行车骑得与汽车比快慢，有时候还双手离开车把；殊不知就此埋下了祸根。例如，2012 年，某高校张姓同学，在网吧里上网到第二天凌晨四点多才回寝室休息。一觉醒来已快到上课时间了，他起床后匆匆下楼，骑上自行车飞快朝教室奔。当他骑到一个下坡向右转弯的路段时，本来车速已很快，但他还觉得慢，又猛踩了几下，就在这时迎面来了一辆小轿车，因车速太快避让不及，连人带车掉进了路旁的水沟里，致使右胳膊骨折，自行车摔坏。

**（二）校园交通事故的预防**

预防校园交通事故，最好的办法就是提高大学生的交通安全意识。同时，除提高交通安全意识、掌握基本的交通安全常识外，还必须自觉遵守交通法规，才能保证安全。以下几点是必须掌握并要在日常生活中严格遵守的：

（1）在道路上行走，应走人行道，无人行道时靠右边行走。走路时要集中精力，“眼观六路，耳听八方”；不与机动车抢道，不突然横穿马路、翻越护栏，过街走人行横道；不闯红灯等。

（2）要树立交通安全观念，切莫错误地认为校内无事，不能超过校内规定速度，不要飙车，时时记住安全第一。

（3）在道路上不得打（踢）球、溜冰、追逐嬉戏或有其他妨碍交通的行为。

（4）熟悉校内路线、地形，记住易出事的地段。

**（三）校园交通事故的处理**

（1）校园内发生的各类交通事故均由辖区公安交通管理部门负责处理，学校保卫部门配合公安交警部门工作。

（2）校园内发生交通事故时，有关车辆必须立即停车；如果有人身伤害情形的，首先应积极抢救伤者（移动时须设标志），并及时报案或向学校保卫部门报告，听候处理。

（3）如遇交通事故，肇事车辆准备逃离现场时，应记住车牌、车辆颜色、型号以及驾驶员体貌特征、衣着颜色和现场目击的证人，必要时应向在场师生求助。

## 第二节 出行安全

旅游对学生的大学生活有着重要的意义，不仅可以增长知识，开阔眼界，丰富人生的阅历，而且可以增进同学之间的了解，培养深厚的友谊。但出游也有着许多方面的安全问题。

### 一、旅游安全

**（一）旅游常见安全问题**

传统旅游安全问题主要是指在旅游活动中发生频率高、比较容易控制、影响范围相对较小的旅游安全问题，即传统“旅游六要素”的饮食安全、住宿安全、旅行安全、游览安全、购物安全和娱乐安全六个方面。

1. 饮食安全

很多饮食经营者为了追求暴利和短期获利而不顾旅游者的安全，提供不安全的食物，从而导致各种各样的诸如集体中毒、诱发旧病等事件，给旅游者带来疾病的风险和心理的不良影响。

2. 住宿安全

住宿设施的内部环境，如住宿设施内的空气质量会严重影响旅游者的身体健康；外部环境，如交通噪声和污染物以及旅店安全通道不畅、消防设备失灵等都是旅游安全的隐患。

3. 旅行安全

旅行安全事故往往是不可避免和难以预料的，如汽油短缺对旅行和高速公路安全的影响，以及具体交通工具（如航班、游轮等）的安全性和旅游业事故等问题均是难以预料的。

4. 游览安全

游览安全与其他安全类型相比，具有自身的特点和规律性，不仅包括旅游主体的安全，还涉及旅游客体的安全。有的旅游爱好者在游览过程中，喜欢冒险，安全意识不强。因此，旅游者应该克制自己的冒险精神，并加强安全保护措施，避免或减少高风险活动。

5. 购物安全

购物是外出旅游特别是境外旅游的一个不可或缺的环节。然而，旅游者携带大量现金或疯狂购物容易诱发抢劫盗窃甚至劫持事件。此外，不少商家为了获取利益最大化，出售的假冒伪劣产品，旅游者在使用中可能造成一些意外伤害事件。

6. 娱乐安全

娱乐安全问题包括火灾、打架斗殴、偷窃、黄赌毒、游乐设施安全等。尤其是赌博和卖淫，这两者普遍存在于人们的社会生活和旅游活动中，成为旅游娱乐场所最大和最常见的安全隐患。

**（二）旅游中的人身安全隐患**

人身安全的威胁主要来自两个方面：人为的和自然环境的。其中人为因素又可分为旅游者自身因素和他人因素。

1. 人为因素造成的安全隐患

（1）冒险、探奇

这种由于冒险、探奇造成的意外事故多发生在青壮年的旅游者身上。所以在你决定冒险、探奇前，千万要考虑装备设施的可靠性和自己的身体条件是否允许，不要用生命做代价。

(2) 旅游中走失

旅游者走失一般出现在游览活动中或自由活动中。在游览活动中旅游者应留意导游每天通报的全天游览日程、游览用餐点的名称和地址，以及在各个点的抵达时间和逗留时间。在外出自由活动时，请先告知导游或领队你将要去哪里，大概何时回来，最好带上饭店的店徽，记下饭店的地址和电话，以便万一走失时可以与饭店和导游联系。

(3) 发生治安事故

现在社会上各种骚扰、偷窃、抢劫、诈骗、行凶事件仍然存在，因此必要的思想准备和防范措施还是应该有的。

(4) 发生火灾事故

为防止火灾的发生，旅游者应注意以下几点：

① 在客房内吸烟后，一定要将烟头熄灭，不要随地乱扔。因为饭店地面多为地毯，很容易燃烧。

② 使用客房内的电器时，要按说明书的要求慎重操作，不要将电器烧坏而导致火灾。

③ 不要使用瓦数高的电器，以免超过整个酒店电压负荷后导致火灾。到酒店后要做好一些应付火灾的准备，如熟悉楼层的太平门、安全出口和安全楼梯，仔细阅读客房门后的线路图。

2. 自然因素造成的安全隐患

由天气、洪水等不可控的自然原因引起的安全问题，是旅游安全的常见表现形态之一。

(1) 威胁人类生命及破坏旅游设施的自然灾害

这类自然灾害包括：飓风、台风、气旋和龙卷风、洪水、暴雪、沙暴等气象灾害；地震、火山喷发、海啸、雪崩、泥石流等地质及地貌灾害；其他自然灾害如森林火灾等。

(2) 危及旅游者健康和生命的其他自然因素和现象

这些因素包括缺氧、极端气温、生物钟节律失调等。缺氧和高山反应多发生在海拔较高的旅游地，并可能由此引发肺气肿、脑肿等致命的症状。极端气温主要是指极端高温（如沙漠）和极端低温（如两极和高山）。生物钟节律则表现在航空旅行中，并可能伴随着疲乏、睡眠障碍、食欲不振等现象。

其他还有航空旅行所引起的晕动症等。

(3) 旅游者与野生动植物、昆虫等的接触产生的危险

这类危险主要在于大型凶猛动物对旅游者带来的伤害与威胁。例如热带亚热带海滨时常出现的鲨鱼咬伤旅游者的现象。一些有毒昆虫、植物也容易导致旅游者的皮肤疾病或身体伤害。

(4) 环境因素导致的疾病

这主要是指传染性疾病在旅游者中间发作的可能性及其对旅游者的危害。与旅游活动有关的环境疾病中，最具威胁的多为热带地区的环境所特有的疾病，例如疟疾、登革热等。其他环境因素引发的问题还有水土不服等。2003年在我国出现的非典型肺炎疫情，就对旅游者带来了很大的威胁，从而使众多旅游者取消行程。

**(三) 旅游安全保障**

旅游有助于身心健康，为了达到促进健康的目的，在旅游中需注意的一个问题就是防病。为此，旅游者旅游前要做好各种准备，旅游中要积极进行自我保健，防止意外伤害和事故的发生，并学会防治一些小病和常见病，遇到事故要能做到处乱不惊，遇事不慌。

1. 旅游准备

(1) 旅游前做好健康检查：具有以下病症者不宜旅游：患急性病未愈者；患有较严重的心脑血管疾病以及肝、肺、肾等重要脏器疾病者；处于各种传染病和炎症发作期的患者；患有慢性疾病正处于急性发作期或活动期者；各种原因所致的严重贫血患者；新近发生脑血管意外病情尚未稳定者，以及大中型手术后，处于恢复期的病人等。

(2) 物品准备：双肩包、身份证、学生证、银行卡、钱、手机、充电器、电池、雨伞、相机（电池、充电器）、文具（笔和本子）、洗漱用具（牙膏、牙刷、洗发水、洗面奶、毛巾、润肤水）、换洗衣服、塑料袋（装垃圾或其他用途）、泡沫垫（累时坐下用）、纸巾、指甲刀、小刀、绳子、钥匙、车票、食品（面包、牛奶、巧克力之类）、刮胡刀、小手电、哨子、药品（消炎药、治拉肚子药、感冒发烧药、创可贴）、备用电话（若条件允许）、游泳装备（若去海边）。

(3) 制订旅游计划：提前确定好旅行的内容、路线、住宿等。

(4) 关注天气情况：关注旅游地天气情况，视情况决定旅行日期。

(5) 告知亲人：提前联系自己的亲人或朋友，告知自己的旅行安排，并将应急电话记录下来放在不同的口袋或背包中，以防手机丢失后忘记号码。

2. 旅游常见病的防治

(1) 晕车晕船防治法。首先要保持心情愉快，出行前，不要饮酒，勿过饱或过饥。一般出行前半小时先服一片防晕药。如果晕车，可用冷毛巾敷面部和胸部；把视线固定在一个远处不动的目标上凝视：如果恶心想吐，尽量吐得干净为好；如果在车上，打开窗户，吹吹新鲜的风；如果眩晕，应开口呼吸，嚼一块糖，能取得较好的效果。

(2) 旅途中腹泻防治法。首先要注意饮食卫生，养成良好的卫生习惯，严防病从口入。在旅途中，还可以适量服用黄连素等药物预防腹泻的发生。

3. 旅游中意外伤害及应急处理

(1) 旅途中骨折的急救。若伤员休克，应立即让其平卧，骨折处要保暖防凉，并给伤员服用止痛药及镇静药。开放性骨折应首先止血。脊椎骨折时，要防止因搬动不慎损伤脊髓引起瘫痪。四肢骨折后，为避免损伤局部的肌肉、血管、神经等，要防止骨折端错位，也不要勉强去复位。用固定材料如木板、竹板等为伤肢进行固定。

(2) 旅途中踝关节扭伤的治疗。发生踝关节扭伤，要高抬患肢，先用冰袋或冷毛巾敷，以减轻疼痛和皮下出血，然后用活血散瘀的药膏外贴患处。在旅途中既无药物又无胶布的情况下，可用一只手握住扭伤的脚踝，另一只手抓住脚趾，由外向里摇晃，再让脚趾尽量向下弯曲，然后使脚尖尽量向上弯曲，反复多次，会有所好转。如果是严重扭伤，如韧带完全撕裂，踝关节不稳定者，严禁乱按乱揉，要立即送医院。

(3) 旅途中小腿抽筋的防治。小腿抽筋的预防比较简单，在活动前、活动后和睡前，按摩腿肚肌肉即可。常常抽筋的人在游泳前将捣烂的生姜汁涂在腿上，充分按摩，可收到很好的预防效果。小腿抽筋后可用扳脚法治疗。流程如下：取坐姿，一手用力压迫痉挛的腿肚，另一手抓住足趾向后扳脚，使足部背曲，再上下活动一下脚，抽筋就能得到缓解。若是在游泳时发生抽筋，可将大腿尽量向前蹬，用手使劲往身体方向扳脚拇指，反复多次，直至症状消失。

(4) 旅途中大小外伤的止血方法。旅途中不幸因外伤而出血，应尽快止血。止血的方法有很多，小伤口出血，且伤口内又无异物的可采用局部按压法，就是用手帕、纱布等直接盖在伤口上用手压住，把伤肢放在高过心脏的位置，便能很快止血。或者用手掌稍用力拍打两脚的跟腱，各拍数次，亦能止住小伤口流血。如果用药物止血，云南白药是首选良药。如果是四肢较大面积的伤口出现，可采用止血带或手帕、围巾等，用力绑在伤口靠近心脏的一侧，每隔一小时松开几分钟，再绑扎。在止血的过程中，要保持伤肢高于心脏的水平线。

## 二、其他出行安全常识

### （一）登山运动安全

（1）上山时要轻装，少带行李，以免过多消耗体力，影响登山；山上夜晚和清晨气温较低，上山要带厚一点的衣服。

（2）雷雨时不要攀登高峰，不要手扶铁制栏杆，不要在树下避雨，以防雷击。

（3）登山勿穿皮鞋和塑料底鞋，否则容易造成滑跌；为了安全，登山时可买竹棍或手杖。

（4）山高路陡，游山时以缓步为宜，不可过速。一定要做到“走路不看景，看景不走路”。

（5）登山时身体略前俯，可走“之”字形。这样既省力，又轻松。

（6）上山时要带足开水、饮料和必备的药品，以应急需。

（7）在高峻危险的山峰上拍照时，摄影者选好角度后就不要移动，特别注意不要后退，以防不测。

（8）山中不知深浅的水潭千万不要下去游泳，即使是夏日，泉水也会很凉，发生险情的可能性较大。

### （二）水上运动安全

（1）在首次游泳前，应当进行健康检查。凡是有病毒性肝炎、活动性肺结核、红眼病、中耳炎、腹泻病、心脏病、精神病和癫痫病的人都不适宜参加游泳活动。

（2）每次下水以前，都要注意做好准备活动，舒展各个关节，增强肌肉的力量和弹性，使得身体适应游泳活动的需要。

（3）下水时还应该先用水洗脸、头、胸、背和四肢，使身体适应冷的刺激。

**（三）徒步旅游安全**

徒步旅游接触面广，沿途可以观察和学习到许多有益的东西，增加知识，并能锻炼身体。徒步旅游中需要注意以下几点：

1. 行走技巧

（1）在旅途中要注意步幅迈得大比迈得小好，不仅可节省体力消耗，而且便于休息。

（2）行走的姿势应是身体自然前倾，手不要向两边摆，应前后摆动。迈步最好是用脚跟着地，再通过脚弓把重心逐渐转移到前脚掌上去。

（3）走路的鞋子很重要，要轻便，大小合适，鞋底不能太薄。应选择较平坦的路面走。行进中间休息时，应松开鞋带，把脚垫高一些，促进血液循环。

（4）睡前最好用热水洗脚，有利于消除疲劳。脚打泡后，可用消毒的缝衣针将水泡挑开，放出积液，穿进一根干净的线或头发，并注意防止感染。

2. 问路技巧

（1）要有礼貌，问路时必须面带笑容，口气谦和，以取得对方的好感。根据不同的对象用不同的称呼。

（2）要选准对象。一是选当地人问路；二是选异性问路，从心理角度来说，选择异性，容易取得较好的效果；三是选择老年人和恋人问路；四是选择民警和学生问路。需要注意的是，一般不宜向行色匆匆的路人以及面部冷阴、低头沉思的人或依依相偎的恋人问路。

（3）问路记住位置和特征。听人介绍时，要抓住关键，如地名、地物、典型标志位置和基本特征等。在对目标情况不明时，应多问几人，利用自己的经验和知识进行判断，从而达到问路的目的。

**（四）野外宿营安全**

（1）宿营地的选择要点：一是选择能防洪水、防塌方、防潮湿、防雷电、防火、防虫害袭击的地方；二是不要设在山岩脚下、悬崖下、冲积丘上以及可能发生雪崩的地方；三是不要设在针叶或干枯灌木丛林区，在这些地方若发生火灾，则火势会蔓延很快；四是附近要有水源，宿营地最好选择在树林边或林中空地，还可选择在平地的小山丘顶以及河边的山冈上。

（2）对新开辟的水源要经过消毒或净化处理后才能使用。宿营地的污水必须进行排放，不能乱泼，否则会影响环境卫生，容易滋生蚊蝇。污水处理设备或排污水沟，要求设在宿营地的下风侧，并保持适当的距离，这样可以摆脱臭气的滋扰。

(3) 垃圾要进行焚烧或深埋；厕所要设在宿营地的下风侧，粪便可请农民掏去做肥料。

(4) 要检查篝火是否完全扑灭，然后再上路。

**(五) 旅游中的饮食安全**

在外旅游不要贪食特殊风味菜肴，用餐不要饱一顿饥一顿；为避免“生火”，少吃大鱼大肉等肥腻的食物，多吃一些蔬菜和水果，多饮绿茶或白开水；少吃生冷食品，尤其不吃生鱼片、毛蚶之类菜肴；吃海鲜不要过多，多吃蒜，喝点酒，以防腹泻，肠胃不好的人千万要谨慎；对当地吃不惯的调料和菜肴，宁可少吃或不吃，以免肠胃不适，影响整个游程；对有些卫生较差的饭店，最好使用一次性杯筷和碗具，饭前饭后洗手。

**(六) 财物丢失的应急处理**

(1) 身份证丢失。由当地旅行社核实后开具证明，失者持证明到当地公安机关报失，经核实后开具身份证明，机场、安检人员才会核准放行。

(2) 财物丢失。财物丢失后，要向导游或领队求助，告诉他们丢失物品的形状、特征、价值，回忆丢失物品可能的时间和地点，积极配合导游人员寻找。

## 第三节 防溺水

溺水又称淹溺，是人淹没于水或其他液体介质中并受到伤害的状况。水充满呼吸道和肺泡引起缺氧窒息，吸收到血液循环的水引起血液渗透压改变、电解质紊乱和组织损害，最后造成呼吸停止和心脏停搏而死亡。溺水的后果可以分为非病态、病态和死亡，其过程是连续的。溺水发生后患者未丧失生命者称为近乎溺水。溺水后窒息合并心脏停搏者称为溺死，如心脏未停搏则称为近乎溺死。

### 一、溺水情况分类

人体溺水后数秒钟内，本能地屏气，引起潜水反射（呼吸暂停、心动过缓和外周血管剧烈收缩)，保证心脏和大脑血液供应。继而，出现高碳酸血症和低氧血症，刺激呼吸中枢，进入非自发性吸气期。随着吸气水进入呼吸道和肺泡，充塞气道导致严重缺氧、高碳酸血症和代谢性酸中毒。可能有以下两种情况：

1. 干性淹溺

喉痉挛导致窒息，呼吸道和肺泡很少或无水吸入，占淹溺者的10%～20%。人入水后，因受强烈刺激（惊慌、恐惧、骤然寒冷等)，引起喉头痉挛，以致呼吸道完全梗阻，造成窒息死亡。当喉头痉挛时，心脏可反射性地停搏，也可因窒息、心肌缺氧而致心脏停搏。所有溺死者中10%～40%可能为干性淹溺（尸检发现溺死者中仅约10%吸入相当量的水)。

2. 湿性淹溺

人淹没于水中，首先本能地引起反应性屏气，避免水进入呼吸道。但由于缺氧，不能坚持屏气而被迫深呼吸，从而使大量水进入呼吸道和肺泡，阻滞气体交换，引起全身缺氧和二氧化碳潴留，呼吸道内的水迅速经肺泡吸收到血液循环。由于淹溺的水所含的成分不同，引起的病变也有差异。

(1）淡水淹溺。江、河、湖、池中的水一般属于低渗，统称淡水。水进入呼吸道后影响通气和气体交换；水损伤气管、支气管和肺泡壁的上皮细胞，并使肺泡表面活性物质减少，引起肺泡塌陷，进一步阻滞气体交换，造成全身严重缺氧；淡水进入血液循环，稀释血液，引起低钠、低氯和低蛋白血症；血中的红细胞在低渗血浆中破碎，引起血管内溶血，导致高钾血症，诱发心室颤动而致心脏停搏；溶血后过量的游离血红蛋白堵塞肾小管，引起急性肾功能衰竭。

(2）海水淹溺。海水含3.5%氯化钠及大量钙盐和镁盐。海水对呼吸道和肺泡有化学性刺激作用。肺泡上皮细胞和肺毛细血管内皮细胞受海水损伤后，大量蛋白质及水分向肺间质和肺泡腔内渗出，引起急性非心源性肺水肿；高钙血症可导致心律失常，甚至心脏停搏；高镁血症可抑制中枢和周围神经，导致横纹肌无力、扩张血管和降低血压。

## 二、溺水事故的危害

人淹没于水中，由于呼吸道被水、污泥、杂草等杂质堵塞或喉头、气管发生反射性痉挛，引起窒息和缺氧，称为淹溺，也称溺水。由此造成呼吸、心跳停止而致死亡者称为淹死。

淹溺还可引起反射性喉、气管、支气管痉挛；水中污染杂草堵塞呼吸道可发生窒息。人跌入粪池、污水和化学品贮槽内，粪池和污水池中的硫化氢和化学品贮槽中的化学物可刺激皮肤黏膜并引起全身性中毒。

## 三、游泳溺水事故的预防

（1）不要独自一人外出游泳，更不要到不知水情或比较危险且易发生溺水伤亡事故的地方去游泳。选择好的游泳场所，对场所的环境，如水库、浴场是否卫生，水下是否平坦，有无暗礁、暗流、杂草，水域的深浅等情况要了解清楚。除江、河、湖、海、溪边之外，水池、排污渠、窨井、采石坑（洞）、粪坑、蓄水池、鱼塘（池塘、虾池）等都可能因学生玩耍或游泳而发生溺水事故。

（2）必须在家长、老师或熟悉水性的人的带领下去游泳，以便互相照顾。

（3）要清楚自己的身体健康状况，平时四肢就容易抽筋者不宜游泳或不要到深水区游泳。要做好下水前的准备，先活动活动身体，如水温太低应先在浅水处用水淋洗身体，待适应水温后再下水游泳；镶有假牙的同学，应将假牙取下，以防呛水时假牙落入食管或气管。

（4）对自己的水性要有自知之明，下水后不能逞能，不要贸然跳水和潜泳，更不能互相打闹，以免呛水和溺水。不要在急流和漩涡处游泳，更不要酒后游泳。

（5）在游泳中如果突然觉得身体不舒服，如眩晕、恶心、心慌、气短等，要立即上岸休息或呼救。

（6）学生洗澡过程中若发生漏电或煤气中毒事故，也可能因失去意识而倒在浴缸、澡盆、马桶中而发生溺水事故。

## 四、溺水后的自救与互救

### （一）溺水后的自救

游泳中常会遇到的意外是抽筋、疲乏等身体反应以及漩涡、急浪等，这时，要沉着冷静，按照一定的方法进行自我救护，同时，发出呼救信号。

1. 不熟悉水性者自救方法

（1）不要害怕沉入水中。当人落水之后或发生淹溺时，会对自己沉入水中产生极大的恐惧，因此就会本能地通过各种挣扎措施（如双手上举或胡乱划水等）试图使自己上浮，殊不知这样做只能适得其反。

(2) 屏住呼吸，放松全身，去除身上的重物，同时要睁开眼睛，观察周围情况。如果身体沉入水中，就让它沉，因水有浮力，且浮力与水深有关，水越深液体压强就越大，浮力也就越大，故沉到一定程度，没有负重的人体就会停止下沉并自然向上浮起。

(3) 一旦身体停止下沉并上浮，落水者双臂掌心向下，从身体两边像鸟飞一样顺势向下划水。注意划水节奏，向下划要快，抬上臂要慢；同时双脚像爬楼梯那样用力交替向下蹬水，或膝盖回弯，用脚背反复交替向下踢水，以加速自身上浮。当身体上浮时应冷静地采取头向后仰，面向上方的姿势，争取先将口鼻露出水面，一经露面，立即进行呼吸，同时大声呼救。

(4) 呼气要浅，吸气宜深，尽可能保持使自己的身体浮于水面，以等待他人救援。还可实施踩水技术，以避免自己下沉。

(5) 不会游泳及踩水的人不要试图不让自己再次下沉，更不能将手上举或拼命挣扎，这样不但消耗体力，而且更容易使人下沉；如果再次下沉就照原样再做一次，如此反复。

(6) 一定要全身放松，这样才能保存更多的体力，坚持更长的时间。

(7) 如果在水深2~3米的游泳池或在底部坚硬的水域或河床发生淹溺，落水者可在触底时用脚蹬地加速上浮，浮出水面立即呼救，同样不要害怕再次下沉。如此反复，坚持到救援人员到来。

2. 水中抽筋自救法

抽筋的主要部位是小腿和大腿，有时手指、脚趾及胃部等部位也会抽筋。

(1) 游泳时发生抽筋，千万不要惊慌，一定要保持镇静，停止游动，先吸一口气，仰面浮于水面，并根据不同部位采取不同方法进行自救。

(2) 若因水温过低而疲劳产生小腿抽筋，则可使身体成仰卧姿势。用手握住抽筋腿的脚趾，用力向上拉，使抽筋腿伸直，并用另一腿踩水，另一手划水，帮助身体上浮，这样连续多次即可恢复正常。

(3) 要是大腿抽筋的话，可同样采用拉长抽筋肌肉的办法恢复。

(4) 两手抽筋时，应迅速握紧拳头，再用力伸直，反复多次，直至复原；如单手抽筋，除做上述动作外，可按摩合谷穴、内关穴、外关穴。

(5) 上腹部肌肉抽筋，可掐中脘穴（在脐上四寸），配合掐足三里穴，还可仰卧水里，把双腿向腹壁弯收，再行伸直，重复几次。

（6）抽过筋后，改用别种游泳姿势游回岸边。如果不得不用同一游泳姿势时，就要提防再次抽筋。

3. 水草缠身自救法

（1）首先要镇静，切不可踩水或手脚乱动，否则就会使肢体被缠得更难解脱，或在淤泥中越陷越深。

（2）用仰泳方式（两腿伸直、用手掌倒划水）顺原路慢慢退回。或平卧水面，使两腿分开，用手解脱。

（3）如随身携带小刀，可把水草割断，不然试试把水草踢开，或像脱袜那样把水草从手脚上捋下来。自己无法摆脱时，应及时呼救。

（4）摆脱水草后，轻轻踢腿而游，并尽快离开水草丛生的地方。

4. 身陷漩涡自救法

（1）有漩涡的地方，一般水面常有垃圾、树叶杂物在漩涡处打转，只要注意就可早发现，应尽量避免接近。

（2）如果已经接近，切勿踩水，应立刻平卧水面，沿着漩涡边，用爬泳快速地游过。因为漩涡边缘处吸引力较弱，不容易卷入面积较大的物体，所以身体必须平卧水面，切不可直立踩水或潜入水中。

5. 疲劳过度自救法

（1）觉得寒冷或疲劳，应马上游回岸边。如果离岸甚远，或过度疲乏而不能立即回岸，就仰浮在水上以保存力气。

（2）举起一只手，放松身体，让对方拯救。不要紧抱着拯救者不放。

（3）如果没有人来，就继续浮在水上，等到体力恢复后再游回岸边。

**（二）溺水后的互救**

1. 必须增强自我保护意识

所有的施救者必须明确：施救者自己的安全必须放在首位。只有首先保护好自己，才有可能成功救人；否则，非但救不了人，还有可能把自己的性命葬送。注意事项有以下几点：

（1）尽可能呼唤多人参与救援。人多力量大，同时可以相互照应，提高救援的安全性，因此发现有人淹溺时应尽可能多叫人来参与救援。除非万不得已，应尽量避免单人施救，尤其应避免单人独自下水施救，以免发生不测时无人帮助。

（2）不要盲目下水。因为水情不同，水下可能有很多未知因素，故即使是会游泳者甚至是游泳健将也不要盲目下水。应尽可能采用岸上救助法，万不得已时才下水救人。

（3）禁止不会游泳者下水救人。不少人明知自己不会游泳却不假思索地盲目下水救人，殊不知这样非但救不了人，反而会增加损失，甚至付出生命的代价，类似愚蠢的做法已经夺去了很多人的宝贵生命。岸上营救的方法有多种，不会游泳的人应高声呼叫他人前来救助或采用其他岸上救助的方法。

（4）禁止儿童下水救人。无论儿童是否会游泳，他们的心智及体力均无法胜任抢救淹溺者的工作，因此必须禁止儿童下水救人。平时我们必须大力宣传这一点，让所有的儿童都明确救助溺水者时有巨大的危险，千万不要拿自己的生命冒险。

（5）救援时如发生意外情况应及时终止救援。如果营救者在救人时感到严重不适，如感到极度疲劳、水温过低、呛水、头晕眼花、胸壁憋闷、呼吸困难、四肢僵硬等，此时应立即果断放弃抢救，赶紧实施自保和求援，切勿继续勉强救人。

2. 及时呼叫专业救援人员

专业救援人员的技能和装备是一般人所不具备的，因此发生淹溺时应该尽快呼叫专业急救人员（医务人员、涉水专业救生员等），让他们尽快到达现场参与急救以及上岸后的医疗救助。遇到下述情况必须及时呼叫专业人员：

（1）在水情复杂或有危险的水域，如湍急的河流、水下有危险生物、严重低温水域、夜晚发生的溺水以及存在任何原因使一般人不容易成功救助时，都应呼叫带有特殊装备（如救生艇、潜水设备等）的专业救援人员。

（2）落水者没有及时被救出，入水时间超过5分钟者需要呼叫专业医疗急救人员。

（3）淹溺者为疾病患者、高龄者或儿童，这些人被救后往往需要医疗支援。从理论上讲，溺水有很多后续并发症，因此只要发生了真正意义的淹溺，患者都需要去医院接受进一步诊疗。

3. 充分准备和利用救援物品

救援物品包括救援所用的绳索、救生圈、救生衣及其他漂浮物（如汽车内胎、木板、泡沫塑料等）、照明设备、救援船只、医疗装备等，良好的救援装备能使救援工作事半功倍地完成，应学会就地取材，寻找并使用这些物品，其效果要比徒手救援好得多。特别是游泳技术不熟练或不熟悉水性的救助者，最好携带救生圈、木板、绳索或小船等有自我保护作用的工具，这样既提高了救援效率，又保障了救援者的安全。

4. 救援前与淹溺者充分沟通

得不到淹溺者配合的救援不但很难成功，而且还会增加救援者的危险，因此救援者应首先充分与淹溺者沟通，这一点十分重要。沟通的方式可以通过大声呼唤，也可以通过手势进行，其沟通内容主要有：告诉淹溺者救援已经在进行，鼓励淹溺者战胜恐惧，要沉着冷静，不要惊慌失措，放弃无效挣扎；还可以告诉淹溺者水中自救的方法，如向下划水的方法、踩水方法、除去身上的负重物等；同时还要特别告诉溺水者听从救援者的指挥，冷静下来配合营救，这样能取得事半功倍的效果。

## 五、溺水者上岸后的救援

### （一）迅速检查患者

如果未能实施水中生命支持，淹溺者被救上岸后的当务之急就是迅速进行身体情况检查，以确认患者的状态，然后才能根据不同的情况采取相应的急救措施。因此在查明患者情况之前不要采取任何抢救措施，以免进行无效的抢救或错误的抢救。检查内容主要有以下几点：

1. 意识检查

采取观察并大声呼唤及拍打患者肩部的方法确认其有无意识丧失。如患者无反应即可认定患者已经发生了意识丧失，此时应该就地尽快实施口对口吹气人工呼吸两次。为了争取时间，应在向患者吹气供氧之后再检查患者的呼吸和心跳。

2. 呼吸心搏检查

用平扫方法观察患者胸腹部有无起伏，或用看、听、感觉的方法检查。如胸部无起伏，则应断定患者已经丧失呼吸，此时应该立即检查患者有无心跳。对于淹溺者的呼吸心跳检查不同于普通情况的呼吸心跳检查，因有时淹溺者在一定的时间内仅仅丧失了呼吸而有心跳存在，这不同于普通情况下可以通过呼吸停止间接提示心跳停止。因此，淹溺者即使停止了呼吸，仍然需要进一步检查其心跳。如颈动脉无搏动，则应认定患者已经发生了心脏停搏，此时应立即进行心肺复苏。

3. 外伤检查

失足落水、遇到漩涡、跳水（如果头部先着地可造成颅脑及脊柱损伤等）以及水情复杂或有很多杂物的水域里的淹溺患者，常常有外伤情况，故需要实施外伤检查。让患者采取平卧位，通过询问、观察及局部按压、触摸的手法，自上而下地检查患者有无在水中受伤。

**（二）对意识清醒患者的救援**

1. 保暖措施

除了炎热的夏季，在其他季节抢救溺水患者时都应采取保暖措施。脱去患者的湿衣服，擦干身体表面的水，换上干衣服，以减少体表水分蒸发带走热量。有条件时可用毛毯等物包裹身体保暖，还可充分按摩四肢，促进血液循环，并可酌情给予热饮料。千万不要给患者饮酒，那样会加速热量的流失。

2. 进一步检查患者

询问患者溺水原因、落水后的情况以及有何不适感、有无呛水、喝水等。同时观察患者口唇及面色，测血压及心率，检查有无外伤等。

3. 送患者去医院

淹溺可能导致很多生理障碍，而且多有后续继发的问题，特别是肺组织的损伤等，故多数患者需要尽早得到医疗救助，但很多人没有意识到这一点的重要性。因此应向群众宣传，凡对发生溺水的患者，无论当前情况如何，都应去医院进一步诊疗。尤其是对于高龄、幼儿及发生过呛水、喝了大量的水、溺水时受伤、有异常症状及体征（如呕吐、面色苍白、血压异常、脉搏异常等）的患者应及时送医院进一步诊疗。

**（三）对意识丧失但有呼吸、心跳患者的现场急救**

患者呈持续意识丧失状态同时有呼吸、心跳的情况称为昏迷。导致溺水患者昏迷的常见原因是缺氧，少见原因为溺水过程中的颅脑损伤（如溺水者的头部受到撞击等）。此时除保暖外，应采取的措施主要是供氧，最好使用呼吸机通过面罩高流量供氧。对于呼吸微弱同时有发绀表现的患者实施呼吸支持，如无呼吸机及面罩时可以采取口对口人工呼吸。对呼吸正常的患者要保持其呼吸道通畅，同时应使患者成为稳定侧卧位，该体位是昏迷患者应该采取的体位，这样可以防止患者因呕吐物造成呼吸道堵塞的发生。由于呕吐是淹溺者最容易出现的症状，故采取稳定侧卧位非常重要。此外还要详细检查患者，以排除外颅脑损伤，对不能排除外颅脑损伤的患者则应采取保护脊柱的措施。然后呼叫救护车或迅速送患者去医院，并在途中密切观察病情。

**（四）对有心跳、无呼吸患者的现场急救**

淹溺患者经过一段时间淹溺可能会发生严重的缺氧，首先造成脑皮质功能丧失。患者发生昏迷，如未能得到氧气，则会停止呼吸；如果缺氧状况得不到纠正，则将发生心搏停止。因此有心跳、无呼吸的情况是严重淹溺的一个阶段，这个阶段表明患者已经处在死亡的边缘。一般来说，淹溺 3 ~4 分钟后被捞出的患者常常需要人工呼吸，淹溺 5 分钟后才被捞出者多已经发生心搏骤停，需要立即实施心肺复苏。

此时最重要的就是立即对患者实施人工支持，最佳的方法是气管插管。如果能够及时成功地插管并使用气囊人工呼吸，可以起到立竿见影的效果。其他方法有口对口（或口鼻）人工呼吸、挤胸人工呼吸、抡臂人工呼吸等。其中口对口人工呼吸效果最好。注意：如果在口对口人工呼吸时感到阻力很大，难以将空气吹入患者体内，说明呼吸道不通畅，此时则要采取疏通呼吸道的措施，如清除口中的泥沙及杂草，让患者采用心肺复苏体位等，然后再实施吹气。

## 思考与练习

1. 交通事故发生的主要原因有哪些？
2. 在车辆遇到紧急情况时，应该注意哪几点？
3. 大学生如何遵守《交通安全法》？
4. 旅游前我们应该做好哪些准备？
5. 如何预防溺水事故？发生溺水时如何自救与互救？

# 第三章 校园安全

## 第一节 消防安全

学校是人员高度聚集的公共场所，教学仪器多、科研设备价值昂贵、用电量大，各类试验、实习项目和易燃物品多，一旦发生火灾事故，影响大、损失大，直接影响教学、科研工作的正常进行。在校的大学生由于生理、心理等客观因素，更容易受到危害。据统计，1998 至 2002 年全国高校共发生火灾 8666 起，死亡 80 人，伤 121 人，直接经济损失近 4 千万元。2007 年 1 月 11 日，东北师范大学研究生宿舍 2 舍一楼发生火灾，浓烟将十一层高的整个宿舍笼罩，楼上百余个寝室的 500 余名学生被困。2008 年 11 月上海商学院女生宿舍因违规使用“热得快”引发火灾，导致四名女生身亡。南京某高校宿舍突发大火，女生穿睡衣拖鞋逃生。2008 年 12 月 7 日，南京人口管理干部学院锁金村校区女生宿舍 801 房间突然失火，该学院值班人员发现后及时报警，消防队及时赶到并迅速将火扑灭。2013 年 4 月份，河南理工大学竹园二号二楼寝室发生火灾，由于学生做早操，虽未发生人身伤亡，但造成严重的财产损失。因而预防校园火灾是一项常抓不懈的首要工作。根据在校大学生在学校安全工作中具有重要地位和独特作用，高校对大学生进行消防安全教育是当前火灾形势和安全工作的迫切需要，是提高全校火灾预防能力的一项群众性基础工作，也是保护在校大学生人身财产安全和合法权益的需要。

为了增强广大学生的消防安全意识，明确消防安全责任，了解消防安全常识，熟悉消防器材的性能特点，掌握灭火、疏散、逃生的技能，提高自防自救能力，学习消防知识是大学生在校学习期间不可或缺的一课。通过对消防安全知识的学习，广大同学能做到“三懂、三会”，即懂火灾的危害性、懂火灾的扑救方法、懂预防火灾的措施；会报火警、会使用灭火器、会逃生自救。

## 一、消防基础知识

### （一）燃烧的基本原理

1. 燃烧的条件

任何物质燃烧过程的发生和发展，必须具备三个必要条件，即可燃物、氧化剂和温度（引火源）。只有这三个条件同时具备，才可能发生燃烧现象，无论缺少哪一个条件，燃烧都不能发生。但是，并不是上述三个条件同时存在，就一定会发生燃烧现象，这三个因素还必须相互作用才能发生燃烧。此外，燃烧还必须具备以下四个充分条件：一定的可燃物浓度、一定的氧化剂含量、一定的引火源、未受抑制的链式反应。

（1）可燃物。凡是能与空气中的氧或其他氧化剂起燃烧化学反应的物质称为可燃物。可燃物按其物理状态分为气体可燃物、液体可燃物和固体可燃物三种类别。可燃烧物质大多是含碳和氢的化合物，某些金属如镁、铝、钙等在某些条件下也可以燃烧，还有许多物质如肼、臭氧等在高温下可以通过自己的分解而放出光和热。

（2）氧化剂。这是指帮助和支持可燃物燃烧的物质，即能与可燃物发生氧化反应的物质称为氧化剂。燃烧过程中的氧化剂主要是指空气中游离的氧。另外如氟、氯等也可以作为燃烧反应的氧化剂。

（3）温度（引火源）。这是指供给可燃物与氧或助燃剂发生燃烧反应的能量来源，常见的是热能，其他还有化学能、电能、机械能等转变的热能。

（4）链式反应。有焰燃烧都存在链式反应。当某种可燃物受热，它不仅会气化，而且该项可燃物的分子会发生热解作用从而产生自由基。自由基是一种高度活泼的化学形态，能与其他的自由基和分子发生反应，而使燃烧持续进行下去，这就是燃烧的链式反应。

2. 燃烧的类型

燃烧按其形成的条件和瞬间发生的特点一般分为闪燃、着火、自燃和爆炸四种类型。

闪燃是物质遇火能产生一闪即灭的燃烧现象。

着火是可燃物质在空气中与火源接触，达到某一温度时，开始产生有火焰的燃烧，并在火源移去后仍能继续燃烧的现象。

自燃是可燃物质在没有外部火花、火焰等火源的作用下，因受热或自身发热、积热不散引起的燃烧。

爆炸是由于物质急剧氧化或分解反应产生温度、压力增加或两者同时增加的现象。爆炸可分为：物理爆炸、化学爆炸和核爆炸。

物理爆炸是由于液体变成蒸气或者气体迅速膨胀，压力急速增加，并大大超过容器的极限压力而发生的爆炸。如蒸气锅炉、液化气钢瓶等的爆炸。

化学爆炸是因物质本身起化学反应，产生大量气体和高温而发生的爆炸。如炸药的爆炸，可燃气体、液体蒸气和粉尘与空气混合物的爆炸等。化学爆炸是消防工作中防止爆炸的重点。

热传播除了火焰直接接触外，通常是以热传导、热辐射和热对流三种方式向外传播的。

3. 防火的基本原理

防止燃烧条件的产生，可以不使燃烧的三个条件相互结合并发生作用，以及采取限制、削弱燃烧条件发展的办法，阻止火势蔓延。具体运用如下：

(1) 控制可燃物。用非燃或不燃材料代替易燃或可燃材料；用防火涂料刷涂可燃材料，改变其燃烧性能；采取局部通风或全部通风的方法，降低可燃气体、蒸气和粉尘的浓度；对能相互作用发生化学反应的物品分开存放。

(2) 隔绝助燃物。即使可燃性气体、液体、固体不与空气、氧气或其他氧化剂等助燃物接触，即使有着火源作用，也因为没有助燃物参与而不致发生燃烧。例如将钠存于煤油中，磷存于水中，二硫化碳用水封闭存放等。

(3) 消除着火源。即严格控制明火、电火及防止静电、雷击引起火灾。如采取隔离、控温、接地、避雷、安装防爆灯、遮挡阳光、禁止烟火等。

(4) 阻止火势蔓延。即防止火焰或火星等火源蹿入有燃烧、爆炸危险的设备、管道或空间，或阻止火焰在设备和管道中扩展，或者把燃烧限制在一定范围不致向外延烧。例如：在相邻两建筑之间留出一定的防火间距；在建筑内设防火墙、防火门和防火卷帘；在管道上安装防火阀等。

**（二）火灾及其危害**

1. 校园火灾发生的原因

火灾是指在时间或空间上失去控制的燃烧所造成的灾害。凡存在违反消防法律法规的行为，可能造成火灾危害的，均为火灾隐患。凡存在严重违反消防法律法规的行为，可能造成重大人员伤亡或重大财产损失的，为重大火灾隐患。

火灾事故发生的原因主要有：纵火、电气、违章操作、用火不慎、玩火、吸烟不慎、自燃、雷击、静电以及其他因素如地震、风灾等引起。

校园火灾事故发生的原因主要有以下几种：

（1）违章乱拉临时线路，并靠近易燃或可燃物，绝缘性能低短路造成火灾；

（2）违章使用电热器具，如：电炉、电热器造成电路超负荷引起火灾；

（3）焚烧信件等杂物，失去控制或遗留火种，引燃周围可燃物造成火灾；

（4）在床上燃点蜡烛，不慎引燃周围可燃物造成火灾；

（5）卧床吸烟或将烟头、火柴梗未熄灭乱扔，引燃周围可燃物酿成火灾；

（6）违章使用各种灶具，引燃周围可燃物酿成火灾；

（7）实验课实验中违反实验操作规程，导致电气设备或线路超负荷，造成火灾；

（8）电气设备老化，超负荷用电造成火灾；

（9）建筑物或设备接地不良，雷击引起火灾。

2. 火灾的发展过程

一般建筑内的火灾均经历初始、成长、极盛和衰减（熄灭）四个阶段。

（1）初起阶段。一般是电火花、未熄灭烟头等将室内易燃、可燃物点着，经过一段时间阴燃而变成明火，但范围很小。此时室内温度极不平衡，空气对流加剧，使燃烧温度缓慢升高。这一阶段持续一般在几分钟到十几分钟，若能及时发现火情，很容易将火险扑灭在萌芽阶段。

（2）成长阶段。此时可燃物的燃烧面积迅速扩大，室内温度上升很快，在短时间内室内燃烧由量变转化为质变而形成轰燃。轰燃是指可燃物受热分解出的可燃气体增多，其余空气混合达到轰燃点时，引发室内全部可燃物在瞬间全面燃烧起来。出现轰燃是成长阶段的重要特性。

（3）极盛阶段。室内火势猛烈，处于全面燃烧状态，温度迅速上升。此时室内的极大温度可达1000℃左右，室内温度出现极大值是这一阶段的重要特征。在这一阶段烈火冲出房门袭入通道，大火将席卷整幢大楼。极盛阶段持续时间长短主要取决于可燃物的数量、通风情况及围护结构材料的传热性能等。

(4) 衰减阶段。此时，室内约80%的可燃物已燃尽，热量大量向四周散失，室内温度开始下降。当可燃物已烧尽，室内温度降到200～300℃并较长时间保持这一温度范围，直到火势熄灭之后。

3. 火灾的分类

根据可燃物的类型和燃烧特性，火灾分为A、B、C、D、E、F六大类。

A类火灾：指固体物质火灾。这种物质通常具有有机物质性质，一般在燃烧时能产生灼热的余烬。如木材、干草、煤炭、棉、毛、麻、纸张等火灾。

B类火灾：指液体或可熔化的固体物质火灾。如煤油、柴油、原油、甲醇、乙醇、沥青、石蜡、塑料等火灾。

C类火灾：指气体火灾。如煤气、天然气、甲烷、乙烷、丙烷、氢气等火灾。

D类火灾：指金属火灾。如钾、钠、镁、铝镁合金等火灾。

E类火灾：指带电火灾。物体带电燃烧的火灾。

F类火灾：指烹饪器具内的烹饪物（如动植物油脂）火灾。

4. 火灾的危害

在社会生活中，火灾是威胁公共安全、危害人民生命财产的灾害之一。当今，火灾是世界上多发性灾害中发生频率较高的一种灾害，也是时空跨度最大的一种灾害。火灾的危害性具体体现在以下三个方面：

(1) 火灾会造成惨重的财产损失

1993年8月5日，深圳市安贸危险品储运公司清水河仓库，因化学危险物品混存而发生反应，引起火灾爆炸事故，大火燃烧了16小时，有15人死亡，8人失踪，873人受伤。在抢险中，仅公安干警就有54人伤亡，2名公安局副局长殉职，烧毁建筑面积39000平方米，火灾直接财产损失15.2亿元。

(2) 火灾会造成大量的人员伤亡

国际消防技术委员会对全球的火灾调查统计表明，近几年，全球每年发生600万～700万起火灾，大约有6～7万人在火灾中丧命。全球每年在火灾中死亡人数最多的6个国家是：①印度，年均2万人；②俄罗斯，年均1.35万人；③美国，年均5千人；④中国，年均2.1千人；⑤日本，年均2千人；⑥乌克兰，年均1.7千人。

(3) 火灾会造成生态平衡的破坏

1987年5月6日到6月2日几乎长达一个月的大兴安岭森林特大火灾，

起火直接原因是林场工人在野外吸烟引起，间接原因是气候条件有利于燃烧，可燃物多。人民解放军、森林警察、公安消防人员、广大职工近10万军民经过近一个月的殊死搏斗，才将大火扑灭。这场大火致使193人丧生，226人受伤，火灾破坏了1000多万亩林业资源，大火殃及1个县城3个镇，破坏的生态平衡需80年才能恢复，经济损失高达69.13亿元。据资料统计，我国年均森林火灾毁林面积达100万公顷（我国森林覆盖率仅为13%，日本为60%），森林大面积减少，造成洪水泛滥。

（4）火灾会造成不良的社会政治影响

如火灾发生在首脑机关、通信枢纽、涉外单位、古建筑、风景区等，都会造成严重的政治影响，甚至波及全国乃至全世界。1994年11月15日，吉林市银都夜总会因纵火发生火灾，殃及在同一建筑物内的市博物馆，烧毁建筑面积6800平方米，不仅造成直接财产损失671万多元，而且将无法用金钱计算的博物馆内藏文物7000余件和黑龙江在该馆巡展的7000多万年前的恐龙化石烧毁，而堪称世界级瑰宝、被列入《吉尼斯世界纪录大全》的吉林陨石雨中最大的1号陨石（重1775千克）也在大火中被分为两半，还有两人被烧死。这次大火既造成了难以计算的经济损失，更造成了不良的政治影响。

## 二、火灾的预防

我国消防工作的方针是“预防为主，防消结合”。人人都应该遵守消防条例，用自己掌握的消防知识保护自己和他人及公私财物的安全。

### （一）预防火灾的基本措施

（1）建立健全消防管理、保养制度；

（2）强化工作人员的消防意识，建立消防人员编制；

（3）经常开展防火宣传教育工作，发挥群防群治的作用；

（4）加强对每个部门的防火管理，消除火灾隐患，落实岗位防火责任；

（5）制定明确的防火责任制度，防火岗位责任制度，消防管理制度和安全防火操作规程；

（6）按时维护、保养各类消防设施设备和器材；

（7）加强重点区域防火检查，预防重大火灾，减少发生火灾的危险性，避免损失；

（8）定期开展消防培训和消防演习工作，加强消防技能训练，增强义务消防员处置突发事件的能力，提高对火灾造成的危害的认识。

（二）家庭火灾的预防

1. 加强消防宣传

广泛利用新闻媒体，印发居民防火知识手册，普及消防安全常识，提高居民的防火意识和自救能力。加强对青少年的消防教育，注重学校及家长对孩子的教育。

2. 规范房屋装修

对房屋进行装修时，要符合安全原则，尽量使用阻燃材料或对易燃材料进行阻燃处理。要保持居室的走道、楼梯畅通，不随意堆物；不允许擅自安装铁门将楼房通道、安全出口封堵。

3. 正确使用电器

（1）常用灯具应安装在距可燃物一定的距离外，防止照明热量引燃可燃物；

（2）雷电时收看电视不要使用室外天线，防止被雷击起火；

（3）电冰箱在使用时应保持后部干燥通风，避免接触可燃物；

（4）电热毯防止弄湿或电热丝断裂，或长时间通电而起火；

（5）电熨斗在使用时和使用后都应放置在专用的架子上，让其自然降温，防止因余热而引起火灾；

（6）定期对电器进行维护保养，防止受热、受潮或腐蚀；严格按要求使用电器设备。

4. 规范物品摆放

不将物品尤其是可燃物堆放在影响疏散的位置，如走廊、楼梯间休息平台及楼梯下方等位置，也不能将可燃物堆放在用火频繁或者容易产生高温的地方，如灶台、取暖器等附近，防止起火。

5. 注意吸烟习惯

吸烟是引发家庭火灾的原因之一，避免卧床、瞌睡时吸烟；吸烟者应准备较深的、结实的烟灰缸，烟头在扔掉之前最好先用水浇灭。

（三）学生宿舍火灾的预防

1. 学生宿舍防火安全十不准

（1）不准私拉乱接电线；

（2）不准卧床吸烟和乱扔烟头；

（3）不准占用、堵塞疏散通道；

（4）不准在楼内焚烧杂物；

（5）不准携带易燃易爆物品入宿舍；

（6）不准使用“热得快”等电热设备；

（7）不准使用酒精炉等明火器具；

（8）不准擅自变动电源设备；

（9）不准离开宿舍不关电源；

（10）不准损坏灭火器和消防设施。

2. 常用电器火灾预防

（1）电吹风防火安全措施

① 电源插座以及导线要符合防火安全要求，连接要紧密牢靠。

② 谨防敲打、跌碰和禁止拆卸电吹风，以免损坏发热元件以及绝缘装置，造成漏电甚至短路，引起火灾。

③ 使用电吹风时人员不能离开，更不能将其随意放置在台凳、沙发、床垫等可燃物上。

④ 使用完毕一定要及时切断电源。

（2）白炽灯防火安全措施

① 灯泡应设置在安全、妥善的地点，与可燃物之间应保持一定的防火间距。在可能遇到碰撞的地点，灯泡应有金属保护网或玻璃外罩。

② 严禁用纸、布或其他可燃物遮挡灯具，不准用灯泡在被窝里取暖和烘烤衣物。

③ 不得将灯泡挂靠在木质家具、门、框或硬纸板上，也不得将灯泡嵌在天花板或顶棚里。移动台灯时灯泡要与窗帘布、蚊帐等可燃物品保持一定的距离。

④ 白炽灯的供电电压不能超过其额定电压。不得用湿手或湿布摸擦正在工作的灯泡，以防灯泡爆炸。如果灯头与玻璃壳连接松动，不得强行拧动灯泡。如果使用150w以上的灯泡，不得使用胶木灯口，以免发热起火。

⑤ 白炽灯所用导线应当具有优良的绝缘性能。导线不得靠近灯泡，以防因长时烘烤而使导线绝缘层老化、熔化、燃烧。在线路上要安装保险装置，保护线路。开关不得安在地线上。

⑥ 使用白炽灯特别是大功率白炽灯时，连续通电的时间不宜过长，不得

点“长明灯”。人员外出要牢记关灯。

（3）日光灯镇流器防火安全措施

① 要选用优质合格产品。日光灯与镇流器的功率要相互匹配，不能使用无合格证的镇流器，更不能自己绕制镇流器。镇流器通电后有嗡嗡的响声，则质量差，容易发热；通电半小时后，用手摸镇流器如烫手，则说明镇流器质量不好。

② 安装日光灯时，镇流器不能直接安装在可燃材料上，要注意通风、防雨、防尘。镇流器底部应朝上，不能朝下，更不能竖装，以防其中的沥青受热融化外溢。

③ 使用中要加强检查和维护，防止供电电压过高或过载。日光灯不能频繁开关，也不能长时间连续使用，以防镇流器过热。检查中如果发现接触点接触松动，镇流器发出响声，手摸时烫手或闻到焦味，都要采取措施处理。

注意：人离开时应随手切断电源。

**（四）其他日常火灾的预防**

1. 吸烟时应注意的防火事项

（1）不要躺在床上、沙发上吸烟。

（2）吸烟时，如临时有其他事情外出，应将烟头熄灭后人再离开。

（3）划过的火柴梗及吸剩的烟头，一定要熄灭。未熄灭的火柴梗、烟头要放进烟灰缸或痰盂内。不能用火柴盒、烟盒当烟灰缸。不能把烟头、火柴梗扔在废纸篓里，更不能随处乱扔。

（4）禁止在维修汽车和用油品等清洗机器零件时吸烟。如需吸烟，应远离油盆（桶）；如果手上沾有油品，应清洗后再吸烟。吸烟后，应将烟头熄灭再进行作业。

2. 燃放烟花爆竹应注意的防火事项

（1）禁止燃放拉炮、钻天猴、地老鼠及其他容易引起火灾的烟花爆竹。购买烟花爆竹时，要到指定商店购买印有生产厂名、商标和燃放说明的品种。不要购买私人销售的劣质品种。

（2）不要在窗台、阳台、走廊、室内燃放烟花爆竹。燃放前必须仔细阅读燃放说明，按说明方法燃放。燃放高升（双向爆竹）要直立地面，点燃后人即避开。

（3）燃放升高的烟花爆竹要注意防止落在可燃物上，仍有余火时，应立即采取措施，扑灭余火或将残片移走。

（4）不要携带烟花爆竹乘坐公共汽车、火车、船舶和飞机。

（5）买回的烟花爆竹要放在安全地点，不要靠近火源、热源、电源，并要防止鼠咬，以防自行燃烧爆炸。

（6）燃放烟花爆竹要讲文明，不要对着行人及别人家的窗户、阳台燃放。

（7）燃放烟花爆竹时，要侧身去点燃，不要直接对着面部；不要一手捏着炮（单响），一手去点燃，一定要放到地面上去点燃；点燃后如果遇到哑炮，不要急着去拿，等一会，当确认不能再响时，用脚踢到安全地方，千万不要拾起来用双手去剥皮，以防爆炸伤人。

3. 驱蚊应注意的防火事项

夏季，尤其是夜晚，人们常常驱赶蚊虫，但在使用明火驱蚊时，稍有不慎，就会引起火灾。因此，在驱蚊时要特别注意防火。

（1）点燃的蚊香要放在金属支架上，要远离窗帘、门帘等可燃物，千万不能直接放在木板或其他可燃物上。

（2）自制的蚊香点燃后，应放在盆里，并用砖块垫底。

（3）点火驱蚊时，要有人看管，做到人走火灭。

（4）最好用“灭蚊剂”或电子驱蚊器，以利安全。

校园中有很多潜在的火灾隐患，如果不加以重视或整改，极易导致火灾事故发生，给同学们和学校造成无法挽回的损失，甚至危害大家的生命和财产安全。因此，我们要有消防安全忧患意识，随时发现身边的消防安全隐患，并及时向消防安全主管单位汇报情况，以利其认真整改，从而彻底消除火灾隐患。

**（五）森林火灾的预防**

森林火灾常常突然发生，且来势凶猛。人类扑救森林火灾的时候，困难很大，还要花很多的钱和物资。严重的时候还会造成人员伤亡，甚至烧毁城镇。森林防火的方针是“预防为主，积极消灭”。

森林防火的注意事项如下。

（1）在森林防火期内，禁止一切野外用火；因特殊情况需要用火的，必须严格遵守有关规定。

（2）在林区作业和通过林区的各种机动车辆，必须安设防火装置，并采取有效措施，严防漏火和机动车排气孔喷出的火苗引起火灾。行驶在林区的旅客列车和公共汽车，司乘人员要对旅客进行防火安全教育，严防旅客丢弃火种。

（3）禁止在林区使用枪械狩猎。进行实弹演习、爆破、勘察和施工等活动，必须经省、自治区、直辖市人民政府林业主管部门批准，并采取防火措施，做好灭火准备工作。

（4）在森林防火期内，当出现高温、干旱、大风等高火险天气时，县级以上人民政府应当划定森林高火险区，规定森林高火险期，严禁一切野外用火，对可能引起森林火灾的机械和居民生活用火，应当严格管理。

（5）经批准的用火单位和个人，在用火时必须做到"五不烧"：防火路不合格不烧；防火人员及扑火工具未到位不烧；天气干燥及三级风以上不烧；上山火不烧；四级（含四级）以上天气不烧。

（6）进入林区必须做到"五不准"：不准在林区内乱扔烟蒂、火柴梗；不准在林区内燃放爆竹、焰火；不准在林区内烧火驱兽；不准在林区内烧火取暖、烧烤食物；不准在林区内玩火取乐。

## 三、火灾的扑救

火灾的发展，一般要经过一个火势由小到大、由弱到强、逐步发展的过程。在火灾发展过程的初起阶段，火场面积小、火势弱、温度低，是便于扑救的最有利时机。在此阶段发现火灾，只要不错过时机，可以用很少的人力和灭火器材，甚至一桶水、一只灭火器，就可以扑灭火灾，把火灾损失降到最小。据统计，以往发生的火灾有70%是由在场群众扑灭的。因此，发生火灾要靠在场群众开展自救，力争将火灾扑灭在初起阶段。

### （一）灭火的基本原理及方法

#### 1. 灭火的基本原理

物质燃烧必须同时具备三个必要条件，火才能烧起来，即可燃物，如木材、纸张等能够燃烧的物质；氧化剂，如空气（氧）等能够帮助燃烧的物质；能够着火的温度（引火源）。当去掉其中的一个或几个条件时，火就熄灭了。因此，根据上述的三个必要条件，一切灭火措施都是为了破坏已经形成的燃烧条件，或终止燃烧的连锁反应，而使火熄灭或者把火势控制在一定范围内，最大限度地减少火灾损失。

#### 2. 扑救火灾的一般原则

火灾扑救应遵循一定的原则，切不可慌乱中盲目扑救而造成更大的火灾损失，因此我们在扑救火灾时应按照以下原则进行：

（1）报警早，损失小；边报警，边扑救。

（2）先控制，后灭火；先救人，后救物。

（3）防中毒，防窒息；听指挥，莫惊慌。

3. 灭火的基本方法

根据燃烧原理和灭火作战实践，可以归纳为以下四种基本的灭火方法：

（1）隔离法。使着火物与未着火物隔离，防止扩大燃烧范围。具体方法有：①迅速将着火部位周围未着火的物质搬迁转移到安全处，或将一着火物质转移到无可燃物的地方；②拆除毗连的可燃建（构）筑物；③关闭燃烧气体（液体）的阀门，断绝气体（液体）来源；④用沙土等堵截流淌的燃烧液体；⑤用不燃或难燃物体遮盖受火势威胁的可燃物质等。

（2）窒息法。采用捂盖的方式，阻止或隔断新鲜空气进入燃烧区，也可用氮气、二氧化碳等不燃气体稀释或降低燃烧区的氧气浓度，使燃烧因缺氧而窒息熄灭。如封闭着火的空间，使着火的空间充满惰性气体、水蒸气，用湿棉被、湿麻袋等捂盖已着火的物质，向着火物上喷射二氧化碳、氮气、干粉、泡沫、雾状水等。

（3）冷却法。将水、泡沫或二氧化碳等具有冷却降温和吸热作用的灭火剂直接喷洒到着火物体上，使其温度降低到燃烧所需的燃点温度之下，火就会熄灭。如用大量的直流水喷射着火物、不间断地向着火物附近的未燃烧物喷水降温等。这种方法在扑救宿舍火灾时最常用，也很有效。

（4）抑制法。就是灭火剂参与燃烧，中断燃烧的链式反应。如往着火物上直接喷射卤代烷（1211、1301 等）、干粉等灭火剂，覆盖火焰，中断燃烧。

此外，当小面积草地、灌木及其他固体可燃物发生火灾时，可用扫帚、树枝、衣物等扑打。自己身上衣物着火时可就地滚动灭火，或脱下衣服扔掉。

**（二）常用消防器材及其使用**

灭火是指当火灾发生时，如何迅速地使用现有装备的灭火器材或者简便器材扑灭火灾的基本方法。

1. 水的灭火作用

由于水来源丰富、成本低，对人体无害，具有良好的灭火性能等因素，因而水成为消防上常用的灭火剂。

（1）冷缺作用。每千克水的温度升高1℃，可吸收热量4184焦耳，每千克水蒸发气化时，可吸收热量2259焦耳，因而水具有良好的导热性。当水与燃烧物接触或流经燃烧区域时，水将被加热和气化，吸收热量，从而使燃烧区域温度大大降低，直至使燃烧中止。

（2）窒息作用。水的气化将产生大量水蒸气占据燃烧区，可阻止新鲜空气进入，降低燃烧区氧的浓度，使可燃物得不到氧的补充，导致燃烧强度减弱直至中止。

（3）稀释作用。水本身是一种良好的溶剂，可以溶解亲水性可燃液体如醇、醛、酮、酯等。因此，当此类物质起火后，如果容器的容量允许或可燃物料流散，可用水予以稀释。可燃物浓度降低而导致可燃蒸汽量的减少，使燃烧减弱；当可燃液体的浓度降到可燃浓度以下时，燃烧即行中止。

（4）分离作用。经水器具（尤其是直流水枪）喷射形成的水流有很大的冲击力，这样的水流遇到燃烧物时，将使火焰产生分离。这种分离作用一方面使火焰“端部”得不到可燃蒸气的补充，另一方面使火焰“根部”失去维持燃烧所需的热量，使燃烧中止。

（5）乳化作用。非水溶性可燃液体的初起火灾，在未形成热波之前，以较强的水雾射流（或滴状射流）灭火，可在液体表面形成“油包水”型乳液，乳液的稳定程度随可燃液体黏度的增加而增加，重质油品甚至可以形成含水油泡沫。水的乳化作用可使液体表面受到冷却，使可燃蒸气产生的速率降低，致使燃烧中止。

2. 灭火器的使用

灭火器是一种可由人力移动的轻便灭火器具，它能在其内部压力作用下，将所充装的灭火剂喷出，以扑救初起火灾的小型灭火工具。初起火灾的范围小、火势弱，是扑救火灾的最佳时机。灭火器是扑救初起火灾最基本、最有效的消防应急设备，在有火灾危险的场所配置适量的灭火器十分必要。

灭火器的结构简单，轻便灵活，稍经训练即能掌握其操作使用方法，因此使用十分普遍，是消防实践中较理想的大众化的灭火工具。

（1）二氧化碳灭火器

二氧化碳灭火器是内部储存液态二氧化碳的灭火器。是由筒体、鸭嘴式提手、喷射软管、喷筒、压力表组成，如图3-1所示。

① 工作原理

二氧化碳具有较高的密度，约为空气的1.5倍。在常压下，液态的二氧化碳会立即汽化，一般1千克的液态二氧化碳可产生约0.5立方米的气体。因而灭火时，二氧化碳气体可以排除空气而包围在燃烧物体的表面或分布于较密闭的空间中，降低可燃物周围或防护空间内的氧浓度，产生窒息作用而灭火。另外，二氧化碳从储存容器中喷出时，会由液体迅速汽化成气体，而从周围吸收部分热量，起到冷却的作用。

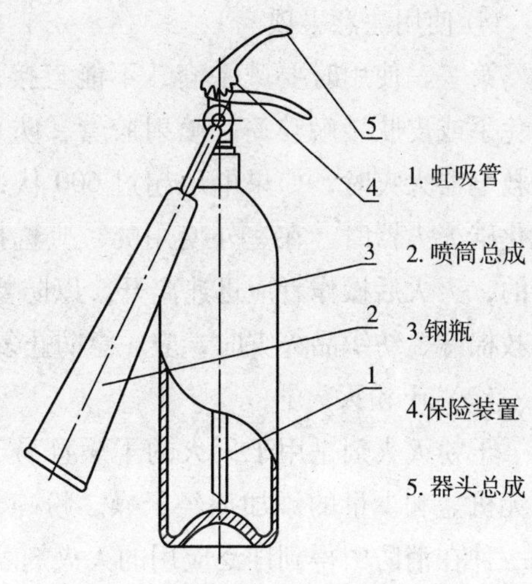


图3-1 二氧化碳灭火器示意图

② 使用方法

灭火时只要将灭火器提到或扛到火场，在距燃烧物5米左右，放下灭火器，拔出保险销，一手握住喇叭筒根部的手柄，另一只手紧握启闭阀的压把，对准火焰根部喷射。对没有喷射软管的二氧化碳灭火器，应把喇叭筒往上扳70~90度。灭火时，当可燃液体呈流淌状燃烧时，使用者将二氧化碳灭火剂的喷流由近而远向火焰喷射。如果可燃液体在容器内燃烧时，使用者应将喇叭筒提起，从容器的一侧上部向燃烧的容器中喷射，但不能将二氧化碳射流直接冲击可燃液面，以防止将可燃液体冲出容器而扩大火势，造成灭火困难。

③ 维护保养

第一，灭火器放置地点的环境温度应保持在-10℃~45℃之间。第二，每年至少检查一次灭火器重量，灭火器的年泄漏量不得大于灭火剂额定重量的5%或50克；超过规定泄漏量的，应检修后按规定的充装量重灌。第三，每半年检查一次喷筒和喷射管道是否堵塞、腐蚀和损坏。刚性连接式喷筒是否能绕其轴线回转，并可在任意位置停留。第四，水压试验、残余变形率和壁厚测定。灭火器每隔5年或表面明显腐蚀者应进行水压试验，在水压试验的同时应测定残余变形率，其值不得大于6%；试验后应进行壁厚测定，其值不得包括腐蚀裕度在内的筒体壁厚。检验合格者应在灭火器筒体肩部用钢印打上试验日期和试验单位的代号。

④ 使用注意事项

第一，使用时要戴手套，不能直接用手抓住喇叭筒外壁或金属连线管，避免手或皮肤接触喷筒和喷射胶管，防止冻伤。第二，使用二氧化碳灭火器扑救电器火灾时，如果电压超过 600 伏，应先断电后灭火。第三，在使用二氧化碳灭火器时，在室外使用的，应选择上风方向喷射；在室内窄小空间使用的，灭火后操作者应迅速离开，以防窒息，同时，应加强室内通风。第四，扑救棉麻、纺织品火灾时，应注意防止复燃。

(2) 干粉灭火器

干粉灭火剂是用于灭火的干燥且易于流动的微细粉末，由具有灭火效能的无机盐和少量的添加剂经干燥、粉碎、混合而成的微细固体粉末组成。它是一种在消防中得到广泛应用的灭火剂。

干粉灭火剂包括 BC 干粉灭火器和 ABC 干粉灭火器。BC 干粉是普通干粉，主要用于扑灭 B、C、E 类火灾；ABC 干粉是多用干粉，主要用于扑灭 A、B、C、E 类火灾。

① 工作原理

干粉灭火剂灌装在灭火器桶内，在惰性气体（二氧化碳和氮气）压力作用下喷出，形成浓云般的粉雾，覆盖燃烧面，使燃烧的连锁反应中断。同时，干粉受热分解出惰性气体和粉雾，可防止氧向火焰分散，阻碍热辐射，抑制燃烧。

② 使用方法

a. 使用手提式干粉灭火器时，应手提灭火器的提把，迅速赶到着火处。b. 在距离起火点 5 米左右处，放下灭火器；在室外使用时，应占据上风方向。c. 使用前，先把灭火器上下颠倒几次，使筒内干粉松动。d. 使用内装式或贮压式干粉灭火器时，应先拔下保险销，一只手握住喷嘴，另一只手用力压下压把，干粉便会从喷嘴喷射出来。e. 用干粉灭火器扑救流散液体火灾时，应从火焰侧面，对准火焰根部喷射，并由近而远，左右扫射，快速推进，直至把火焰全部扑灭。f. 用干粉灭火器扑救容器内可燃液体火灾时，亦应从火焰侧面对准火焰根部，左右扫射。当火焰被赶出容器时，应迅速向前，将余火全部扑灭。灭火时应注意不要把喷嘴直接对准液面喷射，以防干粉气流的冲击力使油液飞溅，引起火势扩大，造成灭火困难。g. 用干粉灭火器扑救固体物质火灾时，应使灭火器嘴对准燃烧最猛烈处，左右扫射，并应尽量使干粉灭火剂均匀地喷洒在燃烧物的表面，直至把火全部扑灭。h. 使用干粉灭火器应注意灭火过程中应始终保持直立状态，不得横卧或颠倒使用，否则不能喷粉；同时注意干粉灭火器灭火后防止复燃，因为干粉灭火器的冷却作用甚微，在着火点存在着炽热物的条件下，灭火后易产生复燃。

注：干粉灭火器指针范围——绿色表示正常，红色表示压力不足，黄色表示压力过大，但压力超一点点不要紧，不要超太多，防止超压爆炸。

③ 维护保养

第一，干粉灭火器应放置在通风、干燥、阴凉并取用方便的地方，环境温度保持在-5℃ ~45℃为好。应避开高温、潮湿和腐蚀严重的场合，可防止干粉灭火剂结块、分解。

第二，每半年检查一次干粉是否结块，储气瓶内二氧化碳气体是否泄漏。检查二氧化碳储气瓶，应将储气瓶拆下称重，称出的重量与储气瓶上钢印所标的数值应相同；如小于所标值 7 克以上的，应送专业维修部门修理。如系储压式则检查其内部显示器的指针是否指在绿色区域。如指针已指在红色区域，则说明内部压力已泄漏，无法使用，应赶快送维修部门检修。

第三，干粉灭火器一经开启必须再充装，在再充装时，绝对不能变换干粉灭火剂的种类，即碳酸氢钠干粉灭火剂不能换装磷铵盐干粉灭火剂。

第四，每次再充装前或灭火器出厂 3 年后，应进行水压试验。水压试验时对灭火器筒体和储压气瓶分别进行，其水压试验压力应与该灭火器上贴花或钢印所示的压力相同。水压试验合格后才能再次充装使用。

### 3. 室内消火栓的使用与保养

室内消火栓是在建筑物内部使用的一种固定灭火供水设备，它包括消火栓及消火箱。一般都设置在建筑物公共部位的墙壁上，有明显的标志，内有水带和水枪。

（1）使用方法

当发生火灾时，找到离火场距离最近的消火栓，打开消火栓箱门，取出水带，将水带的一端接在消火栓出水口上，另一端接好水枪，拉到起火点附近后方可打开消火栓阀门。当消防泵控制柜处于自动状态时，直接按动消火栓按钮启动消防泵；当消防泵控制柜处于手动状态时，应及时派人到消防泵房手动启动消防泵。

注意：在确认火灾现场供电已断开的情况下，才能用水进行扑救。

(2) 日常维护

定期检查消火栓是否完好，有无生锈现象，接口垫圈是否完整无缺。定期检查卷盘、水枪、水带是否损坏，阀门、卷盘转动是否灵活，发现问题要及时检修。消火栓阀门上应经常加注润滑油，定期进行放水检查，以确保火灾发生时能及时打开放水。灭火后，要把水带洗净晾干，按盘卷或折叠方式放入箱内，再把水枪卡在枪夹内，关好箱门。

**（三）初起火灾的扑救原则**

起火之后的十几分钟，是能否将初起火灾扑灭的关键时刻。初起火灾的扑救，通常是指在发生火灾以后，专职消防队未能到达火场以前，对刚发生的火灾事故所采取的处理措施。在扑救初起火灾时，应遵循以下原则：

1. “救人第一”的原则

救人第一原则，是指火场上如果有人受到火势威胁，各单位消防人员、保安员及在场群众的首要任务就是把被火围困的人员抢救出来。在灭火力量较强时灭火和救人可以同时进行；人未救出之前，灭火是为了打开救人通道或减少烟火对人员的威胁，为人员脱险创造条件。比如，在起火楼层的上方有人被烟火围困下不来，这时应组织力量灭火并打开疏散通道。根据火场情况，有时先救人后灭火；有时为救人先灭火；有时救人与灭火同时进行。

2. “先控制，后消灭”的原则

先控制，后消灭，是相对于不可能立即扑灭的火灾而言的。对于能一举扑灭的小火，要抓住战机迅速消灭；当火势较大，灭火力量相对较弱，不能立即扑灭时，要把主要力量放在控制火势发展或防止爆炸、可燃物泄漏等危险情况的发生上，防止火势扩大，为消灭火灾创造条件。例如，当煤气、天然气管道或液化石油气罐、灶具漏气起火，则应立即关闭阀门或采取堵漏措施，防止火势扩大，或将受到火势威胁的罐搬开以控制火势发展，同时由消火栓出水枪以夹击的方式灭火；对于流淌的可燃液体，可用泥土、黄沙筑堤等方法，阻止其流向易燃、可燃物存放处等。

3. “先重点，后一般”的原则

先重点，后一般，是指在扑救初起火灾时，要全面了解并认真分析火场情况，区别重点与一般，对事关全局或生命安全的物资和人员要优先抢救，之后再抢救一般物资。人和物相比保护人是重点；贵重物资和一般物资相比，保护和抢救贵重物资是重点；控制火势蔓延的方向应以控制受火势威胁最大的方向为重点；有爆炸、毒害、倒塌危险的方面与其他方面相比，应以危险的方面为主；火场上的下风方向与上风、侧风方向相比，下风方向是重点；要害部位与其他部位相比，要害部位是火场保护重点；易燃可燃物集中区域与一般固体物资区域相比，前者是保护重点。对于电气线路、电器设备发生火灾，首先应切断电源，然后用干粉灭火器灭火。只有当确定电路无电时，才可用水扑救。在没有采取断电措施时，千万不能用水、泡沫灭火器灭火。对于卧具、沙发等一般可燃物起火，可直接用水或灭火器进行扑救，也可采用湿棉被等覆盖在起火物品上。室内墙上消火栓箱内装有水带卷盘的（或称消防水喉），在使用时应先将其开关打开，将水喉拉至需灭火部位，然后再打开水喷头实施扑救。

## 四、火场逃生与自救

一场火灾降临，能否成为幸存者，固然与火势的大小、起火时间、楼层高度和建筑物内有无报警、排烟、灭火设施等因素有关，然而主要还是与被困者的自救能力以及是否懂得逃生的步骤和方法等因素有着密切关系。在实施自救行动之前，一定要使自己保持头脑冷静，根据周围和各种自然条件，选择自救方式。

### （一）火场逃生自救的原则

1. 发生火灾先报警

一旦火灾发生，不能因为惊慌而忘记报警，要立即按警铃或打电话。请记住火警电话是119，报警越早越快越清楚，损失越小。

2. 保持冷静不惊慌

被大火围困时，千万不要惊慌，必须树立坚定的逃生信念和必胜的信心，决不能采取盲目跳楼等错误行为。要保持冷静的头脑和稳定的心态，设法寻找逃生机会逃出火场。

3. 择路逃生不盲从

逃生路线的选择要做到心中有数，不能盲目追从别人而慌乱逃窜，这样会延误你顺利撤离的时间，还容易感染别人引起骚乱。逃生时要选择路程最短、障碍少而又能安全快速抵达建筑物室外地面的路线。

4. 逃离险情不恋财

时间就是生命，火灾袭来时，生命攸关，没有什么东西比生命重要了，应迅速撤离危险区，不要因贪恋财物而丧生。

5. 注意防护避烟毒

资料显示，火灾死亡人数中80%是由于烟毒引起的。因此，逃生时要加强个人防护，防止和减少烟气的吸入。应用水将毛巾等浸湿，捂住口鼻，防止吸入有毒烟气。用水浸湿地毯等包裹好身体，就地滚出火焰区逃生。

6. 逃生避难看环境

你所处的环境突发火灾逃生困难时，封闭楼梯间、防烟楼梯及前室、阳台等是你临时的避难场所。千万不可滞留走廊、普通楼梯间等烟火极易波及而又没有消防保护设施的地带。

7. 逃离火场防践踏

在逃生过程中，极容易出现聚堆、拥挤，甚至相互践踏的现象，造成通道堵塞和发生不必要的人员伤亡，故在逃生过程中应遵循依次逃离的原则。

8. 利用条件找出路

要充分利用楼内各种消防设施，如防烟楼梯间、封闭楼梯间、连通式阳台、避难层（间）等。这些都是为逃生和安全疏散创造条件、提供帮助的有效设施，火灾时应充分加以利用。

9. 穿过烟区弯腰跑

火场当中烟的蔓延方向是上升到建筑楼层的顶部后沿墙下降至地面，最后只在走廊中心剩下一个圆形空间。一般烟若把整个空间充满是需要一定时间的，利用这个时间可以成功逃生。所以在逃生过程中要弯腰跑，千万不要站立行走。

10. 电梯逃生不可行

发生火灾后，千万不要乘坐电梯逃生。因为一般电梯不能防烟绝热，加之起火时最容易发生断电，人在电梯内是十分危险的。消防电梯则是供消防队员灭火救援使用的，一旦消防人员启用消防专用按钮，各楼层的按钮都将同时失效。

11. 逃生途中不乱叫

不要在逃生中乱跑乱窜，大喊大叫，这样会消耗大量体力，吸入更多的烟气，还会妨碍正常疏散而发生混乱，造成更大的伤亡。

12. 身上着火不乱跑

身上着火千万不能奔跑，因为你越跑补充的氧气越充分，身上的火就越大，也不可将灭火器对准人体喷射，这样可能导致身体感染或加重中毒。此时，可以就地打滚或用厚重的衣物压灭火焰。

13. 室内着火闭门窗

发生火灾时不能随便开启门窗，防止新鲜空气大量涌入，火势迅速发展蔓延，甚至发生轰燃。

14. 不到关头不跳楼

高楼着火不要轻易地跳楼，一般在二三楼跳楼还有一点生还的希望，在四楼以上跳楼生还的机会就很小了。所以大楼发生大火时不要惊慌失措，盲目跳楼。

15. 披毯裹被冲出去

火势不大，要当机立断披上浸湿的衣服或裹上湿毛毯、湿被褥勇敢地冲出去。千万别披塑料雨衣等易燃可燃化工制品。

16. 顾全大局互救助

自救与互救相结合，当被困人员较多，特别是有老、弱、病、残、妇女、儿童在场时，要积极主动地帮助他们首先逃离危险区，有秩序地进行疏散。

**（二）典型场所火灾逃生的方法**

人们的活动场所很广泛，不同的场所发生火灾后需要采取的逃生方法各有不同，只有根据不同场所的特点选择相应的逃生方法，才有可能在生命受到威胁时逃脱火魔给你带来的劫难。

1. 在家中被火围困时的逃生方法

当家中失火或者楼层邻近家起火被浓烟和高温围困在家中时，上策是想办法尽一切可能逃到屋外，远离火场，保全自己。为此，应该做到以下几点：

（1）开门时，先用手背碰一下门把。如果门把烫手，或门隙有烟冒进来，切勿开门。用手背先碰是因金属门把传热比门框快，手背一感到热就会马上缩开。

（2）若门把不烫手，则可打开一道缝以观察可否出去。用脚抵住门下方，防止热气流把门冲开。如门外起火，开门会鼓起阵风，助长火势，打开门窗则形同用扇扇火，应尽可能把全部门窗关上。

（3）弯腰前行，浓烟从上往下扩散，在近地面 0.9 米左右，浓烟稀薄，呼吸较容易，视野也较清晰。

（4）如果出口堵塞了，则要试着打开窗或走到阳台上，走出阳台时随手关好阳台门。（5）如果居住在楼上，而该楼层离地不太高，跳下的落点又不是硬地，可抓住窗沿悬身窗外伸直双臂，以缩短与地面之间的距离。这样做虽然可能造成肢体的扭伤和骨折，但这毕竟是主动求生。在跳下前，先松开一只手，用这只手及双脚撑一撑离开墙面跳下。在确实无其他办法时，才可从高处下跳。

（6）如果要破窗逃生，可用顺手抓到的东西（较硬之物）砸碎玻璃，把窗口碎玻璃片弄干净，然后顺窗口逃生。如无计可施则关上房门，打开窗户，大声呼救。如果在阳台求救，应先关好后面的门窗。

（7）如没有阳台，则应一面等候援救，一面设法阻止火势蔓延。用湿布堵住门窗缝隙，以阻止浓烟和火焰进入房间。

（8）向木质家具及门窗泼水防止火势蔓延。邻室起火，不要开门，应从窗户、阳台转移出去。如贸然开门，热气浓烟可乘虚而入，使人窒息。睡眠中突然发现起火，不要惊慌，应趴在地上匍匐前进，因靠近地面处会有残留的新鲜空气，不要大口喘气，呼吸要细小。

（9）失火时，如携婴儿撤离，可用湿布蒙住婴儿的脸，用手挟着，快跑或爬行而出。

2. *单元式住宅火灾的逃生方法*

单元式居民住宅是人们稳定生活、安逸休息、维持生存的重要场所。火灾发生后，具体的逃生方法如下：

（1）利用门窗逃生。把被子、毛毯或褥子用水淋湿裹住身体，用绳索（可用床单、窗帘撕成布条代替）一端系于门、窗、管道或其他牢靠的固定物体上，另一端系于老人、小孩的两肋和腹部，将其沿窗放至地面，其他人可沿绳滑下。

（2）利用阳台逃生。相邻单元的阳台相互连通的，可拆掉分隔物，进入另一单元逃生；无连通阳台但阳台相距较近时，可将室内床板或门板置于阳台之间，搭桥通过。

（3）利用空间逃生。室内空间较大而可燃物较少时，可将室内可燃物清除干净，同时清除相连室内的可燃物，紧闭与燃烧区相通的门窗，防止烟和有毒气体进入，等待救援。

（4）利用时间差逃生。火势封闭通道时，人员应先疏散至离火势最远的房间内，争取时间以准备逃生器具，利用门窗，安全逃生。

(5) 利用管道逃生。房间外墙壁上有落水管或供水管道时，有能力的人可以利用管道逃生。这种方法一般不适用于妇女、老人和儿童。

3. 高层建筑火灾的逃生方法

高层建筑发生火灾后的特点是火势蔓延速度快，火灾扑救难度大，人员疏散困难。在高层建筑火灾中被困人员的逃生自救可以采用以下几种方法：

(1) 尽量利用建筑内部设施逃生：利用消防电梯、防烟楼梯、普通楼梯、封闭楼梯、观景楼梯进行逃生；利用阳台、通廊、避难层、室内设置的缓降器、救生袋、安全绳等进行逃生；利用墙边落水管进行逃生；将房间内的床单或窗帘等物品连接起来进行逃生。

(2) 根据火场广播逃生。高层建筑一般装有火场广播系统，当某一楼层或楼层的某一部位起火且火势已经蔓延时，不可惊慌失措盲目行动，而应注意听火场广播和救援人员的疏导信号，从而选择合适的疏散路线和方法。

(3) 自救、互救逃生。利用各楼层存放的消防器材扑救初起火灾。充分利用身边物品自救逃生（如床单、窗帘等)。对老、弱、病残、孕妇、儿童及不熟悉环境的人要引导疏散，共同逃生。

4. 地下建筑火灾的逃生方法

随着社会的发展，地下建筑也作为一种重要的建筑形式发展起来，大量的地下商场，超市不断涌现。这类场所一旦发生火灾，将给火场逃生自救带来严峻的挑战。以下是几种地下建筑火灾时的逃生方法：

(1) 进入地下建筑时，应对内部设施和结构布局进行观察，掌握通道和出口，以防万一。

(2) 逃生时，尽量低姿势前进，不要做深呼吸，并尽可能用湿毛巾或衣服捂住口鼻，以防烟雾吸入呼吸道。

(3) 逃离地下建筑后，不得重返地下。

(4) 万一疏散通道被阻断，应利用现有器材积极扑救，并尽量想办法延长生存时间，等待解救。

5. 地铁失火时的逃生方法

随着城市的发展，地铁已经成为大城市不可缺少的交通工具，而近年来地铁发生的灾害事故也在不断地增多，其中火灾占有不小的比例。乘客若在乘坐地铁时发生火灾，有以下几种逃生的方法：

(1) 在地铁中发现车厢停电，并有异味、烟雾等异常情况，应立即按响车厢内紧急报警装置通知司机。

(2) 地铁失火时，不要惊慌，应保持镇静，不要任意扒门，更不能跳下轨道，应耐心地等待车站工作人员的到来。要会用车厢内的消防器材，奋力将小火控制、扑灭。

(3) 疏散时注意看指示灯标志。地铁站都会设有事故照明灯。

(4) 按照广播以及司机、车站工作人员的指引，做好个人防护（如毛巾捂鼻等)，迅速而有秩序地疏散到地面。

6. 商场（集贸市场）火灾的逃生方法

商场（集贸市场）可燃物多，人员密度大，火灾危险性很大。一旦发生火灾，扑救难度大，人员疏散困难，易造成重大的人员伤亡。要想从商场（集贸市场）火灾中成功地逃生，就必须掌握正确的逃生方法。

(1) 熟悉所处环境。走进商场等不熟悉的环境，应留心看一看太平门、楼梯、安全出口的位置，以及灭火器、消火栓、报警器的位置，以便有火警时及时逃出危险区或将初起火灾及时扑灭，并在被围困的情况下及时向外报警求救。只有养成这样的好习惯，才能有备无患。

(2) 利用疏散通道逃生。主要是利用商场设定的室内楼梯、室外楼梯或消防电梯等，尤其是在初起火灾阶段，要及时利用这些通道逃生。

(3) 自制器材逃生。主要是利用一切可利用物品用作自我保护，开辟疏散通道。

(4) 利用建筑物逃生。即利用落水管、室外突出部位，各类门、窗以及避雷网（线)，进行逃生或转移。

(5) 寻找避难处所逃生。如到室外阳台、楼层平台等处等待救援；选择火势、烟雾难以进入的房间，关好门窗，堵塞间隙，或浇湿可燃物，阻止或减缓火势和烟雾的蔓延。无论白天或夜晚，被困者应不断发出各种呼救信号，以引起救援人员注意而得救。

7. 影剧院火灾的逃生方法

影剧院里都设有消防疏散通道，并装有门灯、壁灯、脚灯等应急照明设备，且用红底白字标有“太平门”“出口处”或“非常出口”“紧急出口”等指示标志。一旦发生火灾，应根据不同起火部位，选择相应的逃生方法。

(1) 当舞台失火时，要远离舞台向放映厅一端靠近，把握时机逃生。

(2) 当观众厅失火时，可利用舞台、放映厅和观众厅的各个出口逃生。

（3）不论何处起火，楼上的观众都要尽快从疏散门由楼梯向外疏散。

（4）当放映厅失火时，可利用舞台和观众厅的各个出口逃生。

此外，影剧院起火时还要注意以下几点：

（1）疏散人员要听从影剧院工作人员的指挥，切忌互相拥挤、乱跑乱窜，而堵塞疏散通道，影响疏散速度。

（2）疏散时，人员要尽量靠近承重墙或承重构件部位行走，以防坠物砸伤。特别是在观众厅发生火灾时，人员不要在剧场中央停留。

（3）有些影院安装了应急排风按钮，出现紧急情况时可按压按钮打开通风设备，排出室内有毒气体。

（4）用力即可撞开应急出口大门。

8. 歌舞厅、KTV 房火灾的逃生方法

由于歌舞厅、KTV 房大多用易燃物装修，一旦发生火灾极易蔓延，并有大量的有毒气体产生，这给火场逃生带来了很大的困难；再加上这些场所一般是在晚上营业，进出顾客随意性大、密度很高，灯光暗淡，失火时容易造成人员拥挤，在混乱中易发生挤伤、踩伤事故。逃生的方法如下：

（1）保持冷静，辨明安全出口方向。只有保持清醒的头脑，明辨安全出口的方向，并采取一些紧急避难措施，才能掌握主动，减少人员伤亡。

（2）灵活选择多种途径逃生。如歌舞厅设在楼层底层，可直接从门和窗口跳出；若设在二、三楼时，可抓住窗口往下滑，让双脚先着地；如果歌舞厅设在高层楼房或地下建筑中，则应参照高层建筑或地下建筑的火灾逃生方法逃生。

（3）逃向火弱区等待救援。如果舞厅逃生通道被大火和浓烟封堵，又一时找不到辅助救生设施时，被困人员只有暂时逃向火势较弱区间，并向窗外发出救援信号，等待消防人员营救。

（4）在逃生中要注意防止中毒。可用水打湿衣服捂住口鼻，若一时找不到水，可用饮料代替；逃生行动中，应采用低姿行走，以减少烟气对人体的危害。

9. 棚户区火灾的逃生方法

棚户区也叫简易建筑区，是指用草、木、竹、油毡等可燃材料搭建的简易房屋群。棚户区起火后，火势蔓延快，烟雾扩散快，被困人员安全脱逃十分困难，一般可以采用以下几种逃离方法：

（1）抓住时机逃离房间。棚户区房间面积小，发生火灾后要果断抓住时机逃离房间，退到较为安全地区，切不可因抢救财物而延误了时机。

（2）逃离路线要选对。当火势蹿出屋顶，房屋出现倒塌迹象时，最好沿承重墙逃出房间，住在阁楼上的人在逃生时，应采取前脚虚后脚实的方法行走，避免因阁楼烧坏，脚踏空而坠楼摔伤。

（3）逃离火场要选上风向。对于大面积燃烧的火场，虽然逃出了房间，但仍处在火势的包围之中，这时不要惊慌，退到较为安全的空地，选择上风方向奔跑逃生，尽量减少呼吸，并注意避免房屋倒塌砸伤自己。

（4）保命要舍财。棚户区发生火灾，蔓延非常迅猛，逃生机会稍纵即逝，因此火场逃生时必须冷静、果断，以保全生命为原则，在此前提下方可抢救财物。

10. 客船火灾中的逃生方法

客船发生火灾时，盲目地跟着已失去控制的人乱跑乱撞是不行的，一味等待他人救援也会延误逃生时间，有效的办法是赶快自救或互救逃生。当你在客船上被大火围困时可采取以下几种逃生的方法：

（1）利用客船内部设施逃生；

（2）利用内梯道、外梯道和舷梯逃生；

（3）利用逃生孔逃生；

（4）利用救生艇和其他救生器材逃生；

（5）利用缆绳逃生。

但不同部位、不同情况下人员又有不同的逃生方法，具体如下：

（1）当客船在航行时机舱起火，机舱人员可利用尾舱通向上甲板的出入孔逃生。船上工作人员应引导船上乘客向客船的前部、尾部和露天板疏散，必要时可利用救生绳、救生梯向水中或来救援的船只逃生，也可穿上救生衣跳进水中逃生。如果火势蔓延，封住走道时，来不及逃生者可关闭房门，不让烟气、火焰侵入。情况紧急时，也可跳入水中。

（2）当客船前部某一楼层着火，还未燃烧到机舱时，应采取紧急靠岸或自行搁浅措施，让船体处于相对稳定状态。被火围困人员应迅速往主甲板、露天甲板疏散，然后，借助救生器材向水中和来救援的船只上及岸上逃生。

（3）当客船上某一客舱着火时，舱内人员在逃出后应随手将舱门关上，以防火势蔓延，并提醒相邻客舱内的旅客赶快疏散。若火势已蹿出封住内走道时，相邻房间的旅客应关闭靠内走廊房门，从通向左右船舷的舱门逃生。

当船上大火将直通露天的梯道封锁致使着火层以上楼层的人员无法向下疏散时，被困人员可以疏散到顶层，然后向下施放绳缆，沿绳缆向下逃生。总而言之，客船火灾中的逃生不同于陆地火场中的逃生，应依据当时客观条件而定，并尽量避免和减少不应有的伤亡。

11. 列车火灾中的逃生方法

旅客列车的火灾特点：一是易造成人员伤亡；二是易形成一条火龙；三是易造成前后左右迅速蔓延；四是易产生有毒气体。旅客列车火灾的逃生方法如下：

（1）利用车内的设施逃生。

（2）当列车发生火灾时，被困人员可以通过各车厢互连通道逃离火场（相邻车厢间有自动或手动门）。通道被阻时，可用坚硬的物品将玻璃窗户砸破，逃离火场。

（3）当列车发生火灾时，乘务员应迅速扳下紧急制动闸，使列车停下来，并组织人员迅速将车门和车窗全部打开，帮助未逃离火车厢的被困人员向外疏散。

（4）摘挂钩疏散车厢。旅客列车在行驶途中或停车时发生火灾，威胁相邻车厢时，应采取摘钩的方法疏散未起火车厢。具体方法如下：

① 前部或中部车厢起火时，先停车摘掉起火车厢与后部未起火车厢之间的连接挂钩，机车牵引向前行驶一段距离后再停下，摘掉起火车厢与前面车厢之间的挂钩，再将其车厢牵引到安全地带。

② 后部车厢起火时，停车后先将起火车厢与未起火车厢之间的连接挂钩摘掉，然后用机车将未起火的车厢牵引到安全地带。

具体注意事项如下：

（1）当起火车厢内的火势不大时，列车乘务人员应告诉乘客不要开启车厢门窗，以免大量的新鲜空气进入后，加速火势的扩大和蔓延。

（2）组织乘客利用列车上的灭火器材扑救火灾，还要有秩序地引导被困人员从车厢的前后门疏散到相邻的车厢。

（3）当车厢内浓烟弥漫时，要告诉被困人员采取低姿行走的方式逃离到车厢外或相邻的车厢。

（4）当车厢内火势较大时，应尽量破窗逃生。

（5）采用摘挂钩的方式疏散车厢时，应选择在平坦的路段进行。对有可能发生溜车的路段，可用硬物塞垫车轮，防止溜车。

12. 公交车发生火灾时的逃生方法

公交车是人们生活中不可缺少的交通工具，人员众多是其最大的特点，一旦发生火灾应采取以下几种逃生自救的方法。

（1）当车辆着火后，驾驶员应开启车门，让乘客从车门有秩序地下车。然后，组织乘客用随车灭火器扑灭火焰。在扑救火灾时，应重点保护驾驶室和油箱部位。

（2）如果火焰小但封住了车门，乘客们可用衣物蒙住头部，从车门冲下。

（3）如果车门线路被火烧坏，开启不了，乘客可用救生锤的尖端敲破车窗玻璃后翻下车逃生。

（4）采取自救、互救方法逃生。

13. 森林火灾中的逃生方法

进入林区或者在郊外发生火灾，而你却被困其间时，不必慌张，以下是几点帮你逃生的好方法：

（1）寻找安全区。当在森林中被火围困时，首先要找一个安全的地方避火。最好的方法是进入火烧迹地及植被少、火焰低的地区。这些地方一般情况下大火卷不进来。

（2）点火自救。大火袭来已来不及逃跑时，应迅速把自己周围的树木、荒草等可燃物点燃烧尽，形成一片空地，使得火苗不能接近。要选择在比较平坦的地方，一边点顺风火，一边打两侧的火，一边跟着火头方向前进，进入火烧后形成的空地中避火。

（3）俯卧避险。发生危险时，应就近选择植被较少处卧倒，脚朝火来的方向，扒开浮土直到见着湿土，把脸放进小坑内，用衣服包头，双手放在身体正面。

（4）迎风突围。当风向直指你所在的位置，火势向你冲来，而你在顺风方向又逃不过大火的速度时，要当机立断，选择草较小、较少之处，用衣服包头，憋一口气，迎火突围。人在7.5秒内应当可以突围。千万不能顺着风向与火赛跑，只能对着火冲。

如果你是在参加森林火灾的扑火工作，那么在扑火的过程中要注意以下几点：

（1）防止被火烧伤。当火焰摆动越来越大时，要后退回避。遇有风向变化时，大火可能从身上烧来，这时要迅速撤退，在无力打开缺口突围时，要点火自救。扑救地下火时，不要在火区内乱走，防止掉进火区。

（2）防止砸伤。要随时注意火线附近正在燃烧的树木倒下伤人，灭火人员之间要随时提醒注意。

（3）防止电伤。灭火人员要远离林区内的电线杆，尤其是高压输电线路，防止因火烧电线（杆）倒落电伤人或砸伤人。

（4）防止碰伤眼睛。走在前边的人不要随意用手扳树枝，防止将后边人的面部、眼睛戳伤。

14. 隧道火灾的逃生方法

21 世纪是隧道和地下空间大发展的年代，地下隧道的开通缩短了人们出行的里程，争得了宝贵的时间。但是，人们必须清醒地看到，目前国内外隧道消防立法尚不健全，隧道的防火条件不甚理想，隧道火灾时有发生，给人们的生命和财产造成了很大的威胁。因此，当你乘坐或驾车从公路隧道中通过时，你如发现前方有异常火光和烟雾，并能准确判断是发生了火灾，应当马上刹车，注意不要让车滑行，关好门窗，不要上锁，钥匙放在车中，尽快逃向没有火的方向。

（1）寻找避难所。隧道内设计有避难所或安全通道，一旦隧道内发生了火灾，你可以找最近的避难所避难或从最近的安全通道逃离火场。

（2）严禁在车中避难。隧道火灾中火势发展蔓延得很快，一旦发生火灾不要有侥幸心理，要立即下车逃离，以避免不必要的损失。

15. 人身上着火怎么办

在火场中很难避免人身上不被火烧着，一旦身上着火，人们往往惊慌失措，不知该如何处理，盲目乱窜，以致不但没有把火灭了反而火越来越大，从而造成不可挽回的伤亡。若人身上着火到底该怎么办呢？有以下几种有效的处理方法：

（1）不能奔跑，应就地打滚。

（2）如果条件允许，可以迅速将着火的衣服撕裂脱下，浸入水中，或掼，或踩，或用灭火器、水扑灭。

（3）倘若附近有河、塘、水池之类，可迅速跳入浅水中；但如果烧伤面积太大或程度较深，则不能跳入水中，防止细菌感染或其他不测。

（4）如果有两个以上的人在场，未着火的人要镇定，立即用随手可以拿到的麻袋、衣服、扫帚等朝着火人身上的火点覆盖、扑、掼或帮助撕下衣服，或用湿麻袋、毛毯把着火人包裹起来。

## 案例精选

**【案例】** 1997年10月，江西省南昌市一桑拿浴城发生火灾，惊慌失措而无处逃生的顾客躲进卫生间保命。事后，人们在卫生间发现6具被毒烟熏死的顾客尸体。

**【案例】** ① 1996年7月17日凌晨1时50分，深圳市端溪酒店大厦发生特大火灾，死亡30人，住院治疗11人，被抢救出来的旅客和员工有222人。"7·17"特大火灾事故的原因如下：该大厦肥肥火锅城楼面经理，于7月16日下午5时多打开电风扇至17日凌晨1时许离开住室时，没有把电风扇电源关闭就锁门外出。电风扇在运转过程中，异物进入电风扇罩内，影响电风扇正常转动，加大负荷，引起电机电流增大，使电风扇电源线过热燃烧，引燃周围的可燃物，从而引起火灾。

② 2004年6月16日珠海市"6·16"裕新织染厂棉花仓库特大火灾，厂房倒塌。这次火灾和倒塌事故，死亡93人（工人90人、香港员工2人、消防队员1人），受伤住院156人（其中重伤48人），毁坏厂房18135$m^2$及原材料、设备等，直接经济损失9515万元。事故原因：消防工程安装公司工人安装消防自动喷淋系统，使用冲击钻钻孔装角码，在移动钻孔位置用手拉夹在棉堆缝中的电源线时，造成电线短路，棉堆起火。

③ 2005年6月10日11时40分左右，广东省汕头市潮南区峡山街道华南宾馆突发大火，过火总面积2800平方米，43间房间遭火焚毁，31人在火灾中丧生。这起火灾是广东省1994年以来最严重的群死群伤特大事故和2005年国内最大的一起火灾事故。

国务院华南宾馆"6·10"特别重大火灾事故调查组通过火灾现场的认真清理和反复勘查，以及对有关人员的调查询问，最后认定火灾的直接原因是宾馆二层金陵包厢门前吊顶上部电线短路故障引燃周围可燃物，引发了此次特别重大火灾事故。

④ 2008年2月27日，深圳市南山区龙飞再生物资回收有限公司废品仓库发生重大火灾，造成15人死亡，3人受伤，过火面积1600平方米，直接经

济损失1400万元。经调查，事故的直接原因是：非法废品回收站废旧塑料泡沫仓库内上方的电线短路，引燃地上堆放的易燃废旧塑料泡沫所致。

⑤2008年9月20日深圳龙岗舞王俱乐部发生特大火灾事故，造成44人死亡，88人受伤（其中50多人住院治疗）。事故原因：据火灾肇事者交代，是在节目演出过程中使用舞台冷光枪意外点燃天花板所致。

**【案例】** 火灾事故简述：某电影院因观众乱扔烟蒂，未及时发现，引起大火，造成财产损失50.4万元。该影院场务员林某、机务员傅某的行为触犯《刑法》第一百八十七条之规定，构成玩忽职守罪。人民法院依法判处林某拘役6个月，缓刑1年；判处傅某拘役6个月，缓刑1年。

1986年9月29日夜间，林某、傅某担负电影院值班任务。当晚该院停映后，林某、傅某未按值班制度规定对观众厅内进行巡查。11时许，林某、傅某在机房内听音乐时，傅某先后两次嗅到烧焦味，并告诉林某；但两人仍未进入观众厅内巡查，仅从放映窗向观众厅内观望。后林某继续听音乐，傅某登上观众厅的天棚检查电路，未发现异常。而后，林某在值班室，傅某在机房分别就寝。直至9月30日凌晨1时40分，傅某被浓烟呛醒，火势已蔓延成灾。

事故原因：疏忽大意，未尽职守。林某、傅某担负该院值班巡查任务，却违反值班制度的规定，不认真履行值班职责。特别是嗅到烧焦味后，不认真巡视检查，未能及时发现火险隐患，引起火灾，给国家财产造成了重大损失。

防止同类事故的措施：严格规章制度，加强公共场所的安全防火管理。电影院是公共娱乐场所，人员往来多且成分复杂。要教育和引导观众自觉遵守公共场所的秩序，注意防火，加强安全管理，发现违章用火，坚决制止。停演后，影院领导和工作人员要认真检查、清场，及时发现和排除火灾隐患。

## 第二节 人身安全

### 一、人身侵害的预防及应对

所谓人身安全是指个人的生命、健康、行动等没有危险，不受到威胁。它是人们赖以生存与活动的首要条件。从这个意义上说，我们说人身安全是安全之本。

**（一）人身侵害危机预防**

人的生命只有一次，防止生命受到伤害，就是大学生安全最主要、最基本的内容。

1. 大学生受伤害的类型

从全国高校看，各种类型的伤害大学生案件、事故每年都以数以千计发生，其基本情况有以下四类：

（1）因不法之徒的违法犯罪侵害引发或转化的大学生生命伤害。例如，流氓滋扰、寻衅滋事、拐卖女学生、殴打、性侵害，以及抢劫、盗窃等。

（2）因违反管理规定引发各种事故，直接造成大学生生命伤害。例如，爆炸，火灾，交通事故，塌、砸、挤踩，溺水，煤气中毒，食物中毒等。

（3）因违反治安管理规定或因具体矛盾处理不当转化的大学生生命伤害。例如，参加邪教组织，误入非法传销，打架斗殴或在公共娱乐场所、公众聚集场合发生的矛盾，学习、生活中产生的摩擦，校外社交活动中发生的纠纷等。

（4）因其他意外情况偶发的大学生生命伤害。例如，突发的自然灾害、误伤等。

2. 大学生被伤害的原因

大学生被伤害的原因是多种多样的，有客观方面的原因，也有大学生自身方面的原因。就其主观原因看，主要有以下几个方面：

（1）安全意识淡薄。对社会治安形势的严峻性、对不法分子侵害手段的残忍性缺乏足够的认识，对随时可能发生的侵害预见性不够，面对复杂客观的治安形势，在思想上却采取充耳不闻的思维方式，防范意识不强。

（2）安全知识贫乏。对案件、事故的发生规律知之不多，因而对什么时间、什么场合、什么环境、什么氛围、什么人群容易发生什么案件、事故，缺乏预见性，更谈不上采取措施积极主动地预防。许多情况下，当事故、案件隐患已经严重威胁到人身生命安全时，一些大学生不仅没有保持一定的警惕，甚至还常视若无睹。

（3）自我安全保护能力弱。从已经发生的大学生人身生命受到伤害的案例看，许多受伤害的程度可以减小，甚至一些受伤害的情况完全可以避免，但事实是本可以避免的伤害发生了，本可以减小的伤害程度加重了。根本原因就是大学生的自我安全保护能力弱，当侵害发生时束手无策，不但不能勇敢、机智、巧妙地进行自我保护，甚至做出激化矛盾的举动，事与愿违。

(4) 处理问题的思想观念错误。许多受到侵害的大学生，不能理智处理已发生的问题，讲究哥们义气。在这种错误理念下，往往是小纠纷演变成大矛盾。

(5) 社会公德观念不强，组织纪律、法律意识淡薄。因扰乱公共秩序、侵犯他人人身权利、妨碍社会管理秩序，最终导致自己也受到伤害。

3. 大学生人身伤害的预防

预防人身伤害，是一项系统工程。一方面，它有赖于整个社会治安环境的改善，有赖于学校周边治安秩序的净化，有赖于文明校园氛围的提升；另一方面，大学生应该做好以下预防工作：

(1) 尽量减少、避开遭受侵害的因素和环境。大学生在学校学习阶段，主要应刻苦学习，努力完成学业。在日常生活中，尽量慎重出入治安复杂场所，远离不法分子的侵害，减少遭受伤害的概率。一是认识不法分子易于侵害的环境。尽量远离治安复杂场所，尽可能不单独到偏僻无人或极少有人活动的林间、山路、沟渠、废旧建筑工地等处活动、逗留，减少与不法分子直接发生矛盾受其侵害的环境条件。二是认识不法分子易于侵害的时机、对象。尽量避免在午休、夜深人静、黑暗、视线不良时单独滞留或夜不归宿，避开不法分子侵害的时机和选择的对象。三是认识不法分子侵害的手段。尽量以机智灵活的方法、义正词严的态度应对不法分子的暴力、欺骗或软硬兼施，设法努力避免、减少不法侵害的发生。

(2) 不给可能发生的侵害提供条件。例如，为避免火灾、爆炸伤害危及人身生命安全，宿舍内不乱接乱拉电源、电线，不躺在床上吸烟和乱扔烟头，不在蚊帐内点蜡烛，不随地焚烧杂物，不使用易引起火灾的各种器具，不存放易燃易爆物品，实验过程中不违反操作规程等。为防止不法分子侵害，在公共娱乐场所言语举动不轻佻，不以骄横、偏激对待问题；不用挑衅语言刺激对方，不给有不良企图的人发出易误会的信号；外出穿着不过于暴露，尽量不带贵重物品，钱物不显露；遇到意外，表现不慌张、不胆怯等，把因自身原因可能引发的伤害降到最低程度。

(3) 拒腐蚀、提高免疫力。大学生人身生命受伤害，有时候是自身存在的不良习气、不健康思想、不道德行为引起的。因此，大学生要减少或避免人身生命伤害，还要自觉拒绝不健康思想的侵蚀。一是警惕西方资产阶级人生观、价值观、生活方式的侵蚀，特别是防止自由化思潮和所谓性解放意识的影响。二是拒绝腐朽思想的腐蚀，特别是淫秽色情制品的影响。三是抵制世俗风气的影响。例如，借过生日、入党、获得奖学金、受到奖励等机会吃吃喝喝，发生问题不但不向老师报告，还互相包庇等。四是克服庸俗习气的影响。例如，赌博、酗酒、吸毒、拉帮结派等。大学生一定要严于律己，不但要使自己成为一个具有专业文化知识的人，而且要使自己逐渐成为一个具有远大政治抱负、脱离低级趣味的高尚的人。

(4) 正确对待所发生的各类侵（伤）害。正确对待和处理将要发生和正在发生的各类侵（伤）害，是避免和减少大学生人身生命安全遭受伤害最直接、最现实的应对之策。

① 正确应对不法侵害。就是当不法侵害即将或正在发生时，能临危不惧，保持清醒头脑，针对当时的具体情况采取果断、机智、灵活的办法化险为夷。一是凡不法侵害都是以违法犯罪为前提的，不法之徒也胆怯心虚，见不得阳光和群众。对此，应义正词严，拿起法律武器，勇敢维护自己的权益，大胆震慑罪犯。二是不法侵害者往往又是亡命之徒，心狠手辣、不择手段、不计后果。对此，不宜以蛮干对无知，盲目硬拼，强逼困兽，以避免遭受致命之灾。而应以智慧取胜，用机智灵活的方法与之周旋，“两害相权取其轻”，必要时甚至做出某种局部利益的牺牲，以保证生命安全。三是不法之徒往往既贪财又好色，当遇到不法之徒侵害时，应尽量与之周旋，拖延时间，争取外援，或找机会脱身、报案。一旦没有外援或无法脱身、报案时，为保全自身主要权益，可满足不法之徒的部分条件，使其麻痹大意，造成控制松懈。同时，注意掌握其罪证，为以后侦破案件、打击犯罪提供条件。

② 正确应对各类灾害事故。各类灾害事故对人的生命和财产具有极大的破坏性，正确应对各类灾害事故，就能有效地减少或避免伤害。一是灾害和事故具有演进性和规律性。凡灾害、事故的发生，都是由渐变到突变的过程。因此，为预防灾害、事故的发生，避免、减少伤害，平时就要认真遵循规律，积极做好预防工作，把灾害、事故化解在演进的过程中。二是灾害、事故的发生具有偶然性和突发性。这种突如其来的灾害、事故，往往会造成人们心理的极度恐慌。为避免或减少其造成的伤害，应做到：处乱不惊，保持清醒头脑；有生命危险时，设法保护人身生命安全；条件许可时，及时报警；防止事态进一步扩大；积极参与救助，等待救援。三是灾害、事故对生命、财

产具有极大的破坏性。对此，应面对和接受现实，树立信心，利用现有条件或积极创造条件，努力把伤害减少到最低限度。

## 二、性侵害的预防及应对

### （一）性侵害及其危害

性侵害是指以女大学生为目标，以暴力、胁迫或其他手段，违背其意志，占有或玩弄女性的行为。对女大学生的性侵害，不仅使被害人的身心受到创伤，而且会使被害人的人格尊严受到污辱，从而导致女大学生精神崩溃，甚至导致自残、自杀等严重后果。

### （二）性侵害的主要表现形式

1. 暴力型侵害

这类性侵害的主体大多是校外人员，他们在与女大学生的交往过程中，采用欺骗手段取得她们的信任。一旦女学生处于孤立无援的状态下时，他们就会使用凶器、殴打等暴力方式迫使被侵害对象就范，如果在性侵害的过程中被侵害人强烈反抗，或者他们害怕事情暴露，犯罪分子还可能会剥夺被侵害人的生命。

2. 胁迫型侵害

这类性侵害主要是指作案主体利用自己的权势、地位、职务等，对女学生采用利诱、威胁、恐吓，如曝光隐私、毁坏名誉等手段，对其实行精神控制，使她们不能反抗，或者在对方有求于自己的情况下，给女性以某种许诺，迫使其不能反抗而就范。

3. 网恋型侵害

网络技术的迅猛发展，给在校的大学生提供了更多与陌生人交往的机会。时下，上网聊天、结识网友已成为高校的一种时尚，作案人在网络聊天中往往利用花言巧语给那些正处于感情迷茫时期的女学生以最大的诱惑。在女学生看来，那些人就是她们要找的“梦中情人”，因此容易上当受骗。某高校女大学生仅凭在网上聊天，与一男网友遭遇激情并约定互相见面。孰料，该男子竟然是曾因强奸罪被判刑，且至今仍有多起案件在身的逃犯。女大学生被这位“虎狼”网友骗至一民宅后遭到蹂躏，在其后的16天里，女大学生更是生活在人间地狱，“虎狼”网友将其光着身子锁在屋中，后来经过警方侦破，才将其解救出来。

4. 社交型侵害

这类性侵害的主体大多是熟人，是指在自己的生活圈子里发生的性侵害，与受害人约会的一般是同学、同乡、朋友，有的甚至是男朋友。社交型性侵害也被称作“熟人强奸”“沉默强奸”“酒后强奸”等。受害人受到伤害后，往往出于各种考虑而不敢揭发。“社会是人的社会，人是社会的人”，一个人生活在社会中，总要与人交往，生活在大学校园里的女大学生们也不例外。现代大学开放式的管理模式给了大学生许多交往空间，但由于其自身社会经验的缺乏，在社会交往活动中容易成为犯罪分子侵害的对象。在现实生活中女大学生可能被侵害的主要情形有以下三种：

（1）家教。家教是许多女大学生在大学期间参加的一项社会实践活动，它一方面可以增强学生的社会实践能力，另一方面能获得一定的经济收入。但有的女大学生找家教工作不是通过正规的中介机构去联系，而是仅凭张贴的招聘广告自己去联系，有时只看报酬多少，不了解对方家庭成员、社会背景等情况，毫无警惕意识。

（2）求职。在竞争日益激烈的今天，女大学生找到一份工作很不容易，总想通过各种途径去推销自己，托熟人、找关系，以求工作单位找得更好一点。这种急于求成的心理往往毫不掩饰地写在脸上，作案分子利用此机会，凭借三寸不烂之舌，将自己的本领吹嘘得如何大，取得女大学生的信任和崇拜，然后找机会对女大学生进行侵害。

（3）交友。大学生们离开了父母和家庭，来到一个陌生的环境，更加迫切希望得到心灵上的慰藉。因此，在大学生活中，同学之间建立纯真无邪的友谊是大学生活不可缺少的一部分。但在实际生活中，许多大学生容易把异性间的友谊错当成爱情，特别是那些性格活泼、言谈举止轻浮、暧昧的女生更容易使男生产生误解。

5. 流氓滋扰式性侵害

这类侵害往往是社会上的流氓混入校园，用下流的语言，用推、拉、撞、摸等下流的动作，或用暴露生殖器官等下流行为，或窥视女大学生洗澡、解手等进行流氓滋扰。当女大学生孤立无援时，便可能发展成为暴力式性侵害。

**（三）大学性侵害犯罪的主要特征**

1. 作案目标的选择性

虽然女性都可能成为性侵害的目标，但犯罪分子从犯罪意念产生、犯罪实施的风险以及作案后逃避打击等方面考虑，他们通常选择以下人员为侵害的目标：

（1）长相漂亮，打扮前卫者。犯罪心理学表明，一个犯罪分子在实施犯罪之前都具有一个犯罪意念，即一个人产生非法需求欲望的动力。根据弗洛伊德的性心理学说，在性犯罪当中，感官刺激是性犯罪的主要犯罪意念。娇美白皙的面容、曲线优美的身材、前卫暴露的衣着等往往给人很大的感官刺激，加速了犯罪欲望动力的产生。因此，在性侵害中，长相漂亮、打扮前卫的女学生要比相貌平平、穿着朴素的女学生比例高。

（2）单纯幼稚，缺乏经验者。大学生往往在社会交往经验方面相当缺乏，只看到社会美好的一面，忽视了社会阴暗的一面，信守人本为善的信条，对人性丑恶的一面知之甚少。于是大学生与有着丰富社会阅历的人打交道时就显露出许多单纯幼稚的言行，这恰好成为那些居心叵测的人攻击的弱点，容易成为他们的猎物。

（3）作风轻浮，关系复杂者。现代高校与社会的接触已越来越紧密，社会上的各种诱惑时时冲击着在校的大学生。面对各类高薪“陪侍”兼职的诱人广告，一些思想过分开放的女大学生开始蠢蠢欲动，她们频频出入歌厅、舞厅等高档娱乐场所，结识那些所谓的成功人士，最后却成为被侵害的对象。

其他还有：文静懦弱，胆小怕事者；身处险境，孤立无援者；贪图钱财，追求享受者；精神空虚，无视法纪者。这几类人也容易成为性侵害的对象。

2. 作案手法的多样性

前面我们已经在性侵害的表现形式中谈到了性侵害的各类作案手法，如暴力、胁迫的手段以及通过家教、网恋、求职等方法去侵害女大学生，以下的几种手法也是性侵害中经常出现的：

（1）谈恋爱。这种手法具有一定的隐蔽性，一般不容易为被害人所防备。女大学生在选择恋爱对象时，不考察对方的人品、修养及内涵，而过多地注重了相貌、身材等外在因素，在遇到那些以玩弄女性为目的的“恋爱”高手时，往往是“哑巴吃黄连有苦说不出”。

（2）饮酒。这种手法常常发生在熟识的同学、朋友、老乡聚会以及有些女大学生有求于人的场合，犯罪分子通过与女学生交往一段时间，取得她们的信任后，然后在吃饭的场合提出让女学生喝酒，由于酒精能刺激麻痹人的神经系统，使人的思维过程受到干扰而变得神志不清，自制力下降，从而使犯罪分子轻易得手。

3. 报案时间的滞后性

由于性侵害案件客体的特殊性，涉及被侵害对象人格、名誉的损害，加上中国传统世俗的偏见，因此许多女性在遭到性侵害后都采取延迟报案或不报案的态度，致使犯罪分子更加肆无忌惮地对其他女性实施侵害行为。

**（四）女大学生预防性侵害的措施**

1. 在思想上树立性侵害意识

在社会中，女性作为性侵害的特殊客体容易遭受侵害。因此，女大学生在校内校外的各种活动场合，要随时注意遭受性侵害的可能性，提高自我保护的警觉性，只有树立防范意识，才能对一些预警性的性侵害信息及时采取防卫措施，有效地保护自己。例如，在社会交往中对朋友、同伴那些肮脏下流的笑话、淫秽暧昧的语言、挑逗暗示的动作采取强烈的排斥态度，就能及时打消他们的侵害念头，从而防止被侵害。

2. 在生活上注意仪表、言行得体

前面已经谈到，女性性感的时装，大面积的身体暴露会给那些本无意实施强奸的犯罪分子感官上以极大的刺激，增强他们的犯罪欲望。因此，女大学生在校期间的穿着打扮要符合自己的身份，大方得体，朴实无华，不要盲目追赶潮流，浓妆艳抹。在言行举止方面，女大学生要懂得自尊自爱，不要与男性过分随便、亲昵甚至暧昧，在喝酒、跳舞中不要有轻佻、挑逗性动作，使侵害人误解，从而将自己置于一种潜在的危险环境中。

3. 在防范上关注所处的周围环境

性侵害犯罪作为一种特殊的犯罪行为，犯罪分子往往注重作案环境的选择，以求作案的“成功率”，所以女大学生对自己的生活、居住环境要加倍关注。晚上尽量不要外出，有事外出也要尽早回来，夜晚外出或在校内行走最好结伴而行，行走时要选择行人较多，路灯较亮的道路行走，经过树林、建筑工地、废旧房屋、桥梁等处时要特别小心。在学校公寓或校外租房处就寝时，要避免独处，特别是节假日期间，晚上睡觉时要关好门窗，拉上窗帘。

4. 谨慎结交新朋友

根据调查表明，有63%的性侵害是发生在相互认识的熟人中间。因此，女大学生在与同学、老乡及朋友（网友）的交往过程中要注意对方交往的目的，留意对方日常言行中表现出来的人品、道德修养。如果发现对方时常有过分亲昵、挑逗等预兆性言行时，要及时果断地终止来往。在与朋友交往中应时刻注意观察和提醒自己，不要轻信好话，不要单独跟新朋友去陌生的地方；控制感情，不要在交往中表现轻浮；控制约会环境，不要到人少偏僻的地方；不要过量饮酒，不接受超过一般的馈赠；对过分的言行持反对态度等。

5. 有选择地适当参加社会活动

女大学生应慎重参加家教类活动，即使参加也要通过学校及有关部门去联系，切忌通过小广告或者自行推荐去选择服务对象。在参加之前，要将家教对象的基本情况有个大致的了解，不要只图报酬高，嫌手续烦琐而贸然前往。

**（五）发生性侵害时的防卫措施**

一旦发生性侵害，应采取以下防卫措施：

1. 头脑清醒，控制情绪

女大学生在遭受性侵害之际，保持头脑清醒，情绪稳定是最重要的，只有设法使自己沉着、冷静，才能明白性侵害者的意图，与其周旋，从而找出摆脱困境的方法。如果被害人处于危险时惊慌失措，大喊大叫，进行本能的反抗或逃避，可能会助长犯罪分子的攻击性，导致性侵害的发生。

2. 明确意愿，态度坚决

有时性侵害行为是性侵害者错误地理解了被害人的意思后发生的。因此，女大学生遇到他人要对自己进行性侵害时，应当恰当而且坚定地表明自己的态度，阻止性侵害行为的发生。明确表示，能够有效防止熟人之间的性侵害行为发生，也能够使一些陌生的性侵害者丧失信心，放弃性侵害的企图。

3. 沉着理智，机智反抗

在遭到性侵害时，被害人要注意了解性侵害者的弱点和周围环境，以及一切可以利用的积极因素，采取恰当的措施进行反抗，尽可能地结合自己平时生活中积累的经验和知识，予以防范。例如，尽量用赞扬的话语将其优点给挖掘出来，唤起侵害者人性中善良的一面，使其行为向好的方面转化，避免性侵害行为发生。

4. 采用暴力，正当防卫

女大学生在遭受性侵害时，可采取一些暴力防卫措施，特别是对犯罪分子身体薄弱部位进行有效的攻击（如脸部、腹部、下身等处），使性侵害人的身体产生伤痛，从而使其终止侵害行为，同时为被害人逃脱或获救创造条件。

**【案例】** 某高校女学生在路过学校附近的小山林时，一男青年见四周无人，冲上来企图强奸这名女学生，在反抗过程中，该女学生死死咬住歹徒的舌头不放，歹徒疼得拼命挣扎，等他挣脱时，一块舌头已经掉下来了，没有占到任何便宜的歹徒捂着嘴夺路而逃。该女学生马上赶到派出所报案，警察在附近的医院将正在就医的歹徒抓获。某高校女学生晚上回校时，在一偏僻处遇到一中年男子欲行不轨，该女学生假装同意，并让对方先脱下衣服，那名男子将裤子脱到脚踝处时，该女学生猛然将其推倒在地，那男子因裤子绊住了双腿，一时站不起来，女学生趁机跑开了。

5. 抓紧时机，迅速脱身

犯罪心理学表明，性犯罪的主体在实施犯罪过程中，心理变化有一个从冲动到后悔再到恐惧的过程，一旦侵害行为得逞，激情消退，侵害者会产生后悔、自责心理。所以，女大学生在这时要抓住一切有利时机，为自己脱身创造条件。

**（六）发生性侵害后的应对措施**

性侵害发生后应采取以下应对措施：

1. 及时报案不要拖

女大学生一旦遭遇性侵害事件后，要打消顾虑，及时向有关部门报案，不能因为害怕名誉受损，将苦果自己咽下去，这样会使犯罪分子逍遥法外，也可能使更多的女性受害。

2. 配合调查要积极

性侵害发生后，在报案的同时，被害人要将侵害的有关物证保留好，并将犯罪分子的体貌特征、衣着打扮、口音、携带物品、受伤状况等情况如实地向有关调查人员反映，为公安机关破案提供线索。

3. 心态调整不极端

有些女大学生遭遇性侵害后，表现出意志消沉，精神萎靡，心理负担加重，整天生活在被侵害的阴影中，久而久之，会产生厌世情绪；有些人会抱着破罐破摔的心理，走上堕落的道路。还有自尊心较强的会由悲愤产生强烈的报复心理，发誓要除掉侵害人。因此，作为有知识、有文化的女大学生一定要在吸取教训的同时，及时调整心态，尽快从阴影中走出来。

## 三、远离“黄赌毒”

“黄赌毒”作为一种社会丑恶现象，严重毒化社会的良风美俗，损害社会的肌体，也侵袭着高校这块净土。继承中华民族的传统美德，弘扬时代精神，自觉抵制“黄赌毒”的侵害，是大学生应尽的社会责任。

### (一)“黄赌毒”的特征与危害

1.“黄赌毒”的特征

所谓“黄”，是指观看、贩卖、传播色情的书刊、影片、录像带、录音带、图片和其他淫秽物品，指本人从事卖淫嫖娼活动或组织、强迫、引诱、容留、介绍他人卖淫嫖娼等违法犯罪活动；“赌”是指以营利为目的，开设赌场赌局、聚众赌博或者进行网上赌博的违法犯罪行为；“毒”是指制造、贩卖、运输以及吸食、注射毒品的违法犯罪活动，如鸦片、海洛因、甲基苯丙胺（冰毒)、吗啡、大麻、可卡因以及国家规定管制的其他能够使人形成瘾癖的麻醉药品和精神药品。在世界范围内，被禁用和限制使用的麻醉药就有128种，精神药品104种，共计232种。

人一旦染上“黄赌毒”后，会形成强烈的心理依赖和身体依赖。而这种双重依赖，会极大地支配人的行为，让人不断尝试和重复该行为，感受该行为给人带来的短暂虚假快感，企图通过这种行为暂时摆脱现实的烦恼。一旦快感消失后，面对落差较大的现实，会让人更思念欲望满足时的愉快，进而变本加厉地涉黄、吸毒和赌博，在罪恶的深潭中越陷越深。

据估计，全世界每年因吸食毒品过量导致死亡的人数约为10万人。有人哀叹：人类可能不会毁于战争，但极有可能毁于毒品！

2.“黄赌毒”对大学生造成的危害

作为一名大学生，应该远离“黄赌毒”。大学生一旦和“黄赌毒”沾上边，轻则违反校纪校规，重则触犯法律，对自己、对他人、对家庭、对社会都将造成严重的危害。

(1) 违反校规校纪

参与赌博很容易上瘾，既浪费精力又花费时间，因而赌博者不可能遵守日常作息制度，违反校纪校规的现象时有发生。有的因为“恋战”集体逃课、迟到或早退；有的因为在赌博时输红了眼大打出手，演变成打架斗殴。某高校学生杨某出身于高级知识分子家庭，大学期间置校纪校规和母亲的教诲于不顾，与社会不良青年打成一片，经常去舞厅、酒吧闲逛，交往了一些不三不四的“朋友”，最后发展到把一些舞女带回住处厮混。在临毕业前半个月，杨某被校方勒令退学，带着满腹羞愧和悔恨离开了大学。

（2）荒废学业

大学生的世界观、人生观、价值观尚属最后确立阶段，对“黄赌毒”等丑恶现象的抵抗力还不够强，一旦沾染“黄赌毒”，轻者不思进取、想入非非，终日心神不定、精神萎靡不振，课上不能认真听讲，课后不能及时温习功课；重者沉湎其中不能自拔，学业完全放弃。这些学生因此白白浪费了学校和家庭十几年的辛勤培养和教育。

（3）有损身心健康

赌博是多种疾病的导火索。经常进赌场者往往嗜赌成瘾，呈现出一种病态心理。人一旦进入那种长时间保持精神高度集中的紧张状态，加上废寝忘食，极易导致心理和精神疾病，从而引起消化系统紊乱和腰肌劳损等。近年来，在报刊上常有嗜赌者因赌博休克猝死的事例报道。

如长期吸食毒品，会对人的免疫系统、神经系统、呼吸系统和消化系统等造成不同程度的损害；长期吸毒者的心、肝、肾功能均有明显损伤；吸毒者实际的器官年龄比其生理年龄要相差很多，表现为长期的睡眠障碍，激素水平、重要脏器功能下降。更有甚者，吸毒过量，会直接导致吸毒者意外死亡。

“黄赌毒”还是多种疾病的传播途径。据调查公布证明，吸毒为中国HIV（艾滋病病毒）感染者感染的主要途径，占61.6%；其次为性传播和母婴感染。吸毒感染艾滋病，主要原因在于共用吸毒针具，造成交叉感染。吸毒还能引起或传播病毒性肝炎、结核病、心内膜炎、细菌性肺炎等疾病。“黄赌毒”毫无疑问是人们健康的杀手。

（4）诱发违法犯罪

大学生染指“黄赌毒”害人害已。成瘾思邪，是“黄赌毒”者的共同特点。卖淫嫖娼、吸毒贩毒、聚众赌博等行为需耗费大量的资金，而大学生的经济来源有限，一旦陷入“黄赌毒”的陷阱，不仅闹得家破人亡，而且为解决嫖资、赌资、毒资问题易走上盗窃、抢劫、诈骗、贩毒、贪污、受贿、卖淫、杀人等犯罪道路，既贻害社会，又自毁前程，丧失了人的本性，成了危害社会的人渣。

2005 年 1 月，武汉一名大学生参与赌博，半年输掉 1 万多元钱，春节将至，心生愧疚，有家不敢回。2005 年，一知名高校的一大学生为筹措赌资，多次盗取同学的财物，被警方刑拘。据调查，该生家境贫寒，弟妹打工供其上学，因深陷赌博不能自拔，最高一天输掉 5000 元，4 年大学生活共欠下债务四五万元。2008 年 5 月，北京市公安局禁毒处的侦查员抓获了一名涉毒人员，此人涉嫌多次从南京向北京运送毒品，让人震惊的是，这名毒贩竟是在校大学生。桩桩事例，都重重敲响了大学生抵制“黄赌毒”的警钟。

**（二）“黄赌毒”在高校发生发展的原因**

1. 封建思想的遗毒是“黄赌毒”滋生的土壤

卖淫嫖娼、赌博、吸毒等现象在我国有着几千年的历史，其流毒之深不可能随着中华人民共和国的建立而彻底灰飞烟灭。特别是我国目前还处在社会主义初级阶段，生产力水平较低，物质文明和精神文明建设的水平不高，还不可能根除“黄赌毒”赖以生存的土壤。一旦条件具备，社会对“黄赌毒”的管制稍有放松时，它们就会重新滋生繁殖，并由暗转明。

2. 道德观念的裂变是“黄赌毒”蔓延的社会环境

改革开放以来，在我们引进大量的先进技术、先进管理经验的同时，西方腐朽生活方式也乘隙而入，对我国原有的传统道德观念产生了深刻的冲击。引发了部分社会成员思想道德观念的严重偏离，享乐主义、拜金主义思想泛滥。追求私欲成了部分人的生活坐标和最大的人生乐趣。有的人为了追求金钱利欲，不惜出卖灵魂和肉体，不再有“万恶淫为首”的观念，反而形成了“笑贫不笑娼”的意识。在社会道德重建的过程中，有的人虽然“口袋鼓了”，却“脑袋空了”，造成精神上的迷失、颓废和沉沦，追求腐朽的、醉生梦死的生活，沉迷于“黄赌毒”活动不能自拔。

3. 牟取暴利，是“黄赌毒”扩散的经济原因

犯罪也有成本问题，犯罪成本越低，吸引力越大。以毒品犯罪为例，贩卖毒品所带来的几倍、几十倍的巨额利润使一些人如飞蛾扑火般前仆后继。色情活动也一样，低技能、高收入，使色情活动吸引了相当数量的从业者。赌博者更是抱有“无本起利、一本万利”的想法，希望通过赌博不劳而获，迅速踏上发财致富的捷径。

4. 娱乐场所盲目发展，是“黄赌毒”发展的载体

任何违法犯罪行为的存在，都需要一定的空间，“黄赌毒”活动具有流动

性大、隐蔽性强的特点，公共娱乐、服务性场所正为其提供了较合适的空间。近年来，宾馆、酒店、夜总会、度假村、桑拿浴室、按摩院、美容美发厅、出租屋等公共服务场所，由于投资少、回报快等因素，呈现盲目发展的趋势。这些场所建成后大多数客源稀少，靠正当生意和守法经营难以为继。不少经营者受经济利益驱使，便搞歪门邪道，主动招揽或被动接受其场所内的“黄赌毒”活动。

5. 社会防控弱化，是“黄赌毒”的避风港

与“黄赌毒”违法犯罪的严峻形势相比较，我们的认识和所采取的措施还有很大的差距。一是认识上存在误区，对查禁“黄赌毒”旗帜不鲜明，态度不坚决，措施不得力；二是管理不能到位，对公共场所存在多头管理、职责不清的问题，工商、税务、文化、劳动、卫生、公安等部门之间协调与配合不够，出现管理上的“真空”地带；三是打击力度不够，这也影响到与“黄赌毒”作斗争的成效。

**（三）远离“黄赌毒”**

在我们社会主义社会里，是非、善恶、美丑的界限绝对不能混淆，坚持什么，反对什么，倡导什么，都必须旗帜鲜明。一个人要立得正、行得端、站得稳，就要谨言、慎行、约己、清心，就要知恐惧、知羞耻、知艰难，就要讲学习、讲政治、讲正气，尤其是在社会主义市场经济条件下，就要经得起灯红酒绿的诱惑，过好权力、名利、享乐关。大学生要追求真善美，抵制假恶丑，明确自己的成才目标，严格要求自己，增强抵御“黄赌毒”的能力。

1. 树立远大理想，追求高尚情操

（1）我国处于社会主义初级阶段。“在前进道路上还有不少矛盾和困难，工作中也有缺点和不足。党风、政风、社会风气和社会治安的状况人民群众还不满意，贪污腐化、奢侈浪费等现象仍在蔓延滋长，官僚主义、形式主义、弄虚作假问题较为严重”。我们在看到这些问题的严重性和紧迫性的同时，也要看到改革开放以来，精神文明建设的主流和各条战线取得的成绩，从而对现实充满信心，自强不息，锐意进取，艰苦奋斗，在建设物质文明和精神文明的具体工作中，发挥自己的聪明才智。

（2）认清大学生在科教兴国战略中的历史使命，明确精神文明建设的任务是长期而艰巨的。在这一长期而艰巨的任务中，当代大学生应该增强责任感、使命感，重点培养自己的学习能力、实践能力，着力提高自己的创新能

力，使自己不断获得新知，增长才干，跟上时代的步伐。

(3) 继承和发扬中华民族的传统美德，懂得先修身才能“齐家治国平天下”，从而自重、自省、自律、自励，在任何情况下都注重人格、气节和尊严；勤俭节约，艰苦朴素，注重品德，遵纪守法，切实“做一个高尚的人，一个纯粹的人，一个有道德的人，一个脱离了低级趣味的人，一个有益于人民的人”。

2. 坚持四个统一，做到一尘不染

家庭、学校的教育以及社会的影响对青少年的成长固然重要，但并不是决定的因素，决定的因素是自己——是对自己美好前途的设计和为实现这一目标而进行的一切努力。大学生是受过良好教育的青年人，其认识能力、辨别能力、分析能力、自我控制能力以及法制观念和安全意识都优于一般青年，因此，在预防“黄赌毒”侵害方面应有更高的自觉性。

(1) 坚持四个统一。即坚持学习科学文化与加强思想修养的统一；坚持学习书本知识与投身社会实践的统一；坚持实现自身价值与服务祖国人民的统一；坚持树立远大理想与进行艰苦奋斗的统一。

(2) 做到一尘不染。“千里之堤溃于蚁穴”，大学生要严格要求自己，防微杜渐，尤其是对于“黄赌毒”的侵袭，要慎始、慎独、慎微，切实做到为国负责，为家负责，也为己负责。要力争做到“五不”：一不涉足“黄赌毒”场所；二不结交“黄赌毒”朋友；三不相信“黄赌毒”宣传；四不接触“黄赌毒”物品；五不包庇“黄赌毒”犯罪。只有这样，才能保持自身的纯洁，在菁菁校园里健康成长。

3. 以法为戒远离“黄赌毒”

《中华人民共和国刑法》实施后，各级政府采取了一系列打击“黄赌毒”的行政措施，贯彻《中华人民共和国刑法》《中华人民共和国治安管理处罚法》打击“黄赌毒”的精神，取得了初步的成效。这些法律显示出国家赋予的强制力、普遍适用性、可操作性和不可逾越性。

在涉“黄”的罪名中，最高刑罚是无期徒刑或者死刑，并处没收财产。如组织他人卖淫，情节严重的；强迫不满 14 周岁的幼女卖淫的；造成被强迫卖淫的人重伤、死亡或者其他严重后果的，判处十年以上有期徒刑或者无期徒刑，并处一万元以下罚金或者没收财产。从重处罚的是：旅馆业、饮食服务业、文化娱乐业、出租汽车业等单位的人员，利用本单位的条件，组织、强迫、引诱、容留、介绍他人卖淫的，对所列这些单位的主要负责人，从重处罚；因有未成年人参加集中淫乱活动的，从重处罚。判刑较重的在十年以上，一般的在五年以上或者以下，单处或者并处罚金；传播淫秽物品罪，处两年以下有期徒刑、拘役或者管制。对有关卖淫嫖娼犯罪个人的行政处罚是：单处或者并处罚金五千元以上一万元以下，或者没收财产。行政措施是强制集中法制教育和道德教育，期限为六个月至两年。强制进行性病检查，对患有性病的进行强制治疗。对有关卖淫嫖娼犯罪活动的责任单位及有关责任人员的行政处罚和行政措施是：由公安机关对责任单位处以一万元以上十万元以下罚款，责令其限期停业整顿，经整顿仍不改正的，由工商行政主管部门吊销营业执照。对直接负责的主管人员和具体直接责任人，由本单位或上级主管部门予以行政处分。

在涉"赌"的罪名中，《中华人民共和国刑法》第三百零三条规定：以营利为目的，聚众赌博，开设赌场，或者以赌博为业的，处以三年以下有期徒刑、拘役或者管制，并处以罚金。未构成犯罪的，由公安机关按照《中华人民共和国治安管理处罚法》予以处罚。

在涉"毒"的罪名中，最高刑罚是处以十五年有期徒刑、无期徒刑或者死刑并处没收财产。如走私、贩卖、运输、制造鸦片1000克以上，海洛因或者甲基苯丙胺50克以上，或者其他毒品数量大的；毒品集团的首要分子；武装掩护走私、贩卖、运输、制造毒品的；以暴力抗拒检查、拘留、逮捕，情节严重的参与有组织的国际贩毒活动的。处罚较重的是三年以上十年以下有期徒刑，处罚较轻的是三年以下有期徒刑、拘役或者管制，并处罚金。从重处罚的四种仿况是：利用、教唆未成年人作案，或者向未成年人出售毒品的；缉毒人员或找其他国家工作人员包庇涉毒犯罪的；引诱、教唆、欺骗或者强迫未成年人吸食注射毒品的；因毒品罪被判刑，刑满释放后又犯毒品之罪的。

## 第三节　财产安全

近年来，以大学生为目标的侵财犯罪案件不断上升，使如何更安全地保管和使用个人财物问题现实而紧迫地摆在我们面前。面对社会上各种各样别有用心的人通过形形色色的犯罪手法将黑手伸向大学生群体，让稚嫩的大学生屡屡上当受骗、损失财物，甚至遭受人身伤害，因此在提高大学生防范意识的同时，必须有针对性地让大学生们学习一些安全防范知识、了解基本的犯罪作案手法，贴近实际，练就辨别真伪的本领，以达到保护好自身财物的目的。

## 一、防范盗窃

盗窃就是通常所说的偷东西，人们对偷盗深恶痛绝，一般称他们为窃贼、夜猫子、小偷等。在法律上盗窃是指以非法占有为目的，秘密窃取数额较大的公私财物或者多次盗窃公私财物的行为。盗窃犯罪的构成要件如下：

（1）客体是公私财物的所有权。

（2）客观方面表现为行为人实施了秘密窃取数额较大的公私财物或者多次盗窃的行为。

（3）犯罪主体是一般主体，即年满16周岁并具有刑事责任能力的自然人都可以构成本罪。不满16周岁的人实施了盗窃行为不构成犯罪。

（4）主观方面只能由故意构成，并且具有非法占有的目的。

盗窃是大学校园多发的侵财案件，发案数一般占高校中发生的刑事案件的80%～90%。大学生的以下几类物品容易被盗：一是现金、存折、银行卡等；二是贵重物品。近年来被盗的贵重物品主要有：笔记本电脑、手机、数码相机、MP3、MP4。而自行车一直是盗窃的重点目标，被盗数量一直保持高位。

### （一）高校盗窃案件的特点

高校发案的总体特点是盗窃发案居高不下和比例不断攀升。据统计，目前在高校校园内所发生的盗窃案件占高校各类案件总数的60%～70%左右，并呈上升趋势。其中，入室盗窃最为常见，它发案率高、数量大、危害面广。一般而言。高校校区发生的盗窃案件有以下特点：

1. 人员的特定性

在高校盗窃案件中，一般来说在家属宿舍区发生的盗窃案件，作案人主要是周边无业人员、来校务工人员和校外中小学生。而学生宿舍区发生的盗窃案件，作案人主要是校内学生，因为他们熟悉宿舍环境，在宿舍盗窃很容易得手。

2. 作案时间的规律性

高校有自己独特的学习、活动和生活规律，这些规律直接影响和制约着行为人某种行为的具体实施。一般来说，作案分子主要选择以下时间：（1）师生员工上班或上课、晚自修时间；（2）校内举办各种大型活动期间；（3）新生入学期间；（4）期末复习考试期间。

3. 作案方式的多样性

作案分子在校园内作案通常采用以下方法：（1）选择作案目标；（2）作案前先踩点；（3）顺手牵羊；（4）推销作案。

4. 内外勾结

内外结伙盗窃，就是校内居住人员与校外人员勾结在校园里盗窃。作案主体主要是家属子弟与社会无业人员。他们为了满足自己的欲望，往往利用熟悉校园环境和住户情况的便利条件进行盗窃。

**【案例】** 2008年9月22日上午，某校商学院女学生雷某利用课间休息时间回到寝室，将同寝室某同学的一台手提电脑盗走。失主报案后，学校保卫处通过监控辨认雷某有重大作案嫌疑并找其谈话，开始雷某一口咬定没有偷，通过多次做工作，讲清利害关系，给其看作案录像，她才最终承认自己的所作所为，并交出了偷窃的手提电脑。

另外，由于现在宿舍混居的情况比较普遍，寝室同学之间也不是很熟悉，加之老乡之间的联系也很多，这为一些别有用心的人踩点和选择下手目标打开方便之门，甚至有的还配到了其他寝室的钥匙，还有的利用对学校的情况熟悉而大模大样地到其他班级院系寝室进行偷窃。

**【案例】** 某校学生张某因沾染上赌博恶习，输掉了生活费。2008年10月17日下午，在校内篮球场打球时见一同学的衣服放在场边，他便顺手探摸，发现其衣服口袋中有一部手机，于是乘其不备将手机偷走，并立即将这部价值2000元的手机以400元变卖。事后学校保卫处通过调查，发现张某曾中途离开，嫌疑很大，找其谈话时他又不能自圆其说，再经过其他调查取证，在事实面前，张某最终承认了偷窃行为。

**【案例】** 还有利用同学友谊套取银行卡密码作案的。2004年在某高校女生宿舍同学们讨论密码问题时，女生李某说自己的密码是她爷爷加她爸爸加她的出生年份。言者无意，听者有心，几天后同宿舍的郭某问李某："我爷爷78岁，你爷爷高寿啊？""我爷爷80岁了"。由此郭某推算出李某爷爷的出生年份是1924年。一个月后郭某用类似的方法得知李某的爸爸是1954年出生。同学们的生日几乎是公开的，这样郭某就完成了盗窃密码的过程，紧接着在短短一个星期的时间里用李某的卡在自动取款机上提款5次，涉案金额达7000多元。

这些高校内盗嫌疑很大的案件，在实际工作时是非常不好处理的，因为没有证据是不能冤枉好人的，乱怀疑同学容易引发同学之间的矛盾，不但案子破不了还会造成同学之间的相互猜疑，引发一些治安隐患；而有了证据和线索也要采取适当的形式，以防止这些犯了错误的同学走向另一个极端，比如自暴自弃、自残，毕竟打击处理不是我们的最终目的，教育挽救一个失足学生才是我们更愿意看到的。

**（二）高校盗窃作案的方式**

纵观发生在高校的这些盗窃案件，可以总结出盗窃分子的主要作案方式。

1. 借口找人，投石问路

这种作案方式主要是外来人员流窜踩点时用的，他们流窜于宿舍寝室中，往往以借口找人为由打探虚实，寻机作案，就算没有收获也不会暴露，下次再来碰运气。这些人的借口多种多样，比如推销文具、皮带、耳机等小商品啦，找老乡、找同学啦，进错寝室啦，谎称公司招募员工啦，社会调查啦等；而同学们往往对这些人不会过多留意，让他们可以肆意进出宿舍，探看宿舍内的财物、门锁、人员等情况，踩点以后再寻机作案。所以对这些闲杂人员，同学们要多留心眼儿。

2. 乱闯乱窜，乘虚而入

有些犯罪分子急于得到财物，根本不“踩点”，而是以找人、借东西为由，不宜下手就道歉告退，如有机会立即行窃。这类作案人员中吸毒人员比例较高，他们急于筹措毒资，无心踩点，有什么拿什么，到手后迅速到黑市、二手市场、当铺低价换成现金购买毒品吸食。

3. 见财起意，顺手牵羊

有些偶然的机会，使盗窃分子有机可乘。例如，看见别人的摩托车、自行车没锁，顺手盗走；趁宿舍内无人，将他人放在床上或其他地方的钱物窃为己有。有些本无心偷窃的学生有时也会因为这种情况，怀揣侥幸心理，贪图小便宜而将财物据为己有，从而使这种作案带有很大的随机性。

4. 伪装老实，隐蔽作案

个别人从表面看为人老实，工作、学习积极，实为以此作掩护，作案后不会被人怀疑。

5. 浑水摸鱼，就地取“财”

当宿舍内发生意外情况或学校组织大型活动时，人员相对集中起来，在财物保管上出现了空当。有些小偷就乘此机会，乘人不备，进行盗窃。

6. 里应外合，勾结作案

学校学生勾结外来人员，利用跟学生熟的特点，合伙作案。这种情况虽然不多，但危害很大，隐蔽性很强，也很难查破。

7. 撬门拧锁，胆大妄为

这种情况是不法分子趁学生上课、假期宿舍无人等时机，大胆窜入宿舍撬门拧锁，入室盗窃，非常嚣张。这种状况的发生一是因为相对熟悉情况，二是觉得学生好欺负，有恃无恐。如果被发现他们就赶快逃跑，有时学生势薄，甚至还以言辞或暴力伤害相威胁。

**（三）防盗攻略**

1. 防盗原则

（1）增加和延长实施、完成犯罪的时间

罪犯作案总要一个作案时间，一方面，作案时间越长，犯罪分子越有充裕的精力翻找、收罗财物，以偷取更多的东西；另一方面，作案时间越长，暴露的风险越大，越容易被人发现。所以，随着作案时间的加长，犯罪分子的紧张情绪就会愈加严重，当他觉得这种被发现的风险高到危险的程度，就算当时有再多的财物可以偷取也不值得继续待在现场时，就会放弃继续犯罪。从这个原理出发，任何有助于增加犯罪作案时间的措施都或多或少地起到遏制犯罪、减少损失的作用。比如：加装防盗门、防盗窗，财物分开存放，抽屉上锁等。

（2）减少犯罪的所得

犯罪的目的就是获得非法利益。若费尽心机进入房间，打开抽屉之后，发现没什么可偷的，或偷到的东西不值钱，犯罪人势必对犯罪所得失望，使犯罪对其诱惑力降低，因而放弃再次犯罪。犯罪人的犯罪意愿是一个心理不断强化的过程，当他觉得纵然要承担法律的惩罚和被人发现的风险而作案，但这些风险与犯罪所得相比微不足道，或犯罪带来的物质和心理上的快感比因此受到的处罚或因此而提心吊胆的担忧要更多时，在心理上就会不断强化其继续作案、不停地作案的动机。因此减少能够给犯罪分子带来的犯罪所得是预防犯罪、减少犯罪的原则。通俗地讲，让小偷觉得这个学校的学生比较穷，这个宿舍学生的经济条件比较困难，偷也偷不到什么值钱的东西，对学生来说绝对是一件值得高兴的好事。

(3) 加大犯罪的代价，即加大惩处力度

对于犯罪，防范只是一个方面，再好的防范也必须与打击结合起来，“只防不打”的做法是消极的，那样使我们面对犯罪总是处于被动局面。可以说，防十起案子不如破一起案子，抓一个小偷，断掉根，比只摘叶要好得多，因为这才是治本之策。因此，对于犯罪，首先要加大处罚打击的力度，比如制定相对严厉的刑罚，让犯罪人慑于刑罚的严厉而不敢犯罪或犯重罪；其次，要迅速地查破、及时地处罚判决，对犯罪的遏制作用更加立竿见影，让犯罪分子对于犯罪的苦果记忆深刻，不敢再犯，从而起到防范犯罪的作用；最后也是最重要的一条，就是要树立财产安全防范意识，有安全意识才会注意到这些细节，才能从根本上最大限度地杜绝财物被盗案件的发生。

2. 场所防盗

以上介绍了防盗的三大原则，下面具体介绍防盗攻略。为了让同学们有一个清晰的思路，在内容安排上先分类介绍，再重点讲解，从场所和物品两个大的方面展开，有针对性地介绍各种防范方法和技巧。在此基础上，同学们可以触类旁通，联系实际，发挥想象，总结归纳出其他特定场所和物品的防盗小窍门，做到学以致用。

在大学校园里，学生宿舍、图书馆、教学楼、运动场、食堂等公共场所是学生财产容易被盗的重点场所。下面针对以上这些场所区域，来介绍防盗攻略和技巧。

(1) 宿舍防盗

宿舍是同学们在校居住、生活的主要场所，钱、物都放在宿舍，因此宿舍安全是同学们在校期间安全防范的最重要部分。

① 宿舍被盗的主要时段

a. 新生入学期间。调查表明，24% 的学生认为新生入学是盗窃的一个易发期。事实表明，在调查的所有案件中，14% 的案件都发生在新生入学期间。由于新生刚入校，人生地不熟，从家里带来的现金和贵重物品未能及时妥善管理好而被窃贼盯上，从而造成财物丢失。

b. 开学期间。开学初是案件的高发时段，同学们返校后大多忙于各项就读工作，且从家中带来的现金多，常因保管不善而造成财物被盗。调查表明，54%的学生认为开学期间是盗窃的高峰期，27%的盗窃案件都是发生在这个时段。

c. 临近放假期间。这个时段学生忙于考试和准备回家，学生的警惕性普遍不是很高，给窃贼造成了可乘之机。调查显示，20.5%的盗窃案件发生在这个时段，且以贵重物品为主。

d. 毕业离校期间。由于很快要离开母校，走上工作岗位，心情非常舒畅，加上繁杂事务牵扯精力，放松了警惕。调查表明，35%的学生认为这个时段是自己警惕性最低的时候，盗窃案件中，8.5%的盗窃分子正是钻了这个时段的空子。

e. 上午1~2节课期间。调查表明，有35%的学生认为这个时间段财物比较容易被盗；同时，实践表明，24%的盗窃案件正是发生在白天寝室无人尤其是上午1~2节课期间。这主要是因为学校在这个时间通常安排的是主要课程，绝大多数学生都要去上课，寝室中无人，容易下手。同时调查也表明，这个时段的窃贼主要以内部人员为主。

f. 晚上学生睡觉期间。由于一些寝室的学生思想麻痹大意，安全防范意识不强，晚上睡觉不关门或寝室门虚掩，特别是气温较高的夏季，极易引发盗窃案件的发生。据调查，7.5%的盗窃案件发生在这个时段，同时，这个时段的窃贼主要以内外勾结为主。

② 宿舍防盗经验

针对寝室被盗的主要时段和前面介绍过的一些作案方式，对于寝室防盗可以归纳出以下一些建议，供大家领悟和谨记。

a. 宿舍中不要存放大量现金，以100~200元为宜，数额较大的要及时存入银行。钱包、随身听、文曲星、电子词典等物品，切记妥善保管，在宿舍内不要随手放在桌上、床上等显眼处，而放入抽屉或箱子中则应及时上锁，以免被他人顺手牵羊盗走物品或钱财。在此特别提醒，宿舍发生盗窃案，窃贼可能就生活在你身边，或许还可能是自己寝室的同学。此时应当注意观察周围同学是否有反常表现，并积极向公安、保卫部门提供线索；一些盗窃案发生后，经调查可能暂时没有线索或证据而无法破案，此时同学们更应注意，特别是内部人员作案的情况，虽然暂时无法获得证据，但如果采取一定的措施，同学们想一些办法，还是能够获取一定的证据的。比如，有这样一个案例，某女生寝室同学的钱物经常是一转眼就丢了，大家都怀疑同室同学江某，但就是没有证据。于是一同学在一张百元人民币上做了记号，并记下了人民币的号码，放在枕头下。过了不久钱又没了，同时她发现江某却拿出了这张有特殊记号的百元钞票，在事实面前，江某不得不承认这些偷窃事情均属自己所为。

b. 电脑、手机、相机等贵重物品应妥善保管。平时不经常用到的，最好不要放在寝室，可以将电脑放于安全的学生机房等处；在宿舍内给手机充电时尤其要保管好手机，最好人不要离开。现在大学生的生活条件比较好，经济比较宽裕，手机已经基本普及，有的人甚至有好几部；而电脑也进入了许多寝室，一方面是学习的需要，另一方面对娱乐生活、开拓知识面也大有裨益，甚至还有许多是品牌机和笔记本电脑。这些物品价值昂贵，又便于销赃，是小偷喜欢偷窃的目标。曾经有放在书桌上充电的手机被人拔掉电源偷走的案件，这就提醒我们，对于这些贵重物品一定要加强保管，千万不要以为这是小事，厄运不会降临到你头上。在充电时也许你 9 次人离开了都没被偷，但谁也不能保证第 10 次时就不会被偷，“小心驶得万年船”，这样的教训太多、太深刻了。

c. 最后离开房间的同学要锁好门，要养成随手关门的习惯。不要以为早上起床后，寝室有人还在睡觉，就开着门到卫生间洗漱，或直接外出晨练或自习。比如某高校就发生过学生早起外出晨训，因室内还有生病的学生在睡觉，所以就没有关房门，结果早训回来发现 3 部手机被偷，而没关房门是最直接的原因。所以，切不要以为寝室还有人在就敞开大门外出，要防范溜门作案的小偷。因为此时寝室里的人要么在睡觉，要么在桌前专注地上网、看书等，根本未把注意力集中在宿舍财物上，也根本没有心思来守护。由此发生的寝室书桌上的手机、钱包、MP3、笔记本电脑等物品被盗屡见不鲜。

d. 宿舍内千万不要留宿外来人员。一则宿舍管理制度不允许。有的学生违反宿舍管理规定，将久未碰面的小学、中学同学或老乡等，擅自留宿在寝室，有的还交给钥匙，放心地留他们单独在宿舍，其实这是很不安全的。二则你无法保证，也不可能全程看护外人的一举一动，因而他做什么事实际上总有脱离你视线的时候。一些人则趁机在宿舍内实施盗窃，将宿舍内的现金及贵重物品席卷而空。

**【案例】** 李某是某高校的一名学生，2007 年 9 月的一天，一名曾和他一起在外打工的葛姓朋友从外地来找他，说是到他这里来玩，李某碍于朋友面子接待了他。葛某也很是大方，又是请客，又是叙旧，于是顺理成章，晚上李某就把葛某留在自己的寝室住。这一住就是10多天，白天李某和同学去上课，葛某要么睡觉、要么上网，加上人也还热情，倒也和寝室里的这些同学关系搞得不错。可第12天，葛某突然不见了，一起不见的还有寝室里谢某、丁某的两台笔记本电脑。李某这才大呼上当，一查，自己的存折也不见了，存折内的6000多元现金也不见踪影。报案后，当问起葛某的具体情况时，李某也是一知半解，甚至连他是否用的假名也不得而知。

e. 对形迹可疑的陌生人应提高警惕。同学们要勇敢、正气、团结一致，对于形迹可疑的陌生人要大胆地上前询问，并相互提醒。切不可在犯罪分子面前表现得软弱可欺和懵懂糊涂，要让这些小偷感到走到哪里都有眼睛盯着他，他就不敢下手作案，更不会嚣张跋扈。我们曾经了解到，有一次在学生宿舍，有学生正在上网，突然看见一个人堂而皇之地走进来拿了另一个桌上的手机就出去，这名学生觉得很奇怪，马上喊同学追了出去，小偷被堵在楼梯口，但小偷居然从容地放下手机，只是说拿错了就离开了。这种啼笑皆非的事情确实就这样发生了，可见我们的学生是多么糊涂。对于这种人，第一，必须表现出正义和正气。对于一个犯罪分子，你不给他压力，他就会有恃无恐，认为学生好欺负，最低也要吓吓他，要让他下次不敢再来。第二，必须把他抓住，扭送至公安机关或报警。不让他受到处罚，下次他会故技重演，反正知道就算被发现也没事。这不仅仅是胆小怕事的问题，而是学生的社会经验确实太少了。所以总的来说就是大学生们要成熟一些，面对罪犯只能是正气压倒邪气，在有人、有把握的情况下绝不能屈服于犯罪分子的淫威。

f. 住一楼的同学应特别注意关好窗户，注意将衣物及贵重物品远离窗口放置，以免被他人从窗口“钓”走。这类案件在高校学生宿舍就发生过，值得引起我们的注意。

g. 房间换人换锁，不要将钥匙借给他人。保管好自己的钥匙，随身携带，不要乱放在桌上、床上，以免给他人偷取的机会；不能随意把钥匙转借给外来人员或交他人保管；如果不慎丢失钥匙，要尽快向宿舍管理部门反映并及时更换门锁，以免被他人用拾到的钥匙开门入室盗窃。

h. 寝室门锁、窗及铁栅栏损坏的，寝室门如果与门框之间留有较大缝隙，应及时向宿舍管理部门反映，请他们及时修复或者加装一块防插片装置，以免给小偷以可乘之机。

i. 拒绝上门推销。特别是那些逐一来宿舍推销商品的外来人员。他们推销的文具、生活用品，不仅质量不能保证、价格不菲，而且他们往往趁寝室无人之机，入室实施盗窃，有时还会利用学生没经验，以高价推销低廉的商品进行诈骗。如发现有推销人员，务必及时向宿舍管理员、公寓住宿中心报告或向校保卫部门报告，或直接将其扭送到保卫部门。

j. 节假日、假期离校，不要将贵重物品留在宿舍，应随身带走，或寄存到老师同学家中，妥善保管，以免发生被盗等意外情况。

③ 学生宿舍内发现窃贼时的处理

如果在宿舍内休息时发现有窃贼进入或从外面回来发现宿舍内有小偷，一定要沉着应对，特别是女生，在确保自身安全的情况下可以按以下的原则来处理：

a. 要保持一定的警惕性。同学们上课后或外出后回寝室，如果看到有陌生人单独在寝室附近徘徊，就应提高警惕，因为此类人员可能就是窃贼的同伴。此时应立即上前询问，如果陌生人拒绝回答欲离开或答非所问，则极可能是窃贼。

b. 要依靠同学的集体力量，注意控制嫌疑人，防止其逃跑。如果发现宿舍有正在行窃的窃贼，要尽快通知其他同学，必要时可以大声招呼周围的同学和宿舍管理人员一起来控制窃贼。

c. 要保持镇定，以正压邪。做贼毕竟心虚，一般情况下，窃贼大多不敢轻举妄动，不至于对你的人身安全构成威胁。所以遇到窃贼，不要慌乱。如果只有你一人，而窃贼可能攻击你时，应顺手拿起宿舍内可以用来自卫的工具，如扫帚、凳子等，并大声呵斥，对其形成威慑。

d. 要随机应变。即使明知其是窃贼，也要故作轻松，故意误认为他是其他同学的亲友，与他随便交谈以拖延时间，等待其他同学的到来。在援兵到来之前，要与窃贼保持一定的距离，占据有利地形，守在宿舍门口，以能控制窃贼逃窜为目的，同时要防止其狗急跳墙。

e. 保持清醒的头脑，危而不乱。若窃贼冲出寝室，同学们应紧紧跟上，并利用熟悉的地形，分头迅速地守住宿舍楼的楼梯口和大门出口，同时报告宿舍管理部门和学校保卫部门；如果窃贼逃出宿舍楼，应紧紧追上，同时呼喊“抓小偷”。校园内师生员工众多，只要一喊，许多师生都会上来帮忙的。

f. 要牢记窃贼的主要特征。如果因各种原因没能当场将窃贼抓住，应牢记窃贼的一些主要特征，如性别、年龄、身高、胖瘦、衣着、脸型、发型、口音、脸上有无疤痕、四肢是否残疾等，及时向公安保卫部门提供线索，以利于破案。

（2）图书馆、自习教室防盗

校图书馆和自习教室是学生随身物品被盗的高发案区，许多同学的书包、钱包、手机、书籍在自习室、储物柜等处被盗。通过这些案例，我们发现最突出的问题是学生的防范意识比较薄弱，公共场所人包分离的情况随处可见，且有部分学生在案发后没有及时报案，致使有些案件就算抓到小偷，交代出一些案件也无法核对，赃物不能返还，不能做到有效地打击。在此将这些地方的防盗经验介绍一下。

① 不要用书、衣服等物品“占位”。这种行为是缺乏公德的，同时也是不安全的。因这种行为而发生的盗窃案在图书馆、自习室被盗的案件中占了很大比重。

② 不要携带贵重物品去图书馆和自习室，衣服、书包和手包不能随意搭在椅子上，特别是装有现金或贵重物品时，更应注意，以防盗贼顺手牵羊和假意坐在身后翻包搜袋。

③ 在自习室和公共阅览室里，切不可将贵重物品、现金随意放在桌上和椅子上，要做到现金、贵重物品不离身。

④ 需暂时离开时，应将现金、贵重物品带走或交给同伴代管，且离开的时间不宜过长。

⑤ 有些图书馆有储物柜供大家存放物品，在方便大家的同时，一定切记存放物品时要上锁，不然比不存还容易被盗。

⑥ 自习、预览时不要打瞌睡，实在要休息时，要么回宿舍去，要么让同学、旁人看护自己的东西。

（3）运动场防盗

高校都有运动场，是大家锻炼、游戏的好场所，但在田径场和篮球场等运动场所的财物被盗情况也时有发生，有些高校，运动场甚至成了小偷拎包盗窃作案的重灾区。在此提醒同学们，一定要在运动锻炼时加强个人财物的保管，具体要注重以下几方面：

① 去运动场锻炼时不携带过多的现金、贵重物品。这样做可以避免和减

少损失。

② 物品书包要放在存包处，不可往地上、台阶上、凳子上一放就走人，或将物品集中置于显眼处由专人看管或轮流看管，切勿人包分离。

③ 对形迹可疑的人应提高警惕，特别是未成年的小孩等。对于那些东张西望或只注意别人物品或在物品周围徘徊的人，要特别注意，必要时可上前询问，但态度应平和。

④ 离开前应清点物品。这样不仅可以避免物品遗漏，还可以在物品被盗或者丢失时，及时报告保卫部门，有利于保卫部门迅速组织人员进行围堵，捉获盗贼，找回被盗物品。

（4）食堂防盗

食堂是就餐的场所，时间相对集中，人员也比较拥挤。特别是学生人数比较多的大学，每每就餐高峰期，人满为患，一些小偷就抓住这个时机在排队时伺机下手偷窃学生财物，这一情况值得我们注意。就餐时保护好自己的财物具体有以下经验：

① 尽量和同学一起去吃饭，相互照看，同时排队时，应注意周边环境，提高警惕。那些背着背囊、书包的同学尤其应注意身后的变化，以防有人浑水摸鱼；不应用书包占座，自己却离开去打饭。

② 夏天手机、钱包、MP3 等放在贴身感强的上衣前口袋、裤前袋中；冬天手机放在上衣内口袋或贴身感强的裤口袋中，随时感知手机是否有异动、拉扯。切勿将手机、钱包等放在裤后口袋和外衣的前口袋中。

③ 排队等候时养成经常有意识地碰触、摸探的习惯，确认手机是否还在，同时也可让寻找下手目标的窃贼觉得你有良好的安全习惯，而放弃对你下手。

④ 饭卡不能随手置于桌上，饭卡最好加上密码，有必要时设立单次最高消费额。若发现饭卡丢失，应立即到食堂挂失。

⑤ 留心身边无事游荡、目光游移且总盯在别人身上的可疑人员，特别注意故意挤靠、贴近他人和那些总往人群拥挤处凑挤的人。

（5）网吧防盗

高校周边是网吧聚集的地方，也是大学生经常去的公共场所，但有些网吧里面鱼龙混杂，治安环境很不好，一些窃贼专在网吧偷盗前来上网学生的钱物。此类发案不在少数，近年来已经成了一个比较突出的问题。在有关部门加强管理和打击的同时，我们学生更应该积极加强自身的财物安全保管，避免在网吧上网期间财物被盗。

① 有条件，尽量在校内上网，如果一定要到校外上网，切记少带贵重物品和现金，不要将大量现金带在身上，有时钱包都不必带。而网吧也要选择治安环境好一点、管理规范一点的，有些网吧已经安装了摄像头，安全系数要高很多；外出上网还要注意可以几人结伴，尽量避免单独前往和深夜前往。

② 上网时要将随身的书包、手包放在身前，不要挂在身后和椅子背上，这样可以有效防止小偷拎包或翻包偷窃。

③ 上网时手机、钱包要贴身放，放在前面的上衣口袋中，而不要放在裤口袋内或上衣外口袋中，以防止掉落和被人看见从身后偷走。更不要把手机、钱包放在桌上，这样明显地露财很容易招致被偷。

④ 碰到别人找你问事，分散你的注意力时，先把手放在手机、钱包上，再扭头回答查看，防止几名小偷配合作案，演双簧，一人分散你的注意力，一人从侧边迅速拿走你的钱物。

（6）公交车防盗

来到大学，就是进入了社会，大学校园一般都在城市，同学们外出乘坐交通工具不可避免，因此外出乘车时，特别是坐公共汽车时的财物安全也需引起大家的注意。公交车上人员密集、空间拥挤、车辆晃动等因素，都是小偷喜欢选择在公交车上扒窃的理由，所以，切不可掉以轻心。具体来说，公交车上预防被盗要注意以下几点：

① 按顺序上车，不要在车门口挤，注意碰撞你的人及周围紧贴你的人。

② 坐在双人座上，要注意同座位或后面人的“第三只手”。

③ 对一些手持衣服、报纸、杂志等物品假意看书的人多加留意，防止在这些东西遮掩下的盗窃行为。

④ 车厢内最好一只手扶横杆，另一只手注意保护好随身携带的提包或背包。

⑤ 备好坐车的零钱，尽量不要在公共场所翻钱包，以免引起扒手的注意，尾随作案。

（7）旅途防盗

读大学后，开学来校、放假回家，包括到外地同学、亲友处游玩，都离不开长途旅行，在这些交通工具上保管财物、预防被盗也是有技巧的。

① 身上的现金分两三处放，随时需要用的小额现金放在取用方便的外衣

兜里，大额现金放在贴身的隐秘之处。

② 旅途中尽量不要和陌生人讲话，避免透露自己的行程、身份、贵重物品，更不要与新结识的伙伴谈起与钱有关的事情，对于过于热情的人要保持足够的警惕。

③ 睡觉时要把装钱的包放在妥善之处，可放在胸前，然后双手抱着睡觉，也可以放生身下、枕于脑后等。

(8) 购物防盗

许多大学生特别是女生喜欢上街购物，有时兴致还很高，很容易成为小偷下手作案的目标。在此向同学们介绍逛街购物时预防财物被盗的方法和原则。

① 尽量少带现金，不要露财。

② 不要将背包和手袋背在背后，也不要把钱放在后裤兜中。

③ 试衣时，一定要将背包和手袋交同伴看管或随时掌控在自己手中。

④ 在超市购物时，不要将包或衣物放在手推车或篮子里，以防不注意时被拎包。

⑤ 在外就餐时，要将背包和手袋放在自己能看得到的地方。

⑥ 遇到热闹时，不要光看热闹而疏忽了自己的钱物。

⑦ 避开老"粘"在身边的陌生人，如果在街上不小心被人撞了一下，要及时查看钱物。

3. 物品防盗

(1) 手机防盗

手机现在已经是非常普通的生活必需品了，大学生几乎人人都有，价格少则数百元，多则五六千元。从近几年盗窃案件中的数据统计可以看出，以手机为目标所占的比例逐年升高且基数很大，究其原因，主要是手机普及率高，价值相对昂贵，更新快，体积小，携带方便，在二手市场便于流通等。在有针对性地预防手机被盗方面，除了结合场所的特点加以防范外，还有以下一些小窍门可以运用：

① 购买便宜的、实用的、有防盗追踪功能的手机。在校大学生都是年轻人，追求时髦、攀比，在购买手机方面喜欢买价格高的。这是一种不好的消费习惯。大学生毕竟还得依靠家庭的经济供养，高消费行为必定会增加家庭的经济负担，不利于勤俭节约、艰苦奋斗意识的养成。从防范手机被盗方面

看，手机价值越昂贵，对小偷盗窃欲望的刺激就越大，因为，这意味着，若偷盗得手，那他的非法获利将越大。所以，建议大学生购买和使用便宜、实用的手机，不要追求品牌和功能。在功能选择上则建议选择带有防盗追踪功能的手机，这种功能现在已经很普遍，而防盗效果是很明显的。比如，我们曾在工作中多次根据防盗手机发回的嫌疑手机号码查破手机偷盗案件，挽回了经济损失，这样的教训是很值得大家借鉴的。

② 设置密码。手机中一般都有各种密码的设置功能，但凡有的，建议同学们都加以设置，比如：开机密码、修改密码、短信密码、查询密码等。设置密码，一方面主要是万一手机被盗，在销赃时由于密码无法破解手机难以正常使用而减少窃贼的非法所得，从而使偷盗作案给犯罪分子带来的刺激欲望和满足感大打折扣；另一方面，可以减少窃贼再次针对自己作案的概率，达到预防被盗的目的。

③ 妥善保管，机不离身。手机不离身是相当关键的一点，不要以为在寝室里、在球场边、在自习室里有同学在一起就可以在保管自身财物上掉以轻心。许多的案例证明，一则，在场的同学帮助你看管财物的情况并不多，他们没有义务来做这些事，那些以为同学在身旁就将手机随便放置而导致被偷的案件不在少数。因为每个人都有自己的事情，注意力难以更多地放在你的手机上来，所以寄希望于别人在房间里、在身边，就没人来偷的想法是不现实的。二则，就算有过托付和交代的情况，负责看管的同学有时在责任心上也不太尽责，也有疏忽的情况发生。所以防范手机被盗最重要的一条原则就是切记手机不离身。

（2）银行卡防盗

在现代社会中，银行卡的使用已经成了人们生活中不可缺少的组成部分，它在给人们带来便捷的同时，也使一些犯罪分子利用银行卡来实施犯罪，衍生出一些新的犯罪形式。因此，如何安全使用银行卡，就成为进入大学校园、开始独立接触银行卡的学生必须引起注意和重视的事情。在此方面要切记以下几点要领：

① 养成良好的用卡习惯。这些习惯包括：a. 将信用卡与现金的重要性等同看待；b. 一拿到卡片立即署名或签姓名简写、昵称等；c. 将银行卡和信用卡随时携带在身；d. 切勿让他人使用自己的信用卡；e. 确保每次交易完毕后取回自己的信用卡；f. 在丢弃旧的账单或是信用额度调整通知单时须将其撕

碎、销毁；g. 一旦发现自己的信用卡遗失或遭窃，立即通知发卡公司；h. 要养成定期对账的良好习惯，平时应经常查询卡内余额，这样可以及时发现失窃。一旦发现信用卡失窃，应与银行联系，及时挂失；发现存款被窃走，应立即向学校保卫部门或公安机关报案。

② 确保个人身份证号码和密码的安全。比如：a. 要将记有密码的函件或纸条放在旁人不易发现、不易找到的隐蔽处，不要随手乱放在桌上或不上锁的抽屉内，最好是及时修改初始密码、销毁密码纸；只要密码不泄露，在一定程度上是可以有效地保证存款安全的。如果可行，销毁写有你个人身份证号码或密码的确认信函。b. 切记不要把个人身份证号码或密码写在信用卡上。c. 不要在有关信用卡的资料中备份个人身份证号码或密码，以及在线登录用户名。d. 不要告诉任何人你的个人身份证号码或密码，包括家人和朋友在内。e. 在选择密码时，不要选择那些能跟自己轻易联系起来的数字。否则一旦信用卡遗失或遭窃，窃贼就可能从被窃文件中获取你的个人密码并进入你的账户。f. 密码有可能已泄露的，应立即修改，并注意新密码的保密，以确保存款安全。

（3）使用信用卡的安全窍门

① 切记将信用卡、密码和身份证三者分开存放，这样即使丢失或被窃走信用卡，只要密码事先未泄露，窃贼就无法取走卡内存款；如果卡和身份证放在一起，失窃后因无有效证件，将不能及时挂失，使自己的存款安全威胁不能及时消除。所以切记三者分开存放，鉴于信用卡一般都放在钱包里，建议身份证不要放在钱包里。

② 平时去银行或在 ATM 机上取款输密码时，应单独进行，以免将自己的密码泄露给他人。

③ 在人群拥挤的取款机上取钱或 POS 机上刷卡消费时，要用手或身体挡住他人的视线，谨防密码被偷窥。

④ 在 ATM 机上操作时，对于靠近机器的人，可以礼貌地提醒他站在 1 米线外。

⑤ 在 ATM 机上操作之前，应留意机身是否异常及周围是否有可疑附加物。如卡口附加物、张贴的可疑告示、微型摄像头等。一旦发现，请马上中止取款，再不动声色地拨打 110 报警，或报告银行工作人员。

⑥ 在 ATM 机或 POS 机上操作完毕后，千万不要忘记将银行卡取回，切

莫随手丢弃交易流水单。此类忘取回卡而致存款被盗的案件看似不可能发生，但在现实生活中却真实存在，很多高校都接到过类似的报案，有的学校还经常发生！因为总有一些学生粗心大意，取完钱就走了，有时过了好久才想起卡不见了，有的甚至到下次要取钱时才想起来。而此类案例，报案后，连定性都有困难。这好比你把钱丢在大街上，谁都可以捡一样，找回的概率非常低。所以千万不要嘲笑这个建议啰唆，自己做事多谨慎一点，多稳重一点，往往可以避免这些不幸事情的发生。

⑦ 如果卡被吞吃，要马上与银行联系处理，如果发现有人为迹象，应立即报警。

⑧ 不要相信任何张贴在机器上的手写或打印的“告示”。不管与谁联系（包括银行），都不要告诉对方自己的银行卡密码。

⑨ 若机器提示取款成功或有交易流水单打出或听到机器里有机器运转的声响但没有现金吐出时，要及时向银行工作人员或保安求助，也可利用手机向警方求助。

⑩ 若取款操作时有人有事找你或示意其他，要高度警惕，防止骗子演双簧，一人分散注意力，一人偷梁换柱调包银行卡。此时转头前，先用手紧紧护住出卡口和取款口，发现不对就大声喝止、叫喊、质问，要么就干脆不去理睬这些可疑人员。

（3）电脑防盗

目前，大学生中电脑的拥有率较高，因为电脑既是一些专业学习的必备工具，也是娱乐、拓展知识面的重要渠道，但随之而来的防盗问题也凸显出来。据调查，以电脑为目标的盗窃案件近年来比例不断上升，必须引起我们的高度重视，并切实增强这方面的防范意识，了解防盗知识。

① 建议在校学生，不要买笔记本电脑，因为相对于台式机，笔记本电脑虽然携带方便，但比台式机的被盗风险要高得多。也不要攀比电脑的品牌、配置，以必需和实用的原则购买电脑，不要购买昂贵的电脑。

② 保存好电脑配置单、配件编号、购买发票，以备发案后报案和追查线索。

③ 设置各类开机密码、系统密码、程序密码等，让小偷作案后无法正常使用，增加销赃的难度，减少非法所得。

④ 有笔记本电脑的同学可以配置保险钢丝锁，不用时将笔记本电脑和桌

子、床铺连锁在一起，可以起到很好的防盗效果。

⑤ 假期、长时间外出时将电脑带回家，无法带回家时要寄存好。可放到老师家里，或托付责任心强的同学保管，就算出一点寄存费用也是值得的。

(4) 自行车防盗

自行车被盗一直是较严重的社会治安问题，除了加大打击力度外，最好的办法还是从自己做起，加强自行车的防范。

① 尽量将自行车存入自行车棚。自行车最忌随处乱放。尤其是在午休时或晚间就餐时间都是自行车丢失的高发时段。因此将车推入自行车棚是最好的方法。

② 白天如果楼道没有防盗门或防盗门不好用，就应尽量将车锁好停在门口。这样，小偷会顾忌前后楼的住户，所以不敢明撬。

③ 为自己的自行车加上明显的记号，最好是用油漆涂抹。小偷忌讳有明显自加标记的车，因为不好卖，而且油漆对车漆有保护作用，不会腐蚀且不易脱落。

④ 离车上锁。离开车子时注意不要嫌麻烦，随停随锁，这是防范自行车被盗起码应该做到的。并非上锁就能完全防止被盗，但至少能让盗车贼盗窃车辆难度增加，作案时间延长，从而提高安全系数。

在此特别介绍自行车上锁的四种方法：①车锁质量要高。购买车锁要到大商店，要用正式厂家生产的车锁，以提高安全系数。据统计分析：双开型马蹄锁最难被撬、套开。②多锁法。为了提高保险系数，增加盗车人的盗车难度，每辆车可配两把或多车锁。一般可配防撬车锁一把锁后轮，钢丝锁一把锁前轮，还可用挂锁锁链条盘，这样既不易被撬被砸，且较为隐蔽，停车即用，养成习惯。③连锁法。同学一起外出和上课时，可将几辆单车用钢丝锁连锁在一起，如果两车都有钢丝锁，可将两条钢丝锁全部用上。④加固法。如停放时间较长，最好将车锁固定在无法搬动的物品上，例如管道、树木、房柱、钢筋扶手等。

**（四）被盗之后的处理步骤**

一旦发生被盗，同学们要及时报案，它直接关系到寻找线索和侦查破案，在校内可以向校保卫部门报告，反映情况，也可拨打 110 报警。在此特别介绍对于宿舍内发生盗窃案后的处理步骤。

1. 保护现场

保护案发现场是发现宿舍失窃后要做的第一步。犯罪现场是指犯罪分子实施犯罪的地点，或者其他遗留有与犯罪活动有关的痕迹和物证的场所。很多同学发现宿舍失窃后，急切地想知道自己的钱物是否被窃了，就急于进寝室，翻看自己的床铺、抽屉、箱子等地方。这种心情可以理解，但是做法却十分不恰当，因为这样做已经对犯罪现场造成了破坏，有些重要的痕迹因此而湮灭，有些物证无法再提取、固定，这样就无法给办案人员呈现出最初、最原始的案发状况，从而影响证据保存和侦查办案。

发现宿舍失窃后，正确的做法是：立即保护现场，停止其他一切有可能对现场造成破坏的活动；不随意翻动室内的任何物品，留专人在宿舍门前看守，禁止无关人员进入现场；立即通过电话或其他方式向学校保卫部门报案，直到保卫部门工作人员赶到现场。

2. 报案

在一般情况下，同学们可直接向学校保卫部门报案，也可向地方公安派出所报案或拨打“110”报案，报案的方式可以是口头、电话或书面。

报案后要留在现场积极配合公安机关的现场勘查和调查工作，回忆可疑对象，提供有价值的线索和侦查方向。到达现场后，公安机关或学校保卫部门会根据情况向失主及有关同学了解情况，填写询问记录，有关同学应当如实回答所提出的问题，如实反映情况。反映情况时要实事求是，不能毫无根据地凭空想象，更不能随意捏造；要认真、仔细地回忆发生盗窃案的前后经过，不放过任何一个细节，力求准确而全面地回忆，从中或许可以发现疑点或线索；要打消顾虑，不要为了顾及同学的面子或感情而不愿反映情况，要如实地对办案人员阐明自己对案件的一些看法。因为公安机关和保卫部门对每一个反映情况的学生都将保密，你所反映的情况，不会随意地让无关人员知晓。

需要强调的是报案的重要性，这不仅仅是一个个人权利的问题，同时也是一个公民的义务。一方面，你若不报案，那就没有一点追回损失的可能，而你报了案至少还有希望能追回损失；另一方面，你的报案既可以协助公安机关及时掌握社会治安情势，采取有针对性的防控措施和专案侦办，也有利于核对案情、定罪取证、打击犯罪。故从这个角度来说，报案其实也是一个公民的义务。

3. 做好事后补救工作

在完成犯罪现场勘查工作后，经办案工作人员许可，有关同学可以进入宿舍清理自己的物品，如果发现信用卡、存折、就餐卡失窃，应立即通过电话银行或直接向发卡银行及有关机构办理挂失手续，以防止损失的进一步扩大。若身份证同时遗失应马上到银行冻结存款，也可以采用电话银行挂失的方式先行办理临时挂失，事后再到柜台补办手续。

主要银行的查询、服务电话如下：建行 95533、工行 95588、农行 95599、交通银行 95559、中国银行 95566、银联 95516，大家可以把它作为一个生活常识记忆。

## 二、防范诈骗

诈骗是指以非法占有为目的，用虚构事实或者隐瞒真相的方法，骗取数额较大的公私财物的行为。诈骗是社会上另一种主要的侵财犯罪，它是一种含有一定智商成分的犯罪形式。据统计，目前的诈骗手法有 150 余种之多，可谓让人眼花缭乱，防不胜防，而且还有不断翻新、变化的趋势，具有很强的欺骗性。而对大学生个人来说，他们开始相对独立地掌握和使用有限的财物，手上有了钱，但在怎样安全地用钱方面还是显得不足，加之社会经验缺乏，思想上善良单纯，容易成为诈骗犯罪分子首选的下手目标。这一点从目前高校诈骗发案日渐增多可以得到证明，可以说其已经成了危害高校大学生的一种主要侵财犯罪形式，正因为如此，在大学生中开展防范诈骗的教育是十分必要的。

### （一）高校诈骗案件的特点

1. *案值大、涉及面广、受害人多*

案值大，主要是针对大学生的经济能力而言，特别有些家境本不宽裕的学生，由于疏忽大意听信了蛊惑导致被骗，往往学费都被骗去，给学习、生活带来很大的影响；而涉及面广，主要是指学生一人被骗，连带其家庭、学校、同学都会受到影响，而被害学生自己也不仅仅只是在经济上受损，在心理上、情绪上有时很长时间都难以平复，给大学生活带来阴影；至于受害人多，则是由于有些诈骗不仅仅只针对某个人，而是采取“广撒网”的方式，造成了受害人多的情况。比如：打着勤工俭学名义推销文具诈骗学生的案件，骗子往往蛊惑整个寝室的同学都来购买他们的文具，讲得天花乱坠，同学们相互商量，结果上当受骗的不在少数。

2. *诈骗手段一般以惯用伎俩为主*

例如，2007 年某高校发生的 26 起诈骗案件中有 23 起是用常见的手段进行诈骗的，如冒充名牌大学学生求助骗钱的这类案件有 8 起，被骗财物总计达 23307 元，还有常见的如网上中奖被骗、购物被骗等，可谓让骗子们屡试不爽。

3. 新的诈骗手段在社会上层出不穷

由于学生社会经验不足，社会上常见的一些伎俩也进入了学校内。就整体而言，学生毕竟是一个特殊群体，诈骗者针对学生的诈骗手法相对来说是以适应学生心理的方式为主，但他们在原有的基础上也使出了一些新招来诈骗学生，如模拟电话号码诈骗、冒充公安办案诈骗等也相继有数起案件发生。

4. 利用现代通信方式、工具、专业技术行骗

利用现代通信联络方式、工具、专业技术行骗已成为高校学生被骗案件发展的另一个趋势，值得引起我们的重视。

**（二）诈骗类型**

社会上的诈骗手法多种多样，可谓五花八门，但其实质归纳起来主要有三类，即震撼型、亲情型、诱惑型。

1. 震撼型

主要是指谎称有很紧急、危险的事情发生，让被害人一开始就陷于情绪的紧张和焦急之中，失去冷静状态下的正常辨别能力，从而按照骗子设计好的圈套一步步地陷入骗局。

这种类型的骗局主要是利用人们的焦急心理，主要形式有：谎称你的家人、朋友、同学出了意外事故急需用钱，要求你汇款救急，以达到诈骗的目的；假冒银行的名义告知你的信用卡被透支或高额消费刷卡，需要你核实，再在核实过程中提示你将存款转账到骗子的账户；假冒公安局的名义通过电话找你调查办案，然后告知你身份信息被别人盗用，建议你将银行存款转存等。

该类型的诈骗就是抓住了一个“急”字。人在正常情绪状态下是有理智的分析辨别能力的，对于谎言都具有较高的识别力，而一旦这些谎言牵扯到自己的切身利益时，却反而变得不那么聪明了，如同“当局者迷，旁观者清”的道理一样，特别是在时间非常紧急，需要立即做出行动和抉择时，就更容易糊涂了。骗子掌握了这一心理，很会在这方面营造气氛，如：冒充公安局、银行、电信等权威部门骗取信任，谎称涉及重大事情、案件；骗子相互配合演双簧，谎称病危、意外等。认识到这一点，对我们的启示就是，不要轻易

相信这些非正规渠道的消息，更不要一开始就焦急、紧张、不知所措，而应该先努力平复自己的情绪，冷静下来思考消息的可信度。可以通过其他正规渠道来复查，也可以找人询问分析，听取别人的意见。也就是戒急戒躁，千万不要着急，不要急于做出决定，不要急于表态。凡事“三思而后行”绝对保险得多、安全得多。

2. 亲情型

主要是指利用人之间的亲情、爱情、友情来行骗，当然这些“情”都是骗子虚构出来的，真正的亲人、爱人、朋友是不会欺骗你的。

骗子为了达到欺骗的目的，往往要前期收集你的一些个人情况和信息，以便在行骗时做得逼真。他们主要是抓住了人们之间的信任感，比如，通过QQ交友与你谈恋爱、交朋友，等你的信任建立以后，再找你借钱办急事、投资做生意等。这时，你已经和他是有一定“感情”的朋友了，对于这些要求往往不好生硬拒绝，只得碍于情面，硬着头皮，担着风险照办，结果上当受骗。

现实中的一些假征婚、假交友、假求助都是打的这种旗号来实施欺骗，因为利用了人们的感情因素，很多人出于面子、碍于情面，不好拒绝，从而落入圈套。所以面对这种骗局一定要立场坚定，对于这些用虚假的感情骗取钱财的事情，宁可信其无，也不要轻信其有；宁愿得罪几个人，也不要轻易相信他。如果因此真的与亲人、朋友造成了误会，相信通过事后的沟通解释是会得到谅解、消除误会的。

3. 诱惑型

主要是指以虚假的或少量的利益相诱惑，让被害人欣喜若狂，觉得有利可图，从而进入骗子的圈套。

几乎每个人在听到幸运消息时都会欣喜不已，但其中有些人并不会上当，因为他们高兴之后会冷静地想一想：这有可能吗？无缘无故就真会有这等好事降临到自己头上？这种人是比较务实的，也是比较理性的。其实这些骗局并不巧妙，很容易被识破，只要你保持踏实、平和的心态就行；而有一些人却总容易上当受骗，分析其原因，那就是“侥幸心理”在作怪。这些人总是梦想一夜暴富，总是以为自己运气好，可以通过不劳而获成为幸运儿，而骗子抓住的恰恰就是这种侥幸心理，以小利益相诱惑，以种种“承诺”相保证，将被害人引入骗局旋涡中，到最后血本无归。

该类型的骗局主要有：以QQ中巨额奖为诱惑要玩家缴纳高额会员费、公证费、税金、手续费等，一步步“请君入瓮”，等你有所醒悟时又顾虑于已经投入高额资金无法脱身，有种被绑上了贼船的感觉，更加抱定“侥幸”这根“救命稻草”不肯松手，从而越陷越深；其他还有谎称公司搞活动抽奖呀，有低价高值的特价稀缺商品呀，有稀缺的投资机会呀，有靠关系才能搞到的名额、指标呀，等等。面对这些骗局，最关键的就是从心底里就不要相信这些鬼话，从自身思想上杜绝侥幸心理，养成务实的心态，从而自觉与这些诱惑绝缘，任凭骗子把骗局设计得天衣无缝，自己不去做非分之想，就能从思想根源上防范被骗。

**（三）诈骗伎俩**

为了让大家对骗子惯用的一些诈骗伎俩有个清醒的认识，下面着重介绍在高校高发、多发的一些行骗技法，希望同学们能见微知著，发现端倪。

1. 冒充大学生求助诈骗

冒充大学生求助诈骗这类案件多发生在学校开学的时段，骗子的伎俩一般是自称北大、清华或港台大学等名校的学生，声称自己遇到了困难（如实习、考察掉队、被盗等），利用借手机、问路、找人等幌子接近学生，恳求借用电话与家人或导师联系（家人或导师均是同伙，他们一起演双簧，以进一步骗取学生的信任），并当着学生的面讲述自己遇到的困难，进而让学生接听电话，对方一面感激，一面拜托帮助。在博得学生的同情与信任后，骗子便向学生借银行卡让家人汇钱来，并索取银行卡的密码，然后将卡上的存款取走或转账。

据统计，我们发现此类案件的骗子在选择下手目标时，相对于男生，他们一般比较喜欢选择看上去单纯、善良的女生。所以在校女生要特别注意，如遇到这种可疑的情况时，理智的选择是不要搭理他们，以尽快摆脱他们的纠缠为妙；如果确有嫌疑，则可在走开以后再报告老师或报警。

**【案例】** 2008年8月24日，是某高校的开学日，该校2006级英语4班学生肖某在校门口公交车站等车时，一名20多岁的男子主动与其搭讪，称自己是外地大学生，现在外实习掉队，并当面打电话给其“导师”让肖某接听，以此博得肖某的信任。然后假借肖某的银行卡转账，并骗取了肖某的密码，随即男子称有事假意离开，溜之大吉。事后，意识到被骗的肖某前去查询账户，发现被取走现金10000元。

【案例】　2007 年 11 月底的一天下午，某高校学生刘某在校门口遇上一个自称是清华大学学生的年轻人（经事后调查：在她之前，该骗子还问过另一个学生，但那个学生没有理睬），说是遇到了麻烦，丢失了钱包、电脑、手机等贵重物品，请她帮忙，并当即借用该同学的手机与同伙联系，请求同学帮忙并说绝不会忘恩负义。该同学信以为真，便将自己的 1000 元钱、手机借给了骗子。骗子说要上网，刘某还好心地从寝室里借来同学的笔记本电脑让骗子用，结果都给骗子卷走了。等刘某事后反应过来时，骗子早已不知踪影。

2. 网络购物诈骗

网络购物诈骗是随着网络购物的兴起而出现的一种新型诈骗形式，它利用大学生喜欢接受新生事物的心理特点，在大学生尝试网络购物的过程中，利用大学生社会经验不足的特点实施诈骗。其主要行骗伎俩是：骗子先在各购物网站上发布虚假商品信息，开具极有诱惑力的价格让你感到有利可图，如在“快乐购物商城”网站上，一款市场价 2 万余元的笔记本电脑，骗子标价仅为 4999 元；“淘宝网”上一款 300 余元的 MP4，骗子标价仅 99 元。通过这些诱人的价格来吸引网购者。一旦买主受此诱惑，与骗子留下的 QQ、电话号码取得联系，他们就会热情地介绍商品，抛出种种承诺和优惠，并提供银行账号要求先汇少部分货款。几日后再伪装成送货者与你联系，表示货品已送到本地，可马上拿货，诱惑买主汇齐余额。待买主汇齐余额后，骗子又以需再汇缴税金、保证金等款项为由推迟交货，继续哄骗。待买家发现可疑，打电话询问或要求退款时，送货者和网购商家要么继续搪塞，要么干脆不再接听电话。之前汇去的货款便是竹篮打水一场空了。

此类案件，骗子大多身在外省，有些甚至在境外，他们利用虚假身份开设银行账户，办理手机、座机号码，注册 QQ 等。发案后，受害人虽在当地报案，但因骗子多是用虚假的或他人的身份办理相关登记，办案难度极大，往往对此类案件没有立竿见影的侦查办法，很难做到有效打击，更谈不上替受害人挽回经济损失了。

防范此类网络购物诈骗，识别虚假购物骗局，首先必须掌握网络购物的支付原则。正规的网络购物支付方法是安全性较高的，其流程一般是：买主确定选购意向后向商家发出购买信息，并同时将全额货款汇到中介支付机构（如：支付宝、财富通等）保管。中介支付机构收到汇款后立即将“货款已付出的信息”通知商家，商家这才组织送货。当商家将货品送到买主手中，待验货满意确定接受后，再由买主通过网络向中介支付机构发出收货确认信息，中介支付机构收到此确认信息后最终将货款汇入商家的账户，从而完成一次交易。熟悉网络支付方式可以让我们迅速辨别网购的真伪，因此防范此类诈骗的方法是：①在正规、信誉良好的购物网站选购商品。虽然这里的价格可能不具有震撼的诱惑力，但可信度将是更高的、更安全可靠的。②熟悉网购支付原则和方式，切记不要往商家提供的银行账户直接汇款，一定要通过正规的中介支付机构，坚持先验货，再确认交款的原则。③保持足够的警惕性，发现商家过于热情或支付方式存在风险漏洞时，应及时放弃交易，以避免上当受骗。宁可相信世界上有鬼，也不要相信网络商家甜言蜜语的那张嘴。④如果已经进行了部分交易，汇出了部分货款才发现情况不对，可找相关专业人士进行分析鉴别，并及时报案，要舍得放弃，宁可吃小亏也不要心存侥幸而吃大亏。⑤留心购物网站上的反馈跟帖，看有没有投诉、通知等，以避免重复被骗。而一旦自己被骗了，也建议到原购物网站上投诉或挂贴，甚至找购物网站索赔，以维护消费者权益。另一种网络购物诈骗干脆就是骗子开设虚假购物网站，以低廉的价格诱惑学生购买商品，等汇款购买后，要么寄来劣质商品诓骗应付，要么是石沉大海没了消息。

**【案例】** 某高校学生李某按照网上的宣传邮寄了2000元买一台笔记本电脑，当时对方答应以物流的方式送货上门，但当学生打电话咨询电脑的事时，对方称货已到达李某所在地，要求将剩余款项交清，结果学生再邮汇了1200元，但等待的结果却是没有任何回音。

**【案例】** 某高校广告班的李某，2008年9月5日在一个虚假购物网上购买了一款手机，在汇去购机款后，对方又以交保证金为由要其再汇款，等李某按他的账号汇完款后，却迟迟不见手机邮到，前后共损失约5000元。

3. 电话诈骗

骗子自称是老师、医生、警察等人，打电话给学生家长称其子女在外遇到了紧急意外情况，如突发疾病、车祸等，人已昏迷，十分危险，急需用钱。然后骗子要求学生家长将钱汇到他指定的账号，用于医治，家长心急如焚，马上汇去钱款。待醒悟后联系子女时，才知已上当受骗。

**【案例】** 2007年9月的一天，某高校学生刘某突然接到一个自称是公安局的人打来的电话，称有一伙犯罪分子盗用了他的手机号码在实施犯罪，希望他配合公安机关办案，将手机关机一天，刘某半信半疑照做了。谁想第二天一大早刚开机，就接到母亲的电话询问他伤势怎样？钱收到没有？刘某满腹狐疑，细问之下才知道被骗了。原来在他关机以后，他母亲就接到一个陌生人的电话，称自己是刘某的班主任，说刘某出了车祸正紧急治疗，需8000元医疗费用，让家里马上汇钱过来。刘妈妈心急如焚，联系刘某又联系不上，于是赶快把钱汇了过去。不料这是骗子设计好的骗局，刘妈妈后悔不已。

4. 手机短信诈骗

骗子冒充银行工作人员发短信告知手机用户在外购物刷卡消费，要求核对。学生深感疑惑，与所谓的“银行工作人员”联系时，骗子要么套取密码，要么让学生转账到指定账户保存存款，结果钱就被骗子异地取走。

**【案例】** 2008年12月21日上午，某高校2006级学生李某心急火燎地来到学校保卫部门报案，说其上午收到一条手机短信，称他的银行账号在长沙消费了3400元，是否属实，请速与对方联系。李某随即与对方告之的联络号码联系，并鬼使神差般地从邮政银行向对方汇去3400元。待他把钱一汇完就觉得不对，于是赶快到保卫部门来报案。由于报案及时，处置措施迅速、得当，通过邮政银行迅速冻结了此笔汇款，方才避免了损失。

还有的骗子冒充某公司、企业开展抽奖活动，发短信称手机用户中了大奖，然后以交纳手续费、所得税、公证费等为名骗取钱财。因为这些短信价格便宜，骗子们随即设定号码区段，实施群发，收到的人很多，只要有一个人回电话，则诈骗成功，骗子们就有利可图。所以，这种诈骗简直就像空手套白狼一样，就等那些心存侥幸的糊涂人上当受骗。

5. 网络游戏、QQ诈骗

学生上网浏览、玩网络游戏或QQ聊天时，骗子谎称是网络公司、客服中心等“权威”部门，以你抽中幸运大奖，有高额奖金、贵重奖品或游戏装备为诱饵，要学生汇款来领奖。当学生信以为真地汇去第一笔款后，骗子又以还需汇缴个人所得税、领奖手续费、会员费、资料档案费等为由继续哄骗，学生迫于已汇了部分钱款无法退回，于是越陷越深，最终蒙受较大的经济损失。

6. 推销诈骗

推销文具用品诈骗。骗子穿着成学生模样，将劣质文具装满书包，到学生宿舍推销，许以低廉的价格，留下联系电话，承诺优厚的退货条件等，蛊惑涉世不深的学生陷入骗局。而实际上，这些文具要么数量严重缺损，要么质量不合格，要么仅仅书包面上是文具，里面全是废纸等。所以，防范的关键就是提高警惕，自觉拒绝推销，不去理睬这些巧舌如簧的推销员。

7. 拾物分赃诈骗

骗子故意在路上丢下假钱包、手机、首饰等诱饵，待路过的学生捡拾后，便立即以目击者的身份上前，声称看见了捡拾财物的事情，要求与学生分利，并大方地表示自己只要少部分的，大头留给学生。而这些“财物”都是无法分割的，于是骗子就表示干脆给他多少钱算了，有些学生一想，自己捡了大便宜，于是利令智昏，以致上当受骗。

**（四）防骗的原则**

面对各种各样的诈骗陷阱，保持戒急躁、慎信任、不侥幸的平和心态是拒绝诱惑、避免被骗的“不二法门”，也是防骗的最高原则。而具体对大学生来说，有以下几个方面的经验值得谨记：

首先，遇到再紧急的情况也要保持镇定和清醒的头脑，不要急急忙忙做决定，凡事三思而后行。在与朋友、网友、同学等交往时一定要慎重，不要中了骗子的亲情陷阱。而对于家长也是同样，无论得到什么信息，绝不可草率行事，要保持冷静，多渠道找校方积极核实消息再做决定。

其次，遇到不能确定的事情时，一定要多问几个为什么。要通过巧妙周旋，弄清对方的意图，不管对方讲的话如何具有诱惑力，只要提到金钱和权利就要当心受骗，如果能看出破绽就择机报案以便抓获骗子。

第三，一定要牢记天上没有掉下来的馅饼，不义之财不可取，只有勤劳、踏实才能成功和致富，切忌侥幸心理。

最后，在具体生活中，骗子行骗的手法不仅仅是以上三种手法的单独使用，有时还会把这些手段叠加起来，那将是更具有欺骗性、迷惑性的。同学们在辨别时不要生搬硬套，要通过谎言看其本质，灵活运用，多方考证，才能识破骗局。

在此特别强调的一点就是，现在的诈骗，通过银行汇款、转账等形式发生的越来越多，所以同学们一定要谨慎使用银行卡交易，自己的银行卡或卡号无论何种情况下都不要借给陌生人使用，更不能告诉密码，以防止上当受骗。

## 三、防范抢劫

抢劫是指以非法占有为目的，当场使用暴力、胁迫或其他方法，强行劫取财物的行为。抢劫和抢夺是当今社会诸多犯罪形式中危害严重、公共影响恶劣的一种暴力犯罪类型。它不仅给被害人带来了极大的身心伤害和财产损失，而更可怕的是，它不是单单针对某个人，而是针对整个社会，是对公共秩序的公然挑衅和蔑视，容易催生不安定心理、造成恐慌情绪，引发整个社会的不稳定

### （一）抢劫的主要类型及社会危害

1. 主要类型

抢劫有许多类型，按不同的标准有不同的分类，具体分类如下：

（1）按抢劫财物的性质可分为：抢劫现金，抢劫金银珠宝，抢劫文物，抢劫军用物资或者抢险、救灾、救济物资，抢劫车辆，抢劫衣物，抢劫网络游戏装备等。

（2）按抢劫的场所可分为：拦路抢劫，入户抢劫，在交通工具上抢劫，在公共场所抢劫，抢劫银行，抢劫商场等。

（3）按抢劫的人数可分为：单人抢劫、两人抢劫，团伙抢劫等。

（4）按抢劫的手段可分为：空手抢劫、持刀抢劫、持枪抢劫、麻醉抢劫、蒙面抢劫等。

2. 社会危害

抢劫是侵财型的暴力犯罪，与盗窃、诈骗、敲诈勒索等侵财类犯罪相比，有更明显的社会危害性，归纳起来主要有以下几个方面：

（1）行为的暴力性。抢劫是以暴力现实威胁人身安全为手段的侵财型犯罪，这可以理解为：为了能得到钱财，犯罪人可以不顾一切，不管是把你打伤还是杀死对他来说都无所谓。因为在他眼里，只有你身上的钱财才是他所在意的，什么生命、法律、道德、良知统统都丧失了，占有的欲望让劫匪失去了理智，像野兽和吃人的恶鬼一样，任何残忍的、不计后果的事情都能做得出来。

**【案例】** 2006 年 7 月 5 日晚 12 时许，某高校商学院 2004 级金融班学生王某（男）与同班同学周某（女）在校外一酒吧打工结束后，驾驶摩托车经环校公路回学生公寓，当行至环校马路一僻静处时，遭到三名男子持刀抢劫。

王某自恃是体育特长生，体格强健，奋力进行反抗，搏斗中，被对方连刺数刀，倒在血泊中，摩托车、钱包及两部手机都被劫走。罪犯离开后，周某迅即报案，最先赶赴现场的派出所民警将不省人事的王某紧急送往市中心医院抢救，终于挽回了性命。后经医院检查发现，王某身中五刀：左手两刀、臀部一刀、胸部两刀，其中右胸部一刀刺穿肺部，离心脏仅2毫米，差点毙命。

（2）后果的不确定性。抢劫犯罪侵财是主要目的，在此目的下，只要有来自被害人的阻挠或反抗，暴力威胁立刻就会变成现实人身伤害或进一步升级。而就算受害人采取弃财保命的态度，也不能确保如愿，其中的关键是受害人应对抢劫中的“度”不易掌握，表现得过分顺从和懦弱也许又适得其反，反而激发了罪犯的欲望，从而进一步实施勒索、诈骗、绑架、强奸、杀人等犯罪。最后还不排除犯罪人自知罪孽深重，一开始就准备杀人灭口的情况。总之，抢劫犯罪情况十分复杂，它是抢劫犯和当事人之间面对面的较量，双方的性格特征、人生经历、现场的具体情境、天气情况等，影响的因素很多，存在的变数也很多，应对起来很难，具体案情的发展无法预期，最终的危害后果不易确定。

（3）性质的多变性。抢劫犯罪既可以由盗窃、诈骗、窝赃、抢夺等犯罪形态转化而来，自身也可能在犯罪过程中转化成别的犯罪。比如：劫匪抢劫过程中，见被害女子年轻貌美，进而实施强奸；劫匪抢劫完后，为了毁灭证据，放火焚烧现场，引发群死群伤的火灾而转化为放火罪；抢劫过程中，见被害人胆小懦弱，进而实施绑架，向其家中勒索钱财，从而转变为绑架罪等。犯罪性质的多变带来犯罪程度的升级，最直接的就是造成更严重的后果，同时也为我们预防和应对抢劫犯罪提出了更高的挑战。

**【案例】** 2007年10月30日晚23时20分，某高校2006级哲学班一女生独自一人返回校外租住屋时，在校西门口外的小路上被4名男青年持刀劫持到路边稻田中实施抢劫，被抢手机1部、现金300余元，并欲实施强奸，因该女生奋力反抗才幸免于难。后该案被破获，共抓获团伙成员7名，据他们交代：2007年以来，他们共在高校周边抢劫作案3起，侵害目标主要是深夜返回校外租住屋的学生。对于前案，他们坦言，开始确实只是想抢几个钱算了，但看到该女生也不反抗，很胆小一样，才动了性侵害之心。也许是女生真的怕了，发疯一样地喊叫，他们怕把事情闹大才没有继续下去，让女生跑掉了。

（4）社会影响恶劣。这一点在之前已提到，它是指站在整个社会的高度来看，抢劫犯罪对社会稳定、居民安全感的巨大负面影响。比方一所学校同时发生四起案件：抢劫、盗窃、诈骗、敲诈勒索，哪一件会更具负面影响力，更易引起人们的关注呢？很显然无论从急迫性、危害性、社会影响力或是其他方面来比较，抢劫都无疑是影响最恶劣的。盗窃、诈骗毕竟只是一种单纯的侵财犯罪，虽然让人又气又恨，但只是损失钱财，终究不致经历身体伤害那样的恐怖；敲诈勒索让人心里感到惶恐，但不是那么具有现实紧迫性，有时间、空间上的余地，你可以报警，也可以找人商量，甚至可以跟对方讨价还价，选择和周旋的余地要大得多。而抢劫不仅在这些方面比上述犯罪要严重，更要命的是它的传播效应，一个地方若发生一起这样的恶性案件，人民群众的安全感就会大打折扣，案件一日不破，就会越传越广，直到人人自危，失去对政府、公安机关的信心，容易带来和引发一系列的社会问题，比如：警民关系紧张、黑恶势力横行、犯罪率升高及社会动荡等。

**（二）当前高校抢劫案件情况**

抢劫这类恶性案件并不是与高校这一方净土绝缘的，而是活生生地发生在校园里，发生在大学生的身边。每年都有一定数量针对大学生的抢劫案件在高校校园或校园周边发生，了解这类案件的发案情况，对认识这类案件的现实危害是有帮助的。

1. 高校抢劫案件高发的原因

高校抢劫案件高发的原因是：①校园周边环境好坏直接影响校园及周边的安全。高校是一个相对独立的小社会，与周边的情况不同，相对经济状况较好，大学生这个相对弱势群体又容易成为侵害目标，周边的一些闲散人员、辍学无业人员、劣迹斑斑的两劳释放人员盯着学校“过生活”，造成了客观上的不安全因素。②校园建设规划不合理，没有围墙或未连成整体、门卫设置不到位，管理存在漏洞也是一个原因。由于历史的原因和扩建发展建设的滞后等原因，有些学校进出校园的小路四通八达，无法有效控制出入校区的外来人员，给犯罪分子作案带来了便利。③当前高校保卫体制改革不畅，与地方执法对接脱节，对犯罪打击不力，也造成高校在防控此类案件上的措施相对薄弱。④当前社会整体治安形势严峻。虽然公安机关也在不断加大防范和打击犯罪的力度，但客观来讲，犯罪率、发案数的问题还是十分突出。近年来一些地方不断出现群体性的暴力抗法事件，其中的原因值得我们深究和思考。

2. 高校抢劫案件的基本特点

发生在高校的抢劫案件与发生在社会上的案件相比是有所不同的，最显著的一点就是暴力性没有社会上那么严重。分析发生在高校的这些案件，可以发现以下三个突出特点：

（1）持刀、结伙作案特点明显。前述某高校的抢劫案件中作案人绝大多数持有凶器，或水果刀，或长砍刀，作案时直接威胁侵害对象的人身安全，稍遇反抗，即先实施人身伤害，进而洗劫财物。而从作案人数来看，近 8 成都是两人或两人以上作案，他们在作案中有明确分工：有的望风、有的持刀威胁、有的搜身，得手后便分散逃跑，如未被及时抓获便寻找机会再次作案。极少数未带凶器或未亮出凶器的劫犯则是驾驶摩托车结伙作案，暴力抢劫后骑上摩托车迅速逃离现场。

（2）作案时间、地点主要选择在深夜人少的偏僻处。据统计，抢劫案件有 8 成发生在晚上 11 点钟以后，地点集中在人少的偏僻处。这些地方晚上 10 点钟后行人相对稀少，治安控制相对薄弱，却又是通往宿舍区或校外的必经之路，给不法分子留下了可乘之机，以致发案较多。

（3）侵害对象呈现出“三多”的特征，即在偏僻处谈恋爱的男女学生多，夜晚独行的女性多，较晚返回校外租住屋的学生多，这三类学生合计占被害人总数的 8 成之多。

总的来说，这些抢劫案件的发生，虽然在数量上比同期发生的盗窃、诈骗、治安纠纷等案件要少很多，但它的危害和影响却比上述几类犯罪要严重；它不但给受害人造成了经济上的损失、身体和心理上的伤害，而且极易升级为严重的人身伤害和性侵害等恶性案件，容易诱发群体恐慌情绪，使在校师生员工的安全感锐减。

**（三）防抢攻略**

抢劫是罪犯和受害人之间必须面对面才能进行的一种犯罪，所以本文的防抢攻略包括两部分的内容：一部分是事前预防，即如何更有效地防范被抢，避免自己成为抢劫犯的作案对象和目标；另一部分则是应对抢劫，即万一真的被别人抢劫，应当如何对付抢劫犯的问题。

1. 预防抢劫

（1）预防抢劫的原则

针对抢劫犯罪，事前预防的总体原则、最高宗旨就是：避免自己进入危险情境。这一条也是唯一的原则。为什么呢？因为抢劫犯罪是发生在面对面之间，如果你不出现在抢劫犯的视线范围里，他就不可能抢到你。他连认都不认识你，见都见不到你，那还谈什么当面来抢你呢？

所以预防抢劫没别的办法，就是一条硬道理：尽量避免自己进入或陷入危险情境。这里的情境，不仅包括易发生被抢的时间段、敏感地段、危险场所，还包括易发生被抢的状态等。如年龄，年幼和年老作为弱势群体容易被害；性别，女性总比男性更容易成为抢劫目标；人数，单独一人比多人在一起要危险些；恋爱谈情时等。当然其中有些情境是没办法改变和避免的，比如：年龄、性别是先天决定的；有时由于学习、外出、住宿等事情影响，单独一人在外晚归，必须途径偏僻路段等也是不可避免的。但最大限度地减少这些意外情境的出现绝对是对你安全出行、避免被抢大有裨益的。

（2）预防抢劫的经验

总结发生在社会上和校园及周边的案例，可以发现一些基本的规律，从中总结出一些有价值的经验，具体来说包括以下几个方面：

① 外出时不要携带过多的现金和贵重物品。钱够用就行，贵重物品再多也不要显摆，外出必需的就带，不要平添负担和危险。如果必须携带大宗现金或较多贵重物品，应估计来去时间，若要很晚才能结束，干脆明日再去，并最好邀请同学、朋友随行，同时尽量乘坐出租车。坐出租车的费用相对较高，作为学生消费不起，但为了安全，偶尔乘坐绝对值得。

② 财不外露，妥善保管。每次外出前应预先准备一些零钱，尽量不要在人多眼杂时翻点现金，可以考虑带信用卡刷卡购物，但注意不要和身份证放在一起。不要当众向他人炫耀和展示自己的金钱和贵重物品，小心隔墙有耳，听者有心。外出着装也不要过于华丽，舒服、整洁就好，打扮得珠光宝气出门是很容易惹人注意的。

③ 晚上不要在校园里行人稀少、灯光昏暗或没有路灯的偏僻地段以及校外道路单独行走，午休时也尽量不要单独外出。要身带“护身物”，即随身带上一两件护身物品，如哨子、小型的警报器或喷雾器等。

抢劫发案较集中的时段为晚上 10 点以后，部分偏僻地段时间还要提前，晚上 7 点开始就要注意避免前往，但也不要以为校园内白天就不会发案。

**【案例】**　2007 年 9 月 7 日上午 10 时 40 分，某高校一名大一新生高某（女生），在校内一偏僻田径场主席台下背书时被一男子持刀挟持到主席台后女厕所内，高某反抗，扭打中将对方小刀打落。劫犯恼怒地将高某打倒在地，并猛踢高某头部后，抢了其手机、钱包等逃走。

④ 谈恋爱的学生切记不要坐在偏僻黑暗的地方，更不要长时间逗留此地，劫匪一贯喜欢找这类目标。在大学里，大学生遭抢劫的案件发案率比社会上要低，损失和伤害一般也小，但因为性质比较恶劣，警方一直对此很重视，不少高校都在重点部位安装了监控摄像头，此举吓跑了一些犯罪分子。但大学生谈恋爱的比较多，两个人在一起不喜欢在灯光亮或者人多的地方，常常钻到校园里一些隐蔽昏暗的地段，但恰是因为这一点，让犯罪分子有了可乘之机。

【案例】 2006 年 9 月 9 日晚 7 时 30 分许，某高校学生颜某和其女友李某在学校内小山上散步，一名操普通话的青年男子突然持刀蹿出来抢劫两人。颜某和李某进行反抗，劫犯挥刀砍杀，导致颜某身中 5 刀，李某的背部也被刺中一刀，住院数月。

⑤ 发现可疑人跟踪尾随，要提高警惕，可以大胆回头多盯对方几眼，或大叫熟人的名字，可打电话与家人、朋友联系，并立刻向有人、有灯光的地方走，或到附近商店、超市躲避。

⑥ 去不熟悉的地方要提前了解具体地址，并尽量自己找或问警察，切勿让陌生人带路。走路时要前后环顾，犯罪分子动手前一般在事主后面或身边跟随一段距离，伺机动手，所以要注意自己前后的车辆及行人的动态变化。尽量不要和陌生人说话，有陌生人主动凑近搭话应保持一定的安全距离，感觉有异常时要马上离开。

⑦ 手机不要挂在胸前或别在腰间，尽量不要边走边打电话，特别是路过地下通道和过街天桥时更不要打电话。如在地下通道遇到劫匪要大声呼救。

【案例】 2008 年 10 月 28 日晚 10 时许，某校学生刘某独自途经校外路段，边走边打电话，被两名骑摩托车的男子截住，先是威逼他交出钱来，学生没钱，劫犯将学生殴打一顿之后，抢走手机，骑上摩托车扬长而去。受伤学生挣扎起来报案，罪犯早已不知去向。

2. 应对抢劫

预防工作做得再好、再完美，只是事情的一个方面，犯罪发生的问题有太多的因素影响。从实际情况来看，抢劫案件的发生总是不可避免的，我们只能通过自我防范和加大巡防力度，最大限度地降低这类案件的发生；但谁也无法保证这种事情不会发生，不会在自己身上发生。所以，学习和掌握应对抢劫危局的技巧和谋略就显得十分重要。同样的遇害情境，有的受害人可以安然脱险，而有的却损失惨重，甚至连性命都丢了，这是为什么？这就是应对方法的问题，你应对得好，可以转危为安，甚至还能迅速抓获罪犯，为社会除害；你不懂得应对，适得其反，把本来可以巧妙化解的危险给激化，结果可能是损失钱财，危及性命。那么，面对正在发生的抢劫，怎样做才是正确的呢？

(1) 应对的原则

① 保证生命安全、身体完好为第一宗旨，切不可“要钱不要命”。钱财是身外之物，钱没有了还可以再去赚，生命没有了或受到伤害则是无法挽回的，所以千万不要自恃身体强壮或胸怀正义就不顾一切地冲上去，智取永远比蛮干要理智，结果也好得多。

② 沉着冷静，切勿过度紧张。沉着冷静的心理情绪状态对应对危局至关重要，只有在此基础上才能冷静下来思考应对的办法，记住作案人的特征，不然手足无措或莽撞反抗都将十分危险。

③ 相对的穷寇勿追原则。面对劫匪，如果抢劫得逞正准备离开，可以在不暴露自己、不引起劫匪警觉的情况下适当地予以跟踪，这样可以发现更多的线索，为破案提供帮助，比如记住案犯进入了哪个网吧、居民楼，坐上了哪个牌照的汽车等；但不要盲目追赶，不要暴露自己，以防止劫匪狗急跳墙做出过激反应；也不要长距离跟踪到偏僻的地方，以防有什么不测，那将是得不偿失的。

(2) 应对的技巧

①“狭路相逢勇者胜”，一定要鼓起勇气，壮起胆子，观察周围地势，大声呵斥歹徒，首先从心理上压倒对方。如果具备反抗能力和时机，应及时发动进攻，将其制服或使作案人丧失继续作案的心理和能力。而力量明显悬殊时，则不要表现得很强硬的样子，可以假装顺从，麻痹对方，让其放松戒备，再择机逃跑。

② 在抗衡时，可借助有利地形，利用身边的砖头、木棒等足以自卫的武器与作案人相持，使作案人短时间内无法近身。无法与作案人抗衡时，可看准时机向有人、有灯光或宿舍区奔跑，并大声呼救。

③ 沉着冷静。如果你只有一个人，在力量上弱于劫匪，以确保生命安全为原则，可适当舍财，但不可表现得过于软弱、顺从。当已处于作案人的控制之下无法反抗时，牢记“人身安全第一”，必要时痛舍财物以保全人身安全。可按作案人的要求交出部分财物，巧妙地用语言与其周旋，使作案人放松警惕，看准时机反抗或逃脱控制。

④ 采用间接反抗法，即趁其不注意时在作案人身上留下暗记。如在其衣服上擦点泥土、血迹，偷偷在其口袋中装点有标记的小物件，把笔芯的墨水挤出涂在手上再摸到其身上或衣服上等。总之，这样的方法多种多样，大家可以开动脑筋多想几招。

⑤ 尽量准确地记住案犯的特征，如身高、年龄、体态、发型、衣着、胡须、伤疤、语言、行为等特征。如对方抢劫得逞后要及时报案，以有利于警方及时组织力量布控，抓获作案人。具体可借用路人的电话或IC电话等报警，也可设法尾随，看清其逃跑方向、车牌、体貌特征，特别是注意是否有明显的伤疤、痣等。

⑥ 如有可能，以智取胜。即遭劫学生充分发挥自己的智慧，与抢劫者周旋，一方面能更多地了解对方，另一方面可以迷惑对方，伺机脱身并及时报案。

⑦ 人人要有一颗见义勇为的心。路见不平，拔刀相助，大家共同生活在校园里，校园就是我们的家，同学、老师就是我们的家人，看见家里有坏人为非作歹，看见家人被人侵害，每一个大学生都有责任和义务挺身而出，伸手相助。这不仅体现了我们这个大家庭成员之间的温情、关爱，更体现了一份社会责任和一份公德心。因为这是家，是家人。比如：看见深夜在外独处的行人，特别是女生，可以善意地提醒早归，甚至礼貌地提议陪同护送，但也不要勉强；发现有行为不轨的人尾随他人或潜伏在暗处，要及时地提醒路人，甚至可以报警，给被害人壮胆，让犯罪分子的作案企图无法得逞。

见义勇为的方式有多种多样，并不一定要你面对凶器，毫不犹豫地冲上前，而是完全可以用你的机智来相助，或直接或间接地让他化险为夷。

最后，要告诉大学生，案件发生以后，一定要及时报警。报警不一定能挽回你的损失，使抢你的人受到法律的惩罚；但不报警，就会让犯罪分子逍遥法外，继续危害他人。所以报警不仅是你的权利，更是你对社会的一种责任。公安机关和保卫部门也可以根据你的报案有针对性地采取一些防范措施，从而避免更多的人受害。

# 第四节 教育教学安全

## 一、实验、实训安全

高校实验、实训室，尤其是理工科类的高校实验室，涉及物理、化学、生物医学、机械、电子等领域，是培养大学生实践、科研能力以及探索未知事务的重要实践基地。各实验室根据功能配备不同的实验设备，如化学实验室配备各种化学物剂和化学过程的各种玻璃器皿等，电子实验室配备电脑、测量仪和磁场仪等。这些设备是完成科学研究的必需品，然而一旦操作人员违规操作，还可能威胁到实验者的人身安全。常年与这些危险仪器设备、危险物品相伴，稍有不慎就可能引发灼伤、火灾、爆炸、中毒、辐射、电击等各种灾难性事故。因此加强实验室的安全教育就显得尤为重要。

### （一）实验、实训常见的安全事故

1. 火灾性事故

火灾性事故的发生具有普遍性，几乎所有的实验室都可能发生。酿成这类事故的直接原因是：

① 忘记关电源，致使设备或用电器具通电时间过长，温度过高，引起着火（2005 年 8 月 8 日，首都师范大学一实验室失火，火灾原因：该校硕士研究生魏某上午在实验室做实验，中午出去吃饭未关电源，实验仪器“转子”还在运转，因电线短路引发火灾）；

② 供电线路老化、超负荷运行，导致线路发热，引起着火；

③ 对易燃易爆物品操作不慎或保管不当，使火源接触易燃物质，引起着火；

④ 乱扔烟头，接触易燃物质，引起着火。

2. 爆炸性事故

爆炸性事故多发生在具有易燃易爆物品和压力容器的实验室，酿成这类事故的直接原因是：

① 违反操作规程使用设备、压力容器（如高压气瓶）而导致爆炸。

② 设备老化，存在故障或缺陷，造成易燃易爆物品泄漏，遇火花而引起

爆炸。

③ 对易燃易爆物品处理不当，导致燃烧爆炸；该类物品（如三硝基甲苯、苦味酸、硝酸铵、叠氮化合物等）受到高热摩擦、撞击、震动等外来因素的作用或其他性能相抵触的物质接触，就会发生剧烈的化学反应，产生大量的气体和高热，引起爆炸。

④ 强氧化剂与性质有抵触的物质混存能发生分解，引起燃烧和爆炸。

⑤ 由火灾事故发生引起仪器设备、药品等的爆炸。

3. 毒害性事故

毒害性事故多发生在具有化学药品和剧毒物质的实验室以及具有毒气排放的实验室。酿成这类事故的直接原因是：

（1）将食物带进有毒物的实验室，造成误食中毒（例如：南京某大学一工作人员盛夏时误将冰箱中的含苯胺的中间产品当酸梅汤喝了，引起中毒，原因就是因为该冰箱中曾存放过供工作人员饮用的酸梅汤）；

（2）设备设施老化，存在故障或缺陷，造成有毒物质泄漏或有毒气体排放不出，酿成中毒；

（3）管理不善，操作不慎或违规操作，实验后有毒物质处理不当，造成有毒物品散落流失，引起人员中毒、环境污染；

（4）废水排放管路受阻或失修改道，造成有毒废水未经处理而流出，引起环境污染。

4. 机电伤人性事故

机电伤人性事故多发生在有高速旋转或冲击运动的实验室，或需要带电作业的实验室和一些有高温产生的实验室。事故表现和直接原因是：

（1）操作不当或缺少防护，造成挤压、甩脱和碰撞伤人；

（2）违反操作规程或因设备设施老化而存在故障和缺陷，造成漏电触电和电弧火花伤人；

（3）使用不当造成高温气体、液体对人的伤害。

5. 设备损坏性事故

设备损坏性事故多发生在用电加热的实验室。事故表现和直接原因是：线路故障或雷击造成突然停电，致使被加热的介质不能按要求恢复原来状态造成设备损坏。例如：在湖南某高校两次发生的约 20 根汞电管报废事故（损失约 1.5 万元），就是因为突然停电而造成的。

### （二）实验实训常见事故的预防与处理

1. 火灾事故的预防

在使用苯、乙醇、乙醚、丙酮等易挥发、易燃烧的有机溶剂时，如操作不慎，易引起火灾事故。为了防止事故发生，必须随时注意以下几点：

（1）操作和处理易燃、易爆溶剂时，应远离火源；对易爆炸固体的残渣，必须小心销毁（如用盐酸或硝酸分解金属炔化物）；不要把未熄灭的火柴梗乱丢；对于易发生自燃的物质（如加氢反应用的催化剂雷尼镍）及沾有它们的滤纸，不能随意丢弃，以免造成新的火源，引起火灾。

（2）实验前应仔细检查仪器装置是否正确、稳妥与严密；操作要求正确、严格；常压操作时，切勿造成系统密闭，否则可能会发生爆炸事故；对沸点低于80℃的液体，一般蒸馏时应采用水浴加热，不能直接用火加热；实验操作中，应防止有机物蒸气泄漏出来，更不要用敞口装置加热。若要进行除去溶剂的操作，则必须在通风橱里进行。

（3）实验室里不允许贮放大量易燃物。

2. 爆炸事故的预防与处理

（1）某些化合物容易爆炸。如：有机化合物中的过氧化物、芳香族多硝基化合物和硝酸酯、干燥的重氮盐、叠氮化合物、重金属的炔化物等，均是易爆物品，在使用和操作时应特别注意。含过氧化物的乙醚蒸馏时，有爆炸的危险，事先必须除去过氧化物。若有过氧化物，可加入硫酸亚铁的酸性溶液予以除去。芳香族多硝基化合物不宜在烘箱内干燥。乙醇和浓硝酸混合在一起，会引起极强烈的爆炸。

（2）仪器装置不正确或操作错误，有时会引起爆炸。如果在常压下进行蒸馏或加热回流，仪器必须与大气相通。在蒸馏时要注意，不要将物料蒸干。在减压操作时，不能使用不耐外压的玻璃仪器（例如平底烧瓶和锥形烧瓶等）。

（3）氢气、乙炔、环氧乙烷等气体与空气混合达到一定比例时，会生成爆炸性混合物，遇明火即会爆炸。因此，使用上述物质时必须严禁明火。

对于放热量很大的合成反应，要小心地慢慢滴加物料，并注意冷却，同时要防止因滴液漏斗的活塞漏液而造成的事故。

3. 中毒事故的预防与处理

实验中的许多试剂都是有毒的。有毒物质往往通过呼吸吸入、皮肤渗入、误食等方式导致中毒。

处理具有刺激性、恶臭和有毒的化学药品时，如 $H_2S$、$NO_2$、$Cl_2$、$Br_2$、CO、$SO_2$、$SO_3$、HCl、HF、浓硝酸、发烟硫酸、浓盐酸、乙酰氯等，必须在通风橱中进行。通风橱开启后，不要把头伸入橱内，并保持实验室通风良好。

实验中应避免手直接接触化学药品，尤其严禁手直接接触剧毒品。沾在皮肤上的有机物应当立即用肥皂涂抹并用大量清水冲洗，切莫用有机溶剂洗，否则只会增加化学药品渗入皮肤的速度。

溅落在桌面或地面的有机物应及时除去。如不慎损坏水银温度计，洒落在地上的水银应尽量收集起来，并用硫黄粉盖在洒落的地方。

实验中所用剧毒物质由各课题组技术负责人负责保管，适量发给使用人员并要回收剩余部分。实验装有毒物质的器皿要贴标签注明，用后及时清洗，经常使用有毒物质实验的操作台及水槽要注明，实验后的有毒残渣必须按照实验室规定进行处理，不准乱丢。

操作有毒物质的实验中若有咽喉灼痛、嘴唇脱色或发绀，胃部痉挛或恶心呕吐、心悸头晕等症状时，则可能系中毒所致。视中毒原因施以下述急救措施后，要立即送医院治疗，不得延误。

（1）固体或液体毒物中毒：有毒物质尚在嘴里的立即吐掉，用大量水漱口。误食碱者，先饮大量水再喝些牛奶；误食酸者，先喝水再服 $Mg(OH)_2$ 乳剂，最后饮些牛奶。不要用催吐药，也不要服用碳酸盐或碳酸氢盐。

重金属盐中毒者，喝一杯含有几克 $MgSO_4$ 的水溶液，立即就医。不要服催吐药，以免引起危险或使病情复杂化。

砷和汞化物中毒者，必须紧急就医。

（2）吸入气体或蒸气中毒者：应立即转移至室外，解开衣领和纽扣，呼吸新鲜空气。对休克者应施以人工呼吸，但不要用口对口法。立即送医院急救。

4. 实验室触电事故的预防与处理

实验中常使用电炉、电热套、电动搅拌机等，使用电器时，应防止人体与电器导电部分直接接触及石棉网金属丝与电炉电阻丝接触；不能用湿的手或手握湿的物体接触电插头；电热套内严禁滴入水等溶剂，以防止电器短路。

为了防止触电，装置和设备的金属外壳等应连接地线，实验后应先关仪器开关，再将连接电源的插头拔下。

检查电器设备是否漏电应该用试电笔，凡是漏电的仪器，一律不能使用。

发生触电时的急救方法：

①关闭电源；②用干木棍使导线与被害者分开；③使被害者和土地分离，急救时急救者必须做好防止触电的安全措施，手或脚必须绝缘。必要时进行人工呼吸并送医院救治。

5. 实验室其他事故的急救知识

（1）玻璃割伤：一般轻伤应及时挤出污血，并用消过毒的镊子取出玻璃碎片，用蒸馏水洗净伤口，涂上碘酒，再用创可贴或绷带包扎；大伤口应立即用绷带扎紧伤口上部，使伤口停止流血，急送医院就诊。

（2）烫伤：被火焰、蒸汽、红热的玻璃、铁器等烫伤时，应立即将伤口处用大量水冲洗或浸泡，从而迅速降温避免温度烧伤；若起水泡则不宜挑破，应用纱布包扎后送医院治疗。对轻微烫伤，可在伤处涂些鱼肝油或烫伤油膏或万花油后包扎。若皮肤起泡（二级灼伤），不要弄破水泡，防止感染；若伤处皮肤呈棕色或黑色（三级灼伤），应用干燥而无菌的消毒纱布轻轻包扎好，急送医院治疗。

（3）被酸、碱或溴液灼伤：①皮肤被酸灼伤要立即用大量流动清水冲洗（皮肤被浓硫酸沾染时切忌先用水冲洗，以免硫酸水合时强烈放热而加重伤势，应先用干抹布吸去浓硫酸，然后再用清水冲洗），彻底冲洗后可用2%～5%的碳酸氢钠溶液或肥皂水进行中和，最后用水冲洗，涂上药品凡士林。②碱液灼伤要立即用大量流动清水冲洗，再用2%醋酸洗或3%硼酸溶液进一步冲洗，最后用水冲洗，再涂上药品凡士林。③酚灼伤时立即用30%酒精揩洗数遍，再用大量清水冲洗干净，而后用硫酸钠饱和溶液湿敷4～6小时。由于酚用水冲淡1∶1或2∶1浓度时，瞬间可使皮肤损伤加重而增加酚吸收，故不可先用水冲洗污染面。

受上述灼伤后，若创面起水泡，均不宜把水泡挑破。重伤者经初步处理后，急送医务室。

（4）酸液、碱液或其他异物溅入眼中：①酸液溅入眼中，立即用大量水冲洗，再用1%碳酸氢钠溶液冲洗。②若为碱液，立即用大量水冲洗，再用1%硼酸溶液冲洗。洗眼时要保持眼皮张开，可由他人帮助翻开眼睑，持续冲洗15分钟。重伤者经初步处理后立即送医院治疗。③若眼中落入木屑、尘粒等异物，可由他人翻开眼睑，用消毒棉签轻轻取出异物，或任其流泪，待异物排出后，再滴入几滴鱼肝油。若玻璃屑进入眼睛内是比较危险的。这时要尽量保持平静，绝不可用手揉擦，也不要让别人翻眼睑，尽量不要转动眼球，可任其流泪，有时碎屑会随泪水流出，然后用纱布轻轻包住眼睛后，立即将伤者送医院处理。

（5）对于强酸性腐蚀毒物，先饮大量的水，再服氢氧化铝膏、鸡蛋清；对于强碱性毒物，最好要先饮大量的水，然后服用醋、酸果汁、鸡蛋清。不论酸或碱中毒都需灌注牛奶，不要吃呕吐剂。

（6）水银容易由呼吸道进入人体，也可以经皮肤直接吸收而引起积累性中毒。严重中毒的征象是口中有金属气味，呼出气体也有气味；流唾液，牙床及嘴唇上有硫化汞的黑色；淋巴结及唾液腺肿大。若不慎中毒时，应送医院急救。急性中毒时，通常用呕吐剂彻底洗胃，或者食入蛋白（如1升牛奶加3个鸡蛋清）或蓖麻油解毒并使之呕吐。

6. 实验室急救箱

医药箱内一般有下列急救药品和器具：

（1）医用酒精、碘酒、红药水、紫药水、止血粉，凡士林、烫伤油膏（或万花油），1%硼酸溶液或2%醋酸溶液，1%碳酸氢钠溶液等。

（2）医用镊子、剪刀、纱布、药棉、棉签、创可贴、绷带等。

医药箱专供急救用，不允许随便挪动，平时不得动用其中的器具。

## 二、社会实践安全

实践是高等教育教学过程中非常重要的一个环节，是检验学生理论知识与专业技能、提升学生综合素质的重要手段。学生在实践过程中存在的思想麻痹、安全意识淡薄等问题，往往易导致安全事故的发生。

为了满足社会的需求，高校对大学生实践能力的培养越来越重视，各高校除了安排形式多样的校内学科文体实践活动，还有针对性地安排相关的社会实践。因此，社会实践安全在教育教学安全中尤为重要。

### （一）社会实习安全

大学生社会实习是引导学生走出校门、接触社会、了解国情，使理论与实践相结合的良好形式；是大学生投身改革开放、向群众学习、培养锻炼才干的重要渠道；是提高思想觉悟、增强大学生服务社会意识，促进大学生健康成长的有效途径。高校通过社会实践活动，有助于大学生更新观念，树立正确的世界观、人生观、价值观；有助于大学生加深对职业的理解和初步职业的定位。而社会实习安全，是保障大学生顺利完成实习的保障。

1. 实习中安全事故发生的原因

（1）自我保护意识淡薄。由于大学生初到社会，往往保留了有大学校园生活的意识，在财产和自我保护方面易于相信他人和依赖外界环境而缺乏防范意识。

（2）辨识信息能力缺乏。面对社会上形形色色的诈骗信息，如虚假招聘、虚假求助等虚假诈骗信息，往往让初入社会的大学生防不胜防，更容易倾向于相信别人，缺乏辨识信息真伪的能力。

（3）学校的实习教育流于形式，没有发挥实质性的作用。高校大学生实习教育，往往是课堂式的说教，要学生记住通用性的规章制度、安全防范注意事项等，没有站在实习单位的真实生产环境下解读安全问题。

（4）实习单位安全管理松懈，缺乏安全实习意识。不少单位特别是大中型企业都建立了安全管理机构，有明确的实习管理制度，保障实习期间的管理与指导。而小型企业，大多数安全管理机构不完备，管理松懈，管理职能及安全生产制度没有得到有效发挥。

（5）诈骗分子倾向于诈骗初入社会的大学生。由于大学生缺乏社会经验，对于诈骗分子而言，从大学生入手更容易诈骗成功。所以，在选择目标时，大学生更容易成为诈骗对象。

2. 实习中的安全注意事项

（1）校内实习的安全注意事项

全体实习学生应当树立“安全第一”的观念，自觉接受岗位安全教育和安全技术培训，认真遵守实习安全上岗制度；在实际操作过程中，不得动用他人的设备、器具，一旦发现不正常现象，应及时向指导教师报告；不同实习科目都有其特殊规定，必须严格按照相应的操作规程执行。

（2）校外实习的安全注意事项

校外实习安全应定位于“认识社会，拒绝诱惑，防止侵害，远离危险”四个方面。高校要通过有针对性的教育，让学生认识到自我保护的重要性，确保学生实习安全。

① 学生管理部门应根据实习单位综合情况的调查，提出各个实习点的重点管理目标对象、重点时段、重点场所和必要的措施。

② 经常保持与学校和家长的联系。在实习期间因各种原因变更实习单位的同学，要尽快联系其他实习单位并主动、及时与指导教师取得联系，按时、按质完成个人阶段的实习总结。

③ 实习单位应对学生进行有关劳动纪律、职业道德、生产安全、劳动防护的教育和培训，明确实习内容。

**（二）勤工助学安全**

1. 勤工助学的主要类型

勤工助学是指学生利用课余时间参加的，以获得报酬、培养自主能力为目的的各种服务和劳动。当前大学生勤工助学涉及的主要领域包括以下三个方面。

（1）家教等文化服务。这是师范院校学生开展勤工俭学最主要的内容之一。从事家教活动，对巩固专业思想、提高学习自觉性有积极的作用。

（2）科技、智力服务。这是大学生结合自己所学专业知识，为社会提供的有偿服务。

（3）劳动服务。这是大学生利用自身精力充沛的特点提供的体力服务，如送报纸、在肯德基或麦当劳等餐饮业做服务员等。

2. 勤工助学过程中的安全隐患

大学生参加勤工俭学活动的人数及热情渐呈上升趋势，但他们思想比较单纯，对错综复杂的社会情况还认识不深，很容易受到不法侵害。所以，大学生在勤工助学活动中，要随时注意以下安全问题：

（1）受骗上当和被敲诈。不法分子以提供勤工俭学岗位为诱饵，以伪装的身份骗取信任，获取大学生家庭和同学的信息，并通过电话向学生家长等谎称其子女患病等行骗；或诱使大学生在勤工助学的过程中违纪违法，并以此逼迫敲诈大学生。

（2）遭遇性侵害和伤害。学生因涉世不深、思想单纯，易于受到伤害。

（3）违纪和违法犯罪。部分学生为“一夜暴富”而参与不法活动。

3. 大学生勤工助学时的注意事项

（1）做家教时的注意事项

① 通过正规的渠道找家教，如学校的勤工助学中心、正规的家教服务机构、大型的人才市场等，或通过亲属、老师和同学介绍。报纸、街头举牌、散发和张贴小广告等方式很容易被不法分子所利用。与委托人约定面谈或第

一次去做家教时最好找同学陪着一起去；做家教时要详细了解委托人的家庭情况和固定联系方式；一定要常常提醒自己，安全是最重要的。

② 尽量不要做异性成人家教；给学生做家教时尽量不要选择父亲带着子女的单亲家庭。

③ 固定时间。一是辅导时间相对固定，没有特殊情况不要随意改动；二是辅导时间不宜过晚，应尽可能将家庭辅导时间安排在周六、周日的白天，尽量不去偏僻的地方做家教。

④ 告知行踪。在首次进行家庭辅导时，最好约上同学陪同前往。在到达担任家教的家庭后，给同学打个电话，这样一方面可以让同学知道自己的行踪；另一方面即使遇到心怀恶意的人，也可以通过这个办法让对方有所忌惮。另外，要将自己担任家教期间的外出辅导行程和时间表告知同寝室的人，让要好的同学掌握，以防万一。

⑤ 注意交通安全。

⑥ 注意文明礼仪、自我保护，不得随意动用雇主家的物品，不得住在雇主家，以免发生意外。

无论是遇到或发生事情，一定要保持头脑清醒，巧妙周旋，寻找逃脱的机会，及时向有关部门反映问题。

（2）做其他劳动服务时应注意的问题

① 遵纪守法，依照学校和工商管理法规，凭诚实劳动获取报酬。首先，要熟悉有关法规，依法办事，绝不能做违法的事；其次，要懂得依法保护自己，明确自身行为的依据，并以此维护自身的正当权益。

② 女大学生不要从事陪酒、陪舞活动。女大学生从事陪酒、陪舞活动很容易带来安全方面的问题，极易受到一些不法分子的伤害。大学生应该懂得自尊、自重、自爱，以免遗憾终身。

③ 有组织地开展勤工助学活动。参加勤工助学活动，最好是有组织地进行，这样可以避免或减少失误、上当和越轨行为。

④ 勤工助学要量力而为，避免风险。

⑤ 从事以体力劳动为主的勤工助学者，要注意做好防护工作，以免发生意外人身伤害。危险性太高的工作，最好不要参与，以保证人身安全。

**【案例】** 2014 年寒假，曹磊在火锅店打短工。上班第二天，由于要招呼的客人多，业务不熟练，张磊在给客人送汤时滑倒，下半身被半锅开水烫伤。由于曹磊没有和火锅店签订用工合同，火锅店以短期试用为由拒绝赔付医疗费。后经劳动监察部门的多次协调，火锅店才同意赔付 80010 元的医疗费。

支招：在大学生假期打工队伍中，选择在酒店、餐馆做迎宾员或服务员等短期工的为数不少，这份工作往往存在烫伤、割伤、摔伤等风险。在此，提醒大学生从三个方面学会自我保护：①在工作前与用工单位签订劳务协议，详细说明工资额度、发放时间、劳动条件、劳动保护等关系到切身利益的条款；②初上岗时，不要急着工作，先熟悉工作环境和同事，把岗位工作的情况先弄清楚再认真放手去干，特别是在一些容易发生安全事故的环节，要多看多问，请教老员工如何避免自身伤害；③工作时，要集中精神，用心做。

**【案例】** 暑假期间，大三学生陶明接到高中同学打来的电话，告诉他河北省霸州有一个公司正在招聘销售人员，薪金很高。不明真相的陶明没多想，随同学来到霸州，没想到却被同学骗去做传销。当他知道上当受骗的时候，钱和手机已经被人拿走。在被限制人身自由两天后，霸州警方将陶明解救回津。后来他才知道，他的高中同学是在高额回扣的诱惑下欺骗了自己。

支招：假期时间到异地（自己不熟悉的地方）打工存在很多风险，如容易被陌生人欺骗，甚至被熟人欺骗；出行不熟悉路线；住宿安全更难得到保证等。为此，建议大学生假期最好不要到自己不熟悉的地方找工作。如果实在要去，注意从三方面保护自己：①通过同学或朋友介绍找工作的大学生，一定要保持清醒的头脑，增强辨别传销等不法工作的能力，拒绝高额薪水的诱惑，防止掉入陷阱；②最好住到值得信任的亲戚、朋友家；③在外地，保持手机畅通，定时与家人、朋友或同学保持联系，让他们知道你住什么地方，在什么地方干什么样的工作，万一出事，方便及时帮助处理。

## 三、预防传销

传销是指组织者或者经营者发展人员，通过对被发展人员以其直接或者间接发展的人员数量或者销售业绩为依据计算和给付报酬，或者要求被发展人员以交纳一定费用为条件取得加入资格等方式。其目的是牟取非法利益。这是一种扰乱经济秩序、影响社会稳定的行为。尽管国家三令五申、严厉打击，可是以暴利为诱饵欺骗他人非法推销劣质或走私商品、大肆偷逃税收的传销活动，发展到今天，其手段更加隐蔽，危害性也更大。而且还有融入黑社会乃至向经济邪教发展的趋势。传销组织利用一些大学生急于就业的迫切心理，借用虚假信息或亲友诱骗，使一些不谙世事的大学生误入传销组织之中；更有一些大学生在此过程中失去了自由，被威逼向朋友、同学甚至家长、亲友骗取钱物，使亲人朋友蒙受经济损失，人际关系恶化，给大学生及其家庭造成经济损失和精神伤害，严重危害学生的身心安全，影响高校和社会的稳定。

**（一）传销的特征**

1. 传销组织非常严密，行动诡秘

从1998年我国政府禁止在中国境内从事传销活动以来，传销活动开始转入地下或者半地下，而且往往采取异地传销的形式。

2. 传销组织除了“拉人头”以外，又出现了“传商品”和“加盟店”的形式

商品在传销组织中已经道具化，价格虚高。这些传销组织使用的道具商品，往往集中在保健品、营养品、化妆品等实际价值和价格很难进行量化的商品中。

3. 编造神化，反复洗脑

针对大学生寻求快速致富的急切心理，用一套严密的公式，编造神话，反复告诉对方只要加入团队，会得到什么样的报酬。一旦加入团队之后，又受到人身和心理的双重控制。

4. 发展下线，重在杀熟

传销组织的一个显著特点是多层次，最起码的构成分为三层：有上线，中线是参与人员，然后发展下线。传销人员重在杀熟，往往利用亲戚、朋友、街坊的信任发展下线。

**（二）防范非法传销**

1. 疑似传销人员的特征

（1）好久没有联系、关系不怎么熟悉的同学朋友或者能力不怎么强的同学朋友突然给你打电话或者写信联系。

(2) 自己的亲朋好友在外出工作不久后即表示外面有很好的发展机会云云。

(3) 上述人员和你联系时表现得很高调，谈话中会透露现在生活工作很好，结识了“贵人”，或者亲戚开了公司等信息。

(4) 上述人员的联系地址一般在欠发达城市（这点很明显），当然其他城市也有，但基本上是经济、工业不怎么发达的城市。

(5) 一般电话联系后对方不会主动提出帮你找工作，但是你提出要对方帮忙后，一星期左右对方会打电话过来说工作已经找好，待遇还不错等等。

(6) 见面后，对方接你去的地方一般位于偏远居民小区的居民楼里面，租房以2居室、3居室为主，至少6人以上合住，主要为了省钱。

(7) 到了地点以后，基本对你防范很严。新人到了以后，第一天晚上会趁你情况不明，心有疑惑而又不确定的时候，骗你给家里父母打电话，报平安，但是会有人在你旁边陪同，并会告诉你怎么说。

(8) 他们会以“借去玩玩”等借口将你的通信工具没收，目的是防止你跟外界联系和报警。

(9) 住的房间一般收拾得很干净，但是绝对没有电视、收音机、报纸等东西，这个也是为了给你以后“洗脑”的时候不受干扰。

2. 防范传销的对策

(1) 外出无论到哪里，一定要把行程的主要情形、地点、时间告诉自己的父母和靠得住的同学朋友。

(2) 通常进入传销组织窝点后，“家长”（传销组织头目）会来跟你聊天，貌似关心，实则摸你的底细。如果你有一定的社会经验，并可以确定他们是搞传销的，你不妨“无意”中透露你在周边市区有社会关系，这样他们会很害怕，不敢对你怎么样。

(3) 一般进入传销组织后第2天，就会带你去别的地方“洗脑”，但是这个时候并不是逃跑的好时机，因为他们的路线是精心选择的，会避开派出所、公安局这些地方。如果要逃跑，就得表面迎合他们，不要有不自然的表情。大概3~5天左右，他们会根据你的表现和反应，带你去不同的地方洗脑，这个时候你得注意地形了，遇到合适的机会，有两个或者两个以上警察的时候不妨当面冲过去求助。

（4）他们一般以“说服”的方式来进行洗脑，具体表现为讲道理，举例子等方式：在传统行业如何不赚钱或者慢，如果家里父母出点什么事情，你怎么办？如果你刚刚失恋，他们就会“鼓励”你赶快加入他们的队伍挣钱，等赚到钱了回去拿钱“砸”他（她）等等，或者利用现实社会的分配制度的缺陷，进行洗脑。你不要轻易做出承诺，不要与他们争论或者讨论，只需态度温和地表示自己坚决不做传销。

3. 脱身方法

从被骗开始，就不断有人给你洗脑，如果你配合，他们会赞扬你；如果你思想开始矛盾的时候，他们会找人来安慰你；如果你态度强硬而且表现出反感，他们还会威胁你。但是不管你是什么态度，他们都会24小时监视你。脱身是很难的，但是并非没有可能，主要有以下办法：

（1）外出的时候，注意周边的环境和标示，比如路名、商店等。在传销人员带你外出时候，找机会报警。

（2）如果没有机会报警，就态度坚决地表示不做传销。一般15天以后，传销人员会失去耐心，要求你保证对所知道的情况保密，然后允许你离开。他们一般会把你送到车站，看着你上车，并在车子开走才离开。

**【案例】**　2013年6月4日，广西南宁公安机关成功破获曹某等人涉嫌组织、领导传销活动犯罪案件，抓获犯罪嫌疑人28名。侦查查明，2010年以来，犯罪嫌疑人曹某等人以“连锁销售”“资本运作”为名，以高额回报为诱饵，要求参与人员缴纳3800元至6.89万元不等的“入门费”，采取“拉人头”形式，从事传销违法犯罪活动。截至案发，曹某等人发展吉林、广西、甘肃、青海等地人员2000余名，涉案金额5亿余元。

**【案例】**　2013年寒假，广西某高校辅导员周老师正在陪伴父母的时候，接到一学生张某家长电话询问学校是否有组织外出实习且需要培训费5000元，辅导员告知家长学校考试结束已统一放假，并未组织实习。同时，周老师紧急联系到张某，张某称和以前的同学在一起，并计划在其同学的公司实习。小年夜当晚，周老师再次接到了家长电话称张某尚未回家。在周老师多次发动同学劝解下，张某坚决留在其同学的公司实习。寒假结束，张某来校两周后，突然离校外出称要出去追求自己的生活。

## 思考与练习

1. 校园火灾发生的原因主要有哪些？
2. 扑救火灾的原则是什么？灭火基本方法有哪些？
3. 大学生如何预防人身伤害？
4. 大学生如何预防和应对抢劫？
5. 做家教时应该注意哪些事项？
6. 如何预防传销？

# 第四章 生活安全

## 第一节 日常用药安全

### 一、药物不良反应

药物不良反应是指在正常用法、用量的情况下出现的对人体有害的或意外的反应。药物有它的两重性：用药可改善人体状况和抵抗病原体，这是治疗作用；用药产生的毒副作用而危害人体，这是不良反应。有些不良反应是很严重的，可造成很大的痛苦，还可致残，甚至致命，必须密切注意。药物不良反应有许多种，最常见的有副作用、毒性和过敏反应。

**（一）副作用**

药物产生副作用是常见的，是药物固有效能的一部分，是伴随治疗作用而出现的。如在用抗过敏药物时，会使人精神不振，甚至昏昏欲睡，这种作用不是我们期望的，即称副作用。副作用一般危害不大，但也需引起注意，副作用大时应减少用药量。

**（二）毒性反应**

药物引起人体各系统的变化而有害于机体称毒性反应。如药物对肝脏、肾脏、造血系统、神经系统等的损害即为毒性反应。毒性反应的轻重程度与药物剂量及用药时间长短密切相关。因此，用药不可轻易增加剂量或延长疗程，以免加重毒性反应。

**（三）过敏反应**

过敏反应也称变态反应，实为免疫反应。这种反应轻重差异很大，表现有多种多样，难以预料。过敏反应可发生在人体许多部位，总的可分为全身性过敏反应和皮肤过敏反应。轻者停药自愈或迅速治愈，重者可危及生命，其中以过敏性休克的危险性为大。皮肤过敏反应最多见，有各种形状的药疹、皮炎、水疱等。皮肤反应也有很严重的，如剥脱性皮炎等，颇具危险性。过敏反应的特点是很小的药量就可引起严重反应，虽然只发生在少数人身上，但也必须提高警惕，绝不可忽视，以保安全。

## 二、药物不良反应的防范

用药发生不良反应是常见的，想完全防止是不可能的。不过，如能准确地选择药品，结合疾病状况和体质，严谨地掌握用药剂量、方法、时间和妥善地配伍，至少可以减少或减轻不良反应。只有合理用药，才能安全有效。

### （一）注意病史和用药史

患过何种疾病，用哪些药产生过不良反应，病人和家属最好都清楚，去看病时还要向医生讲清。

### （二）注意病人体质

选择药品和用药量与身体素质有关，要考虑到身体承受能力。体弱者一般宜选用作用比较温和的药品，药量不宜大。个别人的体质敏感性很高，对药物和自然界的某些食品也可发生过敏反应。这种人可称“过敏体质”，在用药时应格外谨慎。

### （三）注意用药的方法

用药方法要依疾病的轻重缓急、用药目的和药物性质而定。如治疗肠道感染、胃炎、消化性溃疡等多数药宜口服。若因病情或药物性需要注射时，可肌肉注射的则肌肉注射，即使需要静脉注射时也要注意速度不可过快，不得漏于血管外。

### （四）注意用药量

若在医院开药，必须按医生的指示办事，不得随便改动。若自购药品使用，一般可按说明书用药。但要在允许剂量范围内，根据年龄和体质状况适当掌握剂量。对不熟悉或未曾用过的药品最好先从小剂量开始，边用边观察，根据情况可作适当调整。

## 三、假药与劣药的辨别

### （一）假药的含义

《中华人民共和国药品管理法》规定，有下列情形之一的为假药：

1. 药品所含成分的名称与国家药品标准或者省、自治区、直辖市药品标准不符的；

2. 以非药品冒充药品或者以他种药品冒充此种药品的。

### （二）按假药处理的药品

有下列情形之一的药品按假药处理：

1. 国务院卫生行政部门规定禁止使用的；

2. 未取得批准文号生产的；

3. 变质不能药用的；

4. 被污染不能药用的。

### （三）劣药的含义

有下列情形之一的药品为劣药：

1. 药品成分的含量与国家药品标准或者省、自治区、直辖市药品标准规定不符合的；

2. 超过有效期的；

3. 其他不符合药品标准规定的。

## 四、如何识别变质药品

药品的质量直接关系到疗效如何与不良反应的强弱，影响着治疗的质量与病人的安危。因此，无论是自己购买药品还是在医院开药，均应注意药品的质量，进行必要的检查。对药品质量的全面检查只能在药品检验部门进行，个人能做的只是一些外观检查，不过这也很重要。检查的简要方法如下：

### （一）片剂

普通药片（素片）应颜色均匀，无斑点，无碎片，无受潮膨胀，无粘连、发霉及虫蛀现象；包衣片应无粘连、裂缝，颜色应均匀。各种药片均应不变色，如去痛片、维生素 C 片变黄，阿司匹林有刺鼻的醋酸气味或细针状结晶等均为变质药品。

### （二）胶囊（胶丸）

装粉剂的硬胶囊应无受潮粘连、无破碎等现象；软胶囊多装油性或者其他液体药剂，应无破裂漏药，无粘连，无浑浊及无异味。

**（三）冲剂、散剂**

应干燥、松散，颗粒和颜色应均匀，无异臭、色点、虫蛀及发霉现象。

**（四）注射剂**

水溶液的小针剂，首先检查标签是否清楚，有无裂口，封口有无漏液，内装药液应无沉淀、浑浊，无异物，无结晶析出，无颜色变化。大瓶装注射液除按上述检查外，另应检查瓶口封盖是否严密，不应松动及漏气、漏液。对粉针剂，注意应是干燥、松散的粉剂或结晶性粉剂，多为白色，无色点、异物、粘瓶、结块、溶化及变色现象，并检查瓶口是否严密，不得松动。

## 五、药品有效期的识别

目前，药品包装上的有效期或失效期表示方法有以下三种：

（1）直接标明有效期为某年某月某日，如标明有效期为2012年10月，即指该药可用到2012年10月31日。

（2）直接标明失效期为某年某月某日，如标明失效期为2012年9月30日，即表示此药可用到2012年9月30日。

（3）只标明有效期的年数，此种表示方法需要根据药品批号计算。如标明有效期3年，批号为20080518，即从批号的下一个月1日算起，该药的有效期则是2011年5月31日。

## 六、日常用药注意事项

在日常生活中，除了医生开出处方用药外，人们经常会根据常识或经验直接找到药店、医院或诊所买药服用。因而在日常用药中，以下几个方面是值得注意的：

**（一）不要看广告吃药**

广告宣传有其必要性，除了它的商业目的外，确实可以给人们提供一些有用的信息；但是，广告宣传带有一定的艺术色彩，难免有些片面性，有的过于夸张，对产品的好处夸大其词，对产品的缺点往往含糊其词，甚至避而不谈。广告内容一般很简短，对于疾病、药物不可能有较全面的介绍。药品广告多为新产品，有的病人就迷信广告宣传，广告中说某某良药，如与自己的病有关就想用。但是，看广告吃药不一定对症，搞不好会产生不良反应，影响治疗。所以不要凭广告吃药，看病吃药还是找医生比较好。

**（二）合并用药不宜多**

合并用药是指用两种以上的药物治疗一种或多种疾病，这是常见的，也往往是必要的。有经验的医生开出的合并用药处方，一般情况下是合理的，配合得好可提高疗效，减少不良反应。但是，并用药品过多也就不够安全了。因为药物之间还有一些不良的相互作用，即有些药一起用会增加毒性，发生不良反应；还有些药物同时用会使治疗作用抵消，这种情况是禁止合并使用的。即使是同类药，作用相似，合并使用时就等于药量相加，会产生毒副作用，很不安全。

**（三）药物并非越新越好**

新药不一定都好，老药不一定就差。很多老药已有几十年的历史，至今未被淘汰，说明这些药有自己的优点，有一定的治疗价值；即使有缺点，如不良反应等，但必定是功大于过，因此才能一直保留下来。如青霉素用了几十年还是抗感染药的主力军，阿司匹林是资格更老的药品，但还没有完全能代替它的新药。新药不断涌现，它们均有其优缺点，并不能互相取代。有的人用药求新心重，总觉得新的比老的好，其实没什么道理；同时，新药能否治好病，也难下定论。关键在于合理使用药物，否则会多花钱而治不好病。

**（四）贵重药、进口药不等于是好药**

药品的治疗效果好，不良反应少就是好药。药品的好坏不在于贵贱，更不在于产地。因为药品价格贵的因素很复杂，如制药设备和工艺复杂，原材料的来源难等均会使成本提高，成本高价格就贵，这并不能决定药品作用如何。换句话说，药品的定价并不以作用强弱而论。

**（五）滥用抗生素害处多**

滥用的含义是过度而不节制地使用。滥用抗生素的危害是多方面的：①对细菌来说会产生耐药性，也就是说过多地使用抗生素会使细菌对其产生抵抗力，从而使抗生素的抗菌作用减弱或消失。②此种危害的结果是药物疗效降低，疾病更难治，也浪费了物资与钱财。③发生药物过敏反应以抗生素为多，轻者加重痛苦，重则危及生命。滥用抗生素必然加重过敏反应，引发的毒性反应更不可忽视，有些抗生素易引起耳鸣、耳聋，有些易损伤肝脏、肾脏等。④还有人轻病滥用抗生素引发了新的更重的感染，原病未除又添新病。当前对抗生素滥用的情况越来越严重，有些人盲目认为医生处方价值越高越好，求新喜贵，药越新越高兴，用药品种新、价钱高并非一定安全有效，关键是对症，用得准、用得合理才能避免药害。

**（六）补药不是有益无害**

补药一般是指各种营养药，如维生素类、蛋白质类、钙、铁等。目前，市场上的补品更是多种多样，使人眼花缭乱，有的包装上说得很好，有的名字取得很吸引人，其实并不是大家都需要补的。根据目前的生活水平来看，缺乏营养的人只是少数，一般营养素可从每日的膳食中获得，不必另补。只有在患某些疾病影响营养吸收时，或年老体弱和婴儿，以及某些特殊情况下才需补充一些营养素。补充人体营养素，应该是缺什么补什么，缺多少补多少，不能乱补或滥补，要补得心中有数。如果自认为有所缺乏，但又搞不清楚，此时不要急于补，应该请医生协助，对症补之。即使是上等营养补品，过多了也不是好东西，并非多多益善。例如：人参是著名的补品，医疗上用于补气、健脾、生津、宁神，用之得当确有良效，但是，久用或量大时就会出现腹胀、食欲不好、烦躁、失眠等。

**（七）吃中药也要注意安全**

中药是天然品，很多人认为是安全的，有些慢性病人喜欢多用中药，甚至常吃中成药，似乎认为有病治病，无病保安康，实际上并非如此。中药较安全这是相对的，比起西药来毒副作用小些，但不是绝对安全，合理使用是安全的，用之不当也会发生不良反应，甚至中毒。

**（八）安眠药物中毒的症状和预防**

大量使用或误服安眠药、镇痛药，会使中枢神经系统受到抑制，引起中毒。中毒者一般表现为昏睡、呼吸表浅、瞳孔缩小，随着中毒的加深会陷入深度中毒，表现为：各种反射迟钝，以至消失，瞳孔缩小或放大，瞳孔对光反射消失，脉搏加快而微弱，呼吸不规律，最后可因呼吸中枢麻痹而死亡。预防措施：一是平时要保管好安眠药、镇痛药，防止乱服、误服，以免中毒；二是发现中毒后，可先行紧急处置，如催吐，然后送医院诊治。

# 第二节 人际交往安全

## 一、人际交往概述

### （一）人际交往的含义

交往关系也称人际关系，是人与人之间心理上的关系。从动态讲，交往关系是指人与人之间一切直接或间接的相互作用，但都超不出信息沟通与物质交换的范围；从静态讲，交往关系是指人与人之间通过动态的相互作用形成的情感联系。人是社会的动物，不能离开群体而单独生存。在社会生活中，人们几乎每天都要和他人打交道。据估计，一个人每天除 8 小时睡眠以外，其余 16 个小时中约有 70% 的时间在和人进行交往。可以说，交往关系构成了人生的主要内容，是事业成功、生活幸福的必要前提。

### （二）人际交往的意义

生活在社会中的人具有很强的与人交往的需要。当一个人处于孤立环境中时，短时期内并无大碍，但时间一长，就难以忍受了。人际交往的意义与重要性可以概括为以下几个方面。

1. 个体生存的必要手段

人际交往是人类在改造自然的过程中通力协作的产物，作为一个现代人，要想取得事业的成功，就要学会善于与人合作，要能组织、协调各种力量，调动各方面的智慧。

2. 个体发展的重要途径

人际交往有助于结识更多的朋友，建立和谐的人际关系。人际交往圈的扩大为寻找志同道合的朋友提供了更多的机会，这也会为你创造更多的有利条件。

3. 获得信息的功能

人通过人际交往逐步学到社会生活所必需的知识、技能、态度、伦理道德规范等等，逐步摆脱以自我为中心的倾向，意识到集体和社会的存在，意识到自我在社会中的地位和责任，学会与人平等相处和竞争，养成遵守法律和道德规范的习惯，从而为自立于社会，取得社会认可，成为一个成熟的、社会化的人打下坚实的基础。

4. 促进自我意识发展的功能

成功者是有良好合作及与人相处能力者。榜样的力量促使人成长。自我意识的发展是通过交往实现的，人在与他人的交往中，会产生改变自我的兴趣、动机、能力、意志和行为。人在从他人对自己的态度和评价中认识自我形象，自我意识的发展也在不断交往中趋于客观、成熟、完善。

5. 个体自我认知的有效方式

良好的人际交往有利于人在更广大的范围内表现自己，通过与人交往，才可能让人家了解你的能力、才干、特长、学识以及你的为人、品格、性格，才可能有更多的人赏识你，从而获得更多发展的机遇。只有扩大交际范围，在更大的范围内表现自己，别人才可以了解你的为人、性格、才能和学识。人际交往给自己提供了自我表现的可能性，也为人的才能得到发挥、抱负得以如愿以偿提供了可能性。

6. 身心保健功能

人们进行交往不仅获得信息交流，而且实现心理上的沟通、情感上的交流。在生活中我们不难发现，那些交际范围较大的人，往往在精神上很丰富，身体也就更健康些；反之，那些不合群的孤僻的人，往往有更多的烦恼和难以排遣的忧愁，同时也就会有更多的身心健康问题。

## 二、大学生人际交往

### （一）大学生人际交往的特点

1. 交往愿望强烈

当代大学生独特的生活环境和思想氛围，决定了其人际交往与中学时代相比具有更大的广泛性、互动性和多样性。大学生人际交往的愿望比中小学生更为迫切，他们力图通过交往去开阔视野、丰富知识、学会处世以表现自己各方面的才能，获得情绪的稳定，保持足够的自尊心和自信心。

2. 人际交往的社会性强

大学生人际关系的社会性大大地强化，大学生年轻、有干劲，“初生牛犊不怕虎”，是有冲劲和有活力的一代，他们参与社会交往，不仅可以增长见识，也可以增长社会财富。在中学阶段，学生的注意力都集中在高考学习上，没有时间和精力进行很多的人际交往；进入大学后，他们走出家门，认识、结交了更多的朋友，交流更多的信息，接受更多的新思想，与社会的接触比中学时更加频繁与密切，人际交往呈现出前所未有的开放式交往趋势。

3. 存在一些团体或组织

社团已成为大学生交往的重要校园场所，毫不夸张地说，没有参加过社团就等于没有上过大学。在这些群体中，起积极作用的是多数，同学之间的情谊能用道德标准要求，有共同的兴趣和爱好，互相关心、互相帮助、共同进步。也有起消极作用的团体，交往活动常常是玩耍、娱乐、吃喝，学习、思想上不能互相帮助，不能用集体的道德标准和生活规范来约束自己的行为。

4. 交往注重自立，不依赖家庭

大学生的独立意识普遍增强，不仅理性地思考、判断、处理自身的问题，也关心社会，批判地接受知识，批判地看待其他事物，有着强烈的体现个性的见解和疑问。大学生在自我意识和社会关系相互协调的基础上，开始树立自我的个性，支持自己的主张，以独立的人格和态度处事，积极自主地开展人际交往活动。这个时期，大学生的抱负与志向鲜明，对于家庭往往已不再依赖，而是以成人的眼光参与和处理家庭事务，充分体现个人的意志和性格，这使得大学生更容易接受新事物和新东西，更容易受社会思潮的影响。

5. 社交能力逐渐增强

交往中注意较温和的方式，不再粗暴地自夸自大，对社会、同性和异性的鉴赏力增强，能适应各式各样的人，能接受并宽容朋友的不同意见，不试图硬性地改变他们，争吵减少。交往手段的发展，使大学生的人际交往变得更方便、更快捷，交往距离更远，交往范围甚至可以扩展到世界范围。

6. 交往内容多种多样

大学生交往的内容除了专业知识以外，人际交往频繁，内容丰富多彩，涉及文学、艺术、体育、政治、外交、人生、理想、爱情和社会问题等各个方面。大学生交往频率提高，由偶尔的相聚、互访发展到较为经常的聊天、社团活动、聚会、体育活动、娱乐、结伴出游以及其他一些集体活动。交往方式、手段更多，由原来的互访、通信等转向使用一切现代化的通信设备、交往工具、交往场所等交往手段。

7. 交往范围扩大，但仍以同龄人为主

大学生交往对象由以前的亲戚、邻居、成长伙伴转向大学同学和在社交场合认识的其他人，其中又以同学交往为主。大学生过着朝夕相处的集体生活，众多的交流机会、相似的人生经历、共同的学习任务，使得大学生的交往对象主要选择在同寝室、同班级、同乡同学之间，围绕学习、娱乐、思想交流、感情交流而展开。他们较少受社会经验和传统思想的束缚，思想开放活跃，力图突破现有的交往圈，不断以新的眼光和标准去扩大交往范围，寻求更多更好的伙伴；交往能力强的同学交往不局限于同班同学，更多的大学生突破班级、年级范围，发展到同级、同系、同校高低年级可认识的所有同学及外校、社会上的朋友，进入各式各样的校园交际环境。不仅是同性之间的交往，异性交往也很经常。

8. 部分大学生缺少交往技能、交往机会和环境

大学生主要任务是学习，大部分时间与精力都倾注在学习上，缺乏一个良好的交往环境，交往技能过于贫乏，交往方式过于被动。青年学子未接触社会，其复杂性绝非在菁菁校园中所能想象的，面对错综复杂的人际关系及各种各样的实际问题，他们开始发现以前那种认为自己可以完全独立的心态是可笑的，大学生的人际关系更因他们的年轻而难以把握。大学生人际交往是学习、生活的过程，也是获得新知识的过程，大学生人际交往的方式、行为和观念改变，交往空间逐步扩大，这种空间上的变化既是大学生自我意识进一步觉醒，也是整个社会生活状态发生质变的结果。

**（二）大学生人际交往的类型**

大学生在校期间扮演了多重角色，普遍都存在交往关系。按照角色关系的不同，大致分为以下几类：

1. 师生交往关系

师生交往关系是大学生学习期间的一种重要关系，贯串整个教学过程。师生交往关系的好坏直接影响着教学秩序和学生的学业质量。

2. 同学交往关系

大学生们时刻都身处同学交往关系之中，如社团团员关系、班级同学关系、舍友关系、同乡关系等。其中最容易出现矛盾、存在安全隐患的就是舍友关系。

3. 异性交往关系

异性交往关系分为两种，一种是较为友好的异性朋友关系，另外一种是异性恋爱关系。大学生处于特殊的心理和生理阶段，重感情、容易冲动，如果不能处理好恋爱关系，既影响正常的学习和生活，也存在一定的安全隐患。

4. 网络交往关系

随着社会的发展，网络已成为年轻人生活的一部分，越来越多的年轻人倾向于通过网络了解社会、获取信息、开展交往活动。网络交往关系越来越普遍，网络安全也日益引起人们的重视。

## 三、大学生交往安全

近年来，学生因交往不当造成的人身伤害事件屡见不鲜。“解铃还须系铃人”，要防止不良事件发生，根本上还需要大学生学会文明交往，注意交往安全。大学生只有充分认识交往安全的重要性，才能构建良好的交往关系，才能顺利圆满地度过大学生活，才能有所成长和收获，否则一切都是空谈。

### （一）师生交往安全

师生之间也应当保持一定的距离，尤其是异性师生之间，以确保交往安全。据调查，不少大学生对异性教师存在仰慕之心，也会出现教师对某个异性学生特别关照的情况，如果任其进一步发展，很有可能发展成为师生恋。因此师生双方一定要遵守道德规范，保持一定的交往距离，以确保交往安全。

近年来，新闻媒体多次报道关于女学生遭教师猥亵或者被逼发生性关系的案件，因此，大学生应注意以下几点：

（1）充分认识师生关系，不盲目崇拜异性教师；

（2）洁身自爱，用道德规范约束自己的行为；

（3）不要与异性教师在密闭的空间独处过长时间；

（4）如发现教师有不良举动，应保持理智，及时反抗，将情况反馈给教师的上级领导，并告知家长。

### （二）同学交往安全

同学交往关系在大学生交往关系中普遍存在，也较容易出现矛盾。与同学间的交往总的原则就是：宽以待人，严于律己；取长补短，相互学习。在同学交往关系中，较容易出现矛盾的是舍友交往关系。

宿舍是同学们的另外一个家，同学们在校期间几乎有一半的时间都是在宿舍中度过。舍友关系的好坏，直接影响着同学们生活休息质量，也间接影响到同学们的心理状况。因此，和谐的舍友关系对于每名同学来说都非常重要。

1. 建立良好的舍友关系的注意事项

（1）尊重其他舍友，不因贫富而区别对待；

（2）为人谦虚，不高调，不骄傲；

（3）团结室友，互帮互助，相互包容；

（4）遇到问题时，多从对方的立场去考虑，并及时解决；

（5）发现舍友有困难或者困惑时，主动提供帮助；

（6）住在一个宿舍的同学养成共同的生活、学习、卫生习惯，相互鼓励，共同进步。

2. 舍友交往遇到问题时的处理原则

（1）冷静对待，不冲动，能容忍；

（2）静心查找原因，是错在自己还是对方，抑或双方都有责任；

（3）可以向其他同学寻求帮助；

（4）如果问题较为复杂，也可以向学长或者教师寻求帮助。

**（三）异性交往安全**

1. 异性交往的注意事项

正常的异性交往能使人对他人有更理性的认识，可以建立起更纯洁的友谊。在正常的交往中，男女发挥各自的长处，从中更清楚地了解自己的性别角色，为步入社会奠定良好的基础，使个性得到健全的发展。然而，由于青春期的男女学生年龄还小，心理的发育还不成熟，缺乏对是非的分析能力和判断能力，因而容易在交往中超出正常的范围，不思学业，不思进取，甚至造成一失足成千古恨的局面。进行安全的异性交往，应注意以下几点：

第一，男女同学交往不仅要互相尊重，也要自尊自爱。要自然地、坦诚地、友好地进行交往，发展友谊。相处要文明礼貌，仪态要大方。既要讲究语言美，诚恳待人，也须及时制止他人对自己轻佻的言辞和举动。

第二，与异性交往要注意时间、地点和交往的方式。既要保持正常的友谊，又要避免引起别人的误解，彼此交往应落落大方。不单独给异性赠送礼物，也不单独接受异性的馈赠，更不与异性单独相处。我国有自己的风俗习惯和民族特点，不可一味仿效文艺作品中的某些细节，不要使自己置身于是非之地，否则，对学习和身心发展都会产生不良后果。

第三，一旦自己觉得对另一个异性产生超越友谊的情感，不要轻易表露，更不要随意给异性同学写信，要善于控制自己的感情。爱情不同于友谊，对于正在求学阶段的青少年，由于自身发展和客观条件的不成熟，尚未具备真正恋爱的条件，也无力承担起由此而产生的种种责任。所以要把异性之间的感情控制在友谊的范围之内。

第四，充实业余爱好。要多参加一些有益于身心健康的文体活动，把精力用在学习上。

2. 异性交往过程中要注意培养性道德规范

性道德培养包括三个方面的内容：提高性道德认识水平，发展健康的性道德情感，养成良好的性道德行为习惯。

（1）提高自身的性道德认识水平

第一，要正确认识人类两性关系的社会属性。自古以来，男女两性的交往总要通过一定的社会途径、采取一定的社会方式、遵循一定的社会规范才能进行。而任何一个社会都要通过道德或法律的形式，规定男女两性交往的行为准则。《中华人民共和国婚姻法》明确规定，实行一夫一妻制，禁止重婚，男二十二岁、女二十岁才能结婚。因此，把性看作男女之间纯自然的私事，随心所欲，是道德和法律所不允许的。第二，要认真学习和掌握适合我国国情和民情的性道德规范。在我国，法律要求人们在对待两性关系上，要做到尊重女性，男女平等，反对歧视妇女。在社会主义道德的基础上，开展文明的男女交往。我国法律明确规定只有达到法定年龄才能结婚，只有取得结婚证以后才允许并保护夫妻间的性行为。除此之外都要受到社会道德舆论的谴责。

（2）发展健康的性道德情感

一方面，要分清友谊和爱情的界限。有些青少年对男女之间的正当交往和正常友谊喜欢捕风捉影，评头论足。其结果，不仅妨碍了男女之间的团结友谊，也会助长自己的不健康思想，以致在男女交往上形成一种无形的精神压力。青春期男女同学之间互相关心、互相帮助，友爱和睦地相处，应该给予支持和鼓励。青春期对友谊的需求是互相激励和促进的动力，理应受到尊重。但是，男女之间的交往和友谊，毕竟与同性之间的交往和友谊有很大的不同。因此，异性之间的交往应该把握自己感情的分寸，要热情而不轻浮，大方而不庸俗，讲究仪表谈吐，讲究文明礼貌，不做任何超越友谊界限的事情，避免对方或别人误把友谊当爱情。如因不慎卷入了感情的旋涡，就要理智地、及时地摆脱出来，使男女之间的关系保持在友谊的范围之内。

另一方面，要正确把握男女同学间的交往。男女同学在交往时，尽可以心地坦然，行为大方，不必疑虑重重，躲躲闪闪。对有好感的同学要和其他同学一样，一视同仁，落落大方。如果突然收到了异性同学偷偷递给你的“纸条”，这时你要理智地对待。首先要分析对方写纸条的用意。对涉及感情内容的，必须态度明朗地告诉对方，彼此年龄还小，正在求学，不适宜谈这样的问题。如果有些问题自己处理不了，把握不准，可以争取家长和老师的帮助，把自己在交往中的困惑坦率地和长辈们交换意见，他们能够帮助自己妥善处理这类问题。

（3）养成良好的性道德行为习惯

良好的性道德习惯的养成，要从日常生活做起。学校或班级搞活动时，要养成关心女同学的行为习惯；打扫校园或班级卫生时，男同学要拣重活、脏活干；当女同学在学习、生活中遇到困难和麻烦时，要主动地关心、帮助她们；要养成使用文明语言的习惯，不用污言秽语谩骂异性同学，不给异性同学起外号；在日常生活中养成文明的待人接物行为习惯；如果接到异性同学写来的“情书”，应妥善处理，不要公开宣扬，或用讥讽嘲笑的言语来回应；要养成洁身自好的行为习惯，女同学举止要端庄、得体、大方，要有分寸地与男同学交往；同学间不要传阅不健康的书刊，不要议论有关男女关系的传闻等。

良好的性道德行为习惯的养成是一个长期的过程，要经过反复的实践，逐步培养起来。同时在这一过程中，要注意抵制坏习惯的影响，已形成某些坏习惯的，要坚决予以纠正。总之，良好的性道德行为习惯是自觉努力的结果，一旦形成，将会使我们终身受益。

3. 确立异性恋爱关系后的注意事项

（1）恋爱双方地位平等，要相互尊重。

（2）树立共同的学习或奋斗目标，相互鼓励，共同进步。

（3）恋爱中要有诚意，不管恋爱结果如何，都要认真对待对方，不玩弄感情。

（4）多为对方考虑。如果恋爱过程中出现感情危机，要以理智的方式沟通、解决，双方多做自我批评，以免情绪失控而铸成大错。

（5）恋爱过程中，应树立正确的性观念。青春期是人一生中最活跃的时期，也是人表露感情并不断摸索未知行为和关系的时期。对于正处在这一时期的大学生来说，很容易受到外界的影响，积极去接触尝试新鲜事物。性行为就是其中很重要也是充满风险的一部分。由于受传统教育的影响，在孩子的成长发育过程中，家长和老师对此避而不谈，因而大学生对性知识知之甚少。但随着心理和生理的逐渐成熟，他们对性既好奇又恐惧。特别是女生，对性知识的无知很容易导致很严重的后果，甚至影响她们的一生。

引导大学生树立正确的性观念，对他人、对家庭、对社会都有极其重要的影响，恋爱过程中的大学生更应该树立正确的性观念。校园常见的性越轨行为有以下几点：

(1) 男女同学同居。同居跟结婚不一样，结婚是获得了法律承认的夫妻关系，是不可以随便解除关系的，而同居是不被法律承认的一种行为，可以随时出于当事人的意愿而终止关系。有些大学生在恋爱阶段随意发生性关系和同居关系，这是不道德的行为，也是各大院校严令禁止的行为。

(2) 一夜情。一夜情主要是基于男女双方生理上的需要而发生的性行为。在这种行为中，男女双方在意的主要是对方的外貌、身材等外在因素，而忽视了对方的性格、品质、修养等社会性因素。所以说，一夜情是一种社会退步的具体表现。从道德角度来说，一夜情有悖于正常的性观念，不应该提倡。另一方面，一夜情容易带来性病的泛滥。对于一夜情，大学生应该学会自我控制，学会说“不”。

(3) 中断恋爱关系时要持慎重态度。在感情好的时候要看到对方的短处，在发生感情裂痕的时候要想到对方的长处。要珍惜已经建立的恋爱关系，不要人为地制造或加大裂痕。在感情出现矛盾时，有过错的一方要主动承认错误，并用实际行动改正错误，以取得对方谅解；如果确无和好的可能或者一方坚持中断恋爱关系，也要面对现实，为了今后的长久幸福果断地中断恋爱关系。当爱情结束的时候，双方应以理性的心态坦然面对，切不能因爱生恨，做出后悔终生的事情来。

## 第三节　计算机网络安全与网络犯罪

计算机网络的普及对社会政治、经济和人们生活产生了深远的影响。互联网的发展，为全人类构建了一个快捷、便利的虚拟世界。然而，网络却是一把“双刃剑”。人们享受便利网络资源的同时，随之而来的一些问题也影响着人们的身心健康，甚至危害到社会的秩序。

## 一、计算机网络安全概述

### （一）计算机网络安全的含义

计算机网络安全从其本质上来讲就是指计算机网络中信息的安全。从狭义的保护角度来讲，计算机网络安全是指计算机及其网络系统资源和信息资源不受自然和人为有害因素的威胁和危害；从广义的角度来说，凡是涉及计算机网络上信息的保密性、完整性、可用性、真实性和可控性的相关技术和理论都是计算机网络安全的研究领域。

总之，计算机网络安全是指通过采用各种技术和管理措施，使网络系统正常运行，从而确保网络数据的可用性、完整性和保密性。所以，建立网络安全保护措施的目的是确保经过网络传输和交换的数据，不会发生增加、修改、丢失和泄露等。

### （二）计算机网络安全的内容

计算机网络安全的主要内容不仅包括硬件设备、管理控制网络的辅件，也包括共享的资源，快捷的网络服务。具体内容如下：

（1）网络实体安全，如计算机机房的物理条件、物理环境及设施的安全，计算机硬件、附属设备及网络传输线路的安装及配置等。

（2）软件安全，如保护网络系统不被非法侵入，系统辅件与应用软件不被非法复制、篡改、不受病毒的侵害等。

（3）数据安全，保护数据不被非法接收和存取，确保其完整性、一致性、机密性等。

（4）安全管理，在运行期间对突发事件的安全处理，包括采取计算机安全技术，建立安全管理制度，开展安全审计，进行风险分析等内容。

（5）保密性，是指信息不泄露给非授权的用户、实体或过程，或供其利用的特性。

（6）完整性，它是指数据在未经授权时不能改变其特性，即信息在存储或传输过程中保持不被修改、不被破坏和丢失的特性，完整性要求信息的原样，即信息的正确生成、正确存储和正确传输。

（7）可用性，网络信息系统最基本的功能是向用户提供服务，而用户所要求的服务是多层次的、随机的，可用性是指可被授权实体访问，并按需求使用的特性，即当需要时应能存取所需的信息。网络环境下拒绝服务、破坏网络和有关系统的正常运行等都属于对可用性的攻击。

(8) 可控性，对信息的传播及内容具有控制能力，保障系统依据授权提供服务，使系统任何时候不被非授权用户使用，对黑客入侵、口令攻击、用户权限非法提升、资源非法使用等采取防范措施。

(9) 可审查性，提供历史事件的记录，对出现的网络安全问题提供调查的依据和手段

## 二、健康合理上网

### （一）计算机网络对大学生的影响

1. 网络与大学生成长之间关系日益密切

作为信息传播新媒体的网络，与传统媒介相比，具有实时性、跨地域性、个性化、交互性等特点，与大学生具有活力的内在特点、渴望知识的需求相契合。网络以前所未有的自然亲和力吸引着大学生，冲击着大学生的传统生活方式。网络已经融入大学生日常生活中，成为他们获取知识和信息的重要渠道，成为他们表达思想、交流感情的重要场所。网络信息的丰富多样以及信息传递的交互性，极大地改变了大学生的生活方式、学习方式、交往方式、娱乐方式甚至是语言习惯，已经成为大学生生活中不可或缺的组成部分。

2. 网络对大学生的正面影响

从正面影响来说，网络极大地丰富了大学生的学习方式和生活方式，拓宽了他们的视野范围、思维空间和学习阵地。

首先，网络为学生求知提供了超出课本以外的更辽阔的空间，为学生搭建起了一个全新的接收平台。大学生通过计算机网络可以快速、大量地从网上获取各种知识信息，独立地进行学习、交流等活动，大大提高了大学生的学习效率。网络突破了时空限制，以先进的电子技术手段向学生实时传播全人类的优秀文化遗产，使青年人在一个比以往更加开放的社会环境中积累社会知识，参与社会生活。网络上的双向或多向信息传递方式，使得学生可以独立地参与讨论，主动获取各种信息资源。

其次，发展个性、促进创新，有利于自主意识的增强。网络为大学生个性修养与完善提供了更多的机会。网络交往过程中，参与者拥有主动性，具

有独立自主意识，可以独立地做出判断和选择，自主地进行思考和评价，这就为大学生独立人格的发展提供了契机。同时，互联网给大学生带来了虚拟学校、虚拟图书馆、电子商务等新鲜事物，引发大学生思维方式、价值观念的深刻变革。

第三，网络带来了新的交往方式。网络最突出的特点是它的交互性，它不仅仅是一个信息的载体，作为媒体，它方便地实现了人与人之间的交流。各种各样的读者论坛、聊天室、“虚拟社区”，使读者间可以直接交流思想，发表自己的意见和见解，使个人有了更多的机会表达自己的观点和看法，“结交”各式各样的朋友。

3. 网络对大学生的负面影响

（1）西方思想渗透和文化侵蚀。网络是一个没有国界和地域的全新媒体，具有全球性和开放性的特点。但是，网络语言环境、信息流量和价值判断等方面，对大学生的影响是不可低估的。根据有关统计，互联网在语言使用上，英语的内容约占90%，继而形成了以少数发达国家的语言、思想和文化为核心的全球传播体系。青年学生世界观、人生观、价值观尚未成熟，判断形势、明辨是非的能力较弱，大量接受这类信息，势必影响他们的思想道德观念取向，造成思想观念重心的偏离。

（2）违法和不道德行为。由于网络具有的隐蔽性和虚拟性，网民以“隐性人”的身份在网上自由操纵，他们摆脱了现实社会诸多伦理、道德等约束，极易放纵自己的行为，忘却社会责任。这使得网络空间各种思潮泛滥，暴力、金钱、色情、拜金主义、享乐主义等消极颓废的内容充斥其间，大学生信息选择能力、是非辨别能力和自我调控能力还不足以抵御这些不良信息的影响。

（3）最大的网络侵蚀就是黄色污染严重。有资料显示，互联网上非学术性信息中47.0%与色情有关。调查发现，19.2%的学生曾经无意中去过色情网站，12.2%的学生因好奇偶尔点击色情网站，甚至有8.5%的学生经常光顾色情网站。

（4）心理健康的影响。网络对大学生心理的冲击，容易造成他们情感自我和角色自我的迷失，影响其心理健康，并诱发出种种心理障碍。首先是网络成瘾症，电脑网络成瘾问题在大学生中越来越突出。网络成瘾的大学生似乎对上网有强迫倾向，在网上流连忘返，根本无法关机，整天沉溺于网络，甚至通宵达旦。一些大学生因上网过度，导致体能下降、生物钟紊乱、注意力难以集中、思维模糊、头晕眼花、疲乏无力、食欲不振等不良生理反应，以致面容憔悴，情绪低落，并伴有莫名其妙的言行。其次就是人际交往障碍，大学阶段是大学生人际交往能力和人际关系形成的重要时期，由于网络交往和现实交往大不相同，有时难以形成真实可信和安全可靠的人际关系。热衷于虚拟交往使得部分学生疏远了现实中的人际交往，与现实社会产生了距离感。更有甚者，大学生在网络社会交往中一旦受骗，容易导致对现实社会中人际交往的怀疑、敌意和悲观态度。此外，长时间的网络交往，容易造成人际情感的逐渐萎缩和淡化，导致大学生人际关系的疏淡、交往能力的减弱，个人又容易产生焦虑、孤僻、压抑和冷漠等健康问题，削弱大学生的心理承受力，导致新的心理障碍的出现，将严重影响大学生的学业和生活。

**（二）大学生如何正确对待网络**

1. 严格遵守道德规范

大学生作为使用网络的主要群体，应当提高自律意识，遵守网络道德规范，诚实友好，尊重他人，树立正确的网络道德观。做到不浏览或散播有关暴力、色情、恐怖、煽动民族分裂颠覆国家等信息；不谈论庸俗话题、不使用粗俗语言；不盗用、不抄袭他人学术成果；不利用网络做危害国家、群众和他人的事情。

2. 树立自我保护意识

网络给我们学习、工作和生活带来便利的同时，也可会对我们的身心健康造成伤害。在使用网络时对网络信息要加以分析，不要盲目相信；学会筛选信息，自觉抵制不良信息。网络交际时，要慎重交友，不能随便约见网友，在与网友交流的过程中如遇骚扰、威胁、恐吓时要及时断交，必要时可通过法律途径解决。收到网上中奖信息时千万不要轻信，以免造成损失。

3. 合理安排上网时间

闲暇时，我们可以看看新闻、影视，玩玩游戏等。有了网络，我们可以很轻松地打发闲暇时间，但是，危害也随之而来。因为网络上的东西有很多是新鲜刺激的，人在不知不觉中就消耗了很多时间。此时，如果我们不注意节制，那就危害无穷了。因此，对于网络，我们要用之有度，以身体为代价去耗时娱乐是得不偿失的。

4. 避免电脑伤害

长期接触电脑，电脑辐射不仅会对人体产生不良影响，甚至会危害健康。

因此，必须严格控制使用电脑的时间。日常生活中使用电脑，要采取以下一些防护措施：

（1）在电脑旁放上几盆仙人掌，它可以有效地吸收辐射。

（2）多摄入富含维生素 A 的食物，如胡萝卜、豆芽、西红柿、瘦肉、动物肝脏等，以及绿茶等饮品。

（3）上网前先做好护肤隔离。使用电脑后，脸上会吸附电磁辐射的颗粒，要及时用清水洗脸，这样所受辐射会减轻 70% 以上。

（4）操作电脑时，最好在显示屏上安装电脑专用滤色板，以减轻辐射的危害。室内不要放置闲杂金属物品，以免形成电磁波的再次发射。使用电脑时，要调整好屏幕的亮度，一般来说，屏幕亮度越大，电磁辐射越强，反之越小。不过，也不能调得太暗，以免因亮度太小而影响效果，造成眼睛疲劳。

（5）应尽可能购买新款的电脑，尽量不要使用旧电脑。旧电脑的辐射较厉害，在同距离、同类机型的条件下，一般是新电脑的 1 ~ 2 倍。

（6）电脑摆放位置很重要。尽量别让屏幕的背面朝着有人的地方，因为电脑辐射最强的是背面，其次为左右两侧，屏幕的正面反而辐射最弱。以能看清楚字为准，以 50 ~ 75 厘米距离为宜，这样可以减少电磁辐射的伤害。

（7）注意室内通风。科学研究证实，电脑的荧屏能产生一种叫溴化二苯并呋喃的致癌物质。所以，放置电脑的房间最好能安装换气扇，倘若没有，上网时尤其要注意通风。

（8）经常在电脑前工作的人常会觉得眼睛干涩疼痛，所以在电脑桌上放几支香蕉很有必要，香蕉中的钾可帮助人体排出多余的盐分，让身体达到钾钠平衡，缓解眼睛的不适症状。

## 三、预防网络犯罪

### （一）网络犯罪的含义及特征

#### 1. 网络犯罪的含义

网络犯罪是“行为主体以网络信息和信息网络为攻击对象，或借助信息网络为犯罪工具和手段，故意实施的危害信息网络安全，侵犯社会主体合法权益，触犯有关法律规范的行为”。这种犯罪活动必须是在网络上或利用网络实施的，这是网络犯罪的一个重要的特征。网络犯罪不是一个具体罪名，而是某一类犯罪的总称，其基本类型有两种：针对网络的犯罪和以网络为载体或工具的犯罪。

（1）对象型网络犯罪

这是以计算机网络为犯罪对象的网络犯罪，主要包括我国新刑法规定的几种犯罪，如非法侵入计算机信息系统罪；破坏计算机信息系统罪。表现形式有：袭击网站；在线传播计算机病毒。

（2）工具型网络犯罪

这是以计算机网络为犯罪工具的网络犯罪，主要包括以下几种网络犯罪：侵入国家事务、国防建设、尖端科学技术领域的计算机信息系统；故意制作、传播计算机病毒，设置破坏性程序、攻击计算机系统及通信网络，致使计算机系统及通信网络遭受损害；违反国家规定，擅自中断计算机网络或者通信服务，造成计算机网络或者通信系统不能正常运行；利用互联网造谣、诽谤或者发表、传播其他有害信息，煽动颠覆国家政权、推翻社会主义制度，或者煽动分裂国家、破坏国家统一；利用互联网窃取、泄露国家秘密、情报或者军事秘密；利用互联网煽动民族仇恨、民族歧视，破坏民族团结；利用互联网组织邪教组织、联络邪教组织成员，破坏国家法律、行政法规的实施；利用互联网销售伪劣产品或者对商品、服务作虚假宣传；利用互联网损害他人商业信誉和商品信誉；利用互联网侵犯他人知识产权；利用互联网编造并传播影响证券和期货交易或者其他扰乱金融秩序的虚假信息；在互联网上建立淫秽网站、网页，提供淫秽站点链接服务，或者传播淫秽书刊、影片、音像、图片；利用互联网侮辱他人或者捏造事实诽谤他人；非法截获、篡改、删除他人电子邮件或者其他数据资料，侵犯公民通信自由和通信秘密；利用互联网进行诈骗、盗窃、敲诈勒索。

2. 网络犯罪的特征

（1）犯罪主体智能化

网络犯罪的犯罪人往往接受过较好的计算机、金融知识的教育或者培训，相当一部分人具有大学本科以上学历，他们在犯罪过程中有效地运用所学的计算机技术和金融行业知识，表现出一定程度上的高智能性。

（2）犯罪主体日趋组织化

由于计算机犯罪不同于传统犯罪，它的行为主体具有一定的计算机专业知识，有着明显的智能性，因此这些犯罪分子往往组织在一起，交流各种高技术的犯罪经验，公然传播作案方法。国外著名的“黑客俱乐部”和“塞巴网络恐怖分子”的国际电脑匪帮，就是这样的组织。

（3）犯罪的地点难以确定

不同于典型的银行抢劫案或谋杀案，大型的计算机网络系统通常难以确定一个自然存在的地点。当违法行为完成后，违法人员可以迅速消失，不像传统犯罪完成后罪犯要通过乘坐飞机或其他交通工具来逃离。这导致网络犯罪的调查更复杂、更耗时，并且调查费用可能非常昂贵。

（4）犯罪行为隐蔽性极强

金融行业中计算机网络犯罪案件是网络犯罪的主要组成部分。犯罪人大多是金融系统内部员工，这些人熟悉业务知识，知道内部管理的漏洞，特别是有利的环境条件，犯罪人往往在正常工作过程中逐步实施犯罪，并掩盖犯罪事实；同时被害人鉴于破案率低，犯罪难以得到有效追究，加之担心企业信誉受损，或受到犯罪人的继续报复，往往不报案，这使得相当一部分犯罪得不到暴露。

（5）犯罪事实认定的复杂性

在网络环境下，全球已结成一个庞大的信息网，其使用之多、发展之快、内容之广都是空前的。同时存在许多不足之处，尤其是在传统法律体系下，网络犯罪在定罪和量刑上更为复杂。又由于计算机网络有一个致命的弱点，就是只认口令不认人，因此发生了违法行为后，要确定谁是真正的责任人十分困难。犯罪人可能是业务提供者、信息提供者或者其他人员。

**（二）网络犯罪的表现形式**

随着网络技术的飞速发展，网络犯罪的表现形式也越来越多样化，总结起来可以分为以下几个方面：

1. 网络色情

目前，色情网站大部分在万维网（World Wide Web）上，也就是以建立主页的形式，在网页上提供各种色情信息。

2. 网络侵权

网络侵权几乎无所不及，以侵犯知识产权与侵犯个人隐私权、名誉权两个方面居多。

随着信息技术的发展，大量的个人数据被各类计算机系统收集和存储，并通过网络传输和调阅，人们的通信联系越来越多地表现为网上交流。例如，通过在线交谈、电子邮件等方式。网上收集、发布信息的便利性对公民隐私等个人数据构成很大的威胁。由于网络的匿名性，人性中恶的方面不必受到现实的人际关系、法律法规的约束，容易发生侵犯他人隐私的行为。

网络中侵犯知识产权具体表现为侵犯著作权（包括软件著作权、文学作品著作权、影音作品著作权）、商标权、专利权、域名权等。由于网络中的信息具有共享性，因此网络中的信息很难用传统的知识产权法来保护，使得网络中的一些不法分子侵犯他人的软件、专利、商标、未授权的资料、半导体芯片及域名等知识产权成为可能。

3. 网络黑市交易

借助于网络的电子商务活动具有知识化、数字化、虚拟化、及时性与全球化等特点，现实生活中的工商、税务、审计、公安局、法院、检察院的约束与管理在网络电子商务活动中可能会失去其效力，造成了网络黑市交易横行。利用网络进行的黑市交易主要包括倒卖电子货币、毒品交易、赌博等。由于网络中的黑市是虚拟的，因此现实社会中很容易被取缔的黑市，在互联网这无形的市场中暂时难以管理，给网络黑市交易留下一定的生存空间。

4. 网络攻击和破坏

网络攻击和破坏是指利用对方信息系统自身存在安全漏洞及其电子设备的易损性，通过使用网络命令和专用软件进入对方网络系统，攻击和破坏对方计算机程序或数据。

5. 危害国家安全和社会稳定

此类犯罪，对我国的国家安全和政治稳定构成了严重威胁。境外敌对分子经常在网络上发表一些歪曲、诋毁党和国家现行政策的文章，煽动不明真相的网民，制造舆论，企图达到分裂国家、制造混乱的目的。同时由于网络的开放性，任何人都可以发表自己的言论，有些年轻人为了炫耀自己消息灵通，将国家机密发布到网上，造成严重的泄密事件。

6. 网络诈骗

网络诈骗是指以非法占有他人财物为目的，利用网络手段虚构事实或者隐瞒真相，骗取他人财物的行为。包括利用游戏装备交易进行诈骗，利用网上购物拍卖进行诈骗，直接利用网络虚构事实进行诈骗等。网络诈骗目前已呈失控之势，犯罪分子利用网络监管的漏洞和法律的空白，肆无忌惮地进行网络诈骗。

7. 网络盗窃

网络盗窃是指以非法占有他人财物为目的，利用网络手段秘密窃取他人财物的行为。包括利用黑客手段盗取他人账号，进而盗取他人财物，如银行存款、股票账号、游戏账号、网络银行账号等。

**（三）网络犯罪危机应对**

大学生主要要应对的网络犯罪危机包括网络交友陷阱、网络购物陷阱、不良信息的诱惑、网络伤害等。下面分别阐述以上各种危机的应对办法。

1. 网络交友注意事项

网络的出现拓宽了人们的交往空间，很多大学生都会通过网络进行交往。现实生活中，因网络交往而上当受骗的屡见不鲜。为保证网络交往的安全，在网络交往过程中，要注意以下事项：

（1）网上交友网站很多，要选择正规大型的聊天网站和主题健康的聊天频道，不要随便发布征友广告。

（2）时刻保持警惕，不要轻易信任他人。要充分认识网络世界的虚拟性和险恶性，提高防范意识。

（3）不要在个人资料和通信过程中泄露任何真实的私人信息。对那些试图得到私人信息的人保持警惕

（4）不要轻易和网友视频、见面。因为通过网络不可能了解一个人的真实情况和真正的性格。

（5）如果在网上聊天被别人纠缠不清，不知如何应对，可以将对方拉入黑名单或删除。如果经常收到讨厌的电邮，不知如何处理，可请网络供应商帮忙，由网络供应商寄出警告信给对方，使其停止骚扰。

（6）选择公共场所约会，并告知他人。如果与网友的关系发展到可以见面的程度，见面时间最好为白天，并选在自己熟悉的公共场所，首次见面最好带上同伴，不要携带贵重物品，且要告知宿舍其他同学。

2. 网上购物注意事项

网上购物一般都是比较安全的，只要你按照正确的步骤做，到正规的网购平台进行网购是没任何问题的。最好是在自己的电脑进行，并注意杀毒软件和防火墙的开启保护及更新。

用互联网来完成购物不仅节省了时间，免除了舟车劳顿，还有机会买到在本地市场难觅的商品。同时，对一些追求新奇的白领族、学生族来说，这还不失为一种时尚的消费方式。其实，只要消费者能够仔细识别网上物品的真伪，把握购物的分寸，正确合理地参与网络购物的流程，那么大部分的问

题就可以得到有效的避免。

下面介绍网上购物注意事项，注意以下问题，几乎就可以放心地从网上购买到物美价廉的东西了。

（1）不要贪恋便宜：很多人在网上购物图的就是便宜。如果网上商城的商品比市面上的便宜在一两成之间，大家就可以放心大胆地付账，付账之后就等他送货上门了。但是千万要注意，那些便宜得离谱的商品，比如市面上要两千元的商品，网上商城只要四五百元或是七八百元，就算图片上面看起来有多么酷，介绍说得有多么棒，建议你还是不要买。

（2）识别商家：建议最好到 B2C 平台而不是 C2C 平台购买。最好到一些大的网购商城购买，例如：淘宝商城、百度有啊、京东商城、腾讯拍拍、易趣、当当等。

（3）选购商品：看商品的销售量，销售量大，说明深受顾客喜爱，质量各方面也都好；看评价，评价大多是好评的那也说明东西真的不错，值得放心购买。另外，下单前要先跟卖家沟通好，以免造成不必要的麻烦。

① 看。仔细看商品图片，分辨是商业照片还是店主自己拍的实物，而且还要注意图片上的水印和店铺名，因为很多店家都在盗用其他人制作的图片。

② 问。通过旺旺询问产品的相关问题，一是了解他对产品的了解；二是看他的态度，人品不好的话买了他的东西也是麻烦。

③ 查。查店主的信用记录。看其他买家对此款或相关产品的评价。如果有中差评，要仔细看店主对该评价的解释。

（4）支付：如可以选择货到付款的方式，最好选择货到付款，实在不行的，则必须支持第三方支付平台支付，以给你的支付建立一份安全保险。建议使用信用卡或借记卡在线购物，不但方便，而且很安全。因为通过它们进行的交易都受有关法律的保护，你可以对提款提出质疑，并在质疑得到解决之前拒绝付账。

（5）收货：收到货物后，应尽快、仔细检查货物有无质量问题，特别是某些部件、功能的完好，应尽早发现，以免超过保修期或保质期。另外，收货时一定索要相关凭证，例如：电子交易单据、购物发票或收据等。

### 3. 抵制网络不良信息的诱惑

目前，网络上的不良信息日趋多元化，主要集中在违反法律、违反道德和破坏信息安全方面。

抵制网络不良信息，不仅需要在电脑上构建起“防火墙”，更需要在思想上构筑坚固的“防火墙”。

（1）树立文明上网、上文明网的观念。网络使用者要依法上网，自觉遵守《中华人民共和国计算机信息系统安全保护条例》等法律法规，增强自身的法制观念，不在网站社区、论坛、聊天室和博客中发表违法的、格调低下的言论、图片、音频、视频等信息。

（2）要结合我国传统道德规范和网络道德现状，树立正确的人生观、价值观，自尊、自爱、自律，注意网络文明用语，弘扬民族文化，与不道德的行为进行坚决的斗争，为营造积极向上、文明和谐、安全稳定的网络环境贡献力量。

（3）不要登录不良网站，远离暴力、色情等内容不健康的信息。

（4）丰富课余生活，培养积极健康的爱好。

## 思考与练习

1. 日常用药应该注意哪些问题？
2. 异性交往时应该注意哪些事项？
3. 大学生如何正确对待网络？
4. 网络交友应该注意什么？

# 附录

## 普通高等学校学生管理规定

（中华人民共和国教育部令第21号）

《普通高等学校学生管理规定》已于2005年2月4日经部长办公会议讨论通过，现予发布，自2005年9月1日起施行。

教育部部长周济

二〇〇五年三月二十五日

## 普通高等学校学生管理规定

### 第一章　总　则

第一条　为维护普通高等学校正常的教育教学秩序和生活秩序，保障学生身心健康，促进学生德、智、体、美全面发展，依据教育法、高等教育法以及其他有关法律、法规，制定本规定。

第二条　本规定适用于普通高等学校、承担研究生教育任务的科学研究机构（以下称高等学校或学校）对接受普通高等学历教育的研究生和本科、专科（高职）学生的管理。

第三条　高等学校要以培养人才为中心，按照国家教育方针，遵循教育规律，不断提高教育质量；要依法治校，从严管理，健全和完善管理制度，规范管理行为；要将管理与加强教育相结合，不断提高管理水平，努力培养社会主义合格建设者和可靠接班人。

第四条　高等学校学生应当努力学习马克思列宁主义、毛泽东思想、邓小平理论和“三个代表”重要思想，确立在中国共产党领导下走中国特色社会主义道路、实现中华民族伟大复兴的共同理想和坚定信念；应当树立爱国主义思想，具有团结统一、爱好和平、勤劳勇敢、自强不息的精神；应当遵守宪法、法律、法规，遵守公民道德规范，遵守《高等学校学生行为准则》，遵守学校管理制度，具有良好的道德品质和行为习惯；应当刻苦学习，勇于探索，积极实践，努力掌握现代科学文化知识和专业技能；应当积极锻炼身体，具有健康体魄。

## 第二章　学生的权利与义务

第五条　学生在校期间依法享有下列权利：

（一）参加学校教育教学计划安排的各项活动，使用学校提供的教育教学资源；

（二）参加社会服务、勤工助学，在校内组织、参加学生团体及文娱体育等活动；

（三）申请奖学金、助学金及助学贷款；

（四）在思想品德、学业成绩等方面获得公正评价，完成学校规定学业后获得相应的学历证书、学位证书；

（五）对学校给予的处分或者处理有异议，向学校、教育行政部门提出申诉；对学校、教职员工侵犯其人身权、财产权等合法权益，提出申诉或者依法提起诉讼；

（六）法律、法规规定的其他权利。

第六条　学生在校期间依法履行下列义务：

（一）遵守宪法、法律、法规；

（二）遵守学校管理制度；

（三）努力学习，完成规定学业；

（四）按规定缴纳学费及有关费用，履行获得贷学金及助学金的相应义务；

（五）遵守学生行为规范，尊敬师长，养成良好的思想品德和行为习惯；

（六）法律、法规规定的其他义务。

## 第三章　学籍管理

### 第一节　入学与注册

第七条　按国家招生规定录取的新生，持录取通知书，按学校有关要求和规定的期限到校办理入学手续。因故不能按期入学者，应当向学校请假。未请假或者请假逾期者，除因不可抗力等正当事由以外，视为放弃入学资格。

第八条　新生入学后，学校在三个月内按照国家招生规定对其进行复查。复查合格者予以注册，取得学籍。复查不合格者，由学校区别情况，予以处理，直至取消入学资格。凡属弄虚作假、徇私舞弊取得学籍者，一经查实，学校应当取消其学籍。情节恶劣的，应当请有关部门查究。

第九条　对患有疾病的新生，经学校指定的二级甲等以上医院（下同）诊断不宜在校学习的，可以保留入学资格一年。保留入学资格者不具有学籍。在保留入学资格期内经治疗康复，可以向学校申请入学，由学校指定医院诊断，符合体检要求，经学校复查合格后，重新办理入学手续。复查不合格或者逾期不办理入学手续者，取消入学资格。

第十条　每学期开学时，学生应当按学校规定办理注册手续。不能如期注册者，应当履行暂缓注册手续。未按学校规定缴纳学费或者其他不符合注册条件的不予注册。家庭经济困难的学生可以申请贷款或者其他形式资助，办理有关手续后注册。

## 第二节　考核与成绩记载

第十一条　学生应当参加学校教育教学计划规定的课程和各种教育教学环节（以下统称课程）的考核，考核成绩记入成绩册，并归入本人档案。

第十二条　考核分为考试和考查两种。考核和成绩评定方式，以及考核不合格的课程是否重修或者补考，由学校规定。

第十三条　学生思想品德的考核、鉴定，要以《高等学校学生行为准则》为主要依据，采取个人小结，师生民主评议等形式进行。

学生体育课的成绩应当根据考勤、课内教学和课外锻炼活动的情况综合评定。

第十四条　学生学期或者学年所修课程或者应修学分数以及升级、跳级、留级、降级、重修等要求，由学校规定。

第十五条　学生可以根据学校有关规定，申请辅修其他专业或者选修其他专业课程。

学生可以根据校际间协议跨校修读课程。在他校修读的课程成绩（学分）由本校审核后予以承认。

第十六条　学生严重违反考核纪律或者作弊的，该课程考核成绩记为无效，并由学校视其违纪或者作弊情节，给予批评教育和相应的纪律处分。给予警告、严重警告、记过及留校察看处分的，经教育表现较好，在毕业前对该课程可以给予补考或者重修机会。

第十七条　学生不能按时参加教育教学计划规定的活动，应当事先请假并获得批准。未经批准而缺席者，根据学校有关规定给予批评教育，情节严重的给予纪律处分。

## 第三节　转专业与转学

第十八条　学生可以按学校的规定申请转专业。学生转专业由所在学校批准。学校根据社会对人才需求情况的发展变化，经学生同意，必要时可以适当调整学生所学专业。

第十九条　学生一般应当在被录取学校完成学业。如患病或者确有特殊困难，无法继续在本校学习的，可以申请转学。

第二十条　学生有下列情形之一，不得转学：

（一）入学未满一学期的；

（二）由招生时所在地的下一批次录取学校转入上一批次学校、由低学历层次转为高学历层次的；

（三）招生时确定为定向、委托培养的；

（四）应予退学的；

（五）其他无正当理由的。

第二十一条　学生转学，经两校同意，由转出学校报所在地省级教育行政部门确认转学理由正当，可以办理转学手续；跨省转学者由转出地省级教育行政部门商转入地省级教育行政部门，按转学条件确认后办理转学手续。须转户口的由转入地省级教育行政部门将有关文件抄送转入校所在地公安部门。

## 第四节　休学与复学

第二十二条　学生可以分阶段完成学业。学生在校最长年限（含休学）由学校规定。

第二十三条　学生申请休学或者学校认为应当休学者，由学校批准，可以休学。休学次数和期限由学校规定。

第二十四条　学生应征参加中国人民解放军（含中国人民武装警察部队），学校应当保留其学籍至退役后一年。

第二十五条　休学学生应当办理休学手续离校，学校保留其学籍。学生休学期间，不享受在校学习学生待遇。休学学生患病，其医疗费按学校规定处理。

第二十六条　学生休学期满，应当于学期开学前向学校提出复学申请，经学校复查合格，方可复学。

## 第五节　退　学

第二十七条　学生有下列情形之一，应予退学：

（一）学业成绩未达到学校要求或者在学校规定年限内（含休学）未完成学业的；

（二）休学期满，在学校规定期限内未提出复学申请或者申请复学经复查不合格的；

（三）经学校指定医院诊断，患有疾病或者意外伤残无法继续在校学习的；

（四）未请假离校连续两周未参加学校规定的教学活动的；

（五）超过学校规定期限未注册而又无正当事由的；

（六）本人申请退学的。

第二十八条　对学生的退学处理，由校长会议研究决定。

对退学的学生，由学校出具退学决定书并送交本人，同时报学校所在地省级教育行政部门备案。

第二十九条　退学的本专科学生，按学校规定期限办理退学手续离校，档案、户口退回其家庭户籍所在地。

退学的研究生，按已有毕业学历和就业政策可以就业的，由学校报所在地省级毕业生就业部门办理相关手续；在学校规定期限内没有聘用单位的，档案、户口退回其家庭户籍所在地。

第三十条　学生对退学处理有异议的，参照本规定第六十一条、第六十二条、第六十三条、第六十四条办理。

## 第六节　毕业、结业与肄业

第三十一条　学生在学校规定年限内，修完教育教学计划规定内容，德、智、体达到毕业要求，准予毕业，由学校发给毕业证书。

第三十二条　学生在学校规定年限内，修完教育教学计划规定内容，未达到毕业要求，准予结业，由学校发给结业证书。结业后是否可以补考、重修或者补作毕业设计、论文、答辩，以及是否颁发毕业证书，由学校规定。对合格后颁发的毕业证书，毕业时间按发证日期填写。

第三十三条　符合学位授予条件者，学位授予单位应当颁发学位证书。

第三十四条　学满一学年以上退学的学生，学校应当颁发肄业证书。

第三十五条　学校应当严格按照招生时确定的办学类型和学习形式，填写、颁发学历证书、学位证书。

第三十六条　学校应当执行高等教育学历证书电子注册管理制度，每年将颁发的毕（结）业证书信息报所在地省级教育行政部门注册，并由省级教育行政部门报国务院教育行政部门备案。

第三十七条　对完成本专业学业同时辅修其他专业并达到该专业辅修要求者，由学校发给辅修专业证书。

第三十八条 对违反国家招生规定入学者，学校不得发给学历证书、学位证书；已发的学历证书、学位证书，学校应当予以追回并报教育行政部门宣布证书无效。

第三十九条 毕业、结业、肄业证书和学位证书遗失或者损坏，经本人申请，学校核实后应当出具相应的证明书。证明书与原证书具有同等效力。

## 第四章 校园秩序与课外活动

第四十条 学校应当维护校园正常秩序，保障学生的正常学习和生活。

第四十一条 学校应当建立和完善学生参与民主管理的组织形式，支持和保障学生依法参与学校民主管理。

第四十二条 学生应当自觉遵守公民道德规范，自觉遵守学校管理制度，创造和维护文明、整洁、优美、安全的学习和生活环境。

学生不得有酗酒、打架斗殴、赌博、吸毒，传播、复制、贩卖非法书刊和音像制品等违反治安管理规定的行为；不得参与非法传销和进行邪教、封建迷信活动；不得从事或者参与有损大学生形象、有损社会公德的活动。

第四十三条 任何组织和个人不得在学校进行宗教活动。

第四十四条 学生可以在校内组织、参加学生团体。学生成立团体，应当按学校有关规定提出书面申请，报学校批准。

学生团体应当在宪法、法律、法规和学校管理制度范围内活动，接受学校的领导和管理。

第四十五条 学校提倡并支持学生及学生团体开展有益于身心健康的学术、科技、艺术、文娱、体育等活动。

学生进行课外活动不得影响学校正常的教育教学秩序和生活秩序。

第四十六条 学校应当鼓励、支持和指导学生参加社会实践、社会服务和开展勤工助学活动，并根据实际情况给予必要帮助。

学生参加勤工助学活动应当遵守法律、法规以及学校、用工单位的管理制度，履行勤工助学活动的有关协议。

第四十七条 学生举行大型集会、游行、示威等活动，应当按法律程序和有关规定获得批准。对未获批准的，学校应当依法劝阻或者制止。

第四十八条　学生使用计算机网络，应当遵循国家和学校关于网络使用的有关规定，不得登录非法网站、传播有害信息。

第四十九条　学校应当建立健全学生住宿管理制度。学生应当遵守学校关于学生住宿管理的规定。

## 第五章　奖励与处分

第五十条　学校、省（自治区、直辖市）和国家有关部门应当对在德、智、体、美等方面全面发展或者在思想品德、学业成绩、科技创造、锻炼身体及社会服务等方面表现突出的学生，给予表彰和奖励。

第五十一条　对学生的表彰和奖励可以采取授予“三好学生”称号或者其他荣誉称号、颁发奖学金等多种形式，给予相应的精神鼓励或者物质奖励。

第五十二条　对有违法、违规、违纪行为的学生，学校应当给予批评教育或者纪律处分。

学校给予学生的纪律处分，应当与学生违法、违规、违纪行为的性质和过错的严重程度相适应。

第五十三条　纪律处分的种类分为：

（一）警告；

（二）严重警告；

（三）记过；

（四）留校察看；

（五）开除学籍。

第五十四条　学生有下列情形之一，学校可以给予开除学籍处分：

（一）违反宪法，反对四项基本原则、破坏安定团结、扰乱社会秩序的；

（二）触犯国家法律，构成刑事犯罪的；

（三）违反治安管理规定受到处罚，性质恶劣的；

（四）由他人代替考试、替他人参加考试、组织作弊、使用通信设备作弊及其他作弊行为严重的；

（五）剽窃、抄袭他人研究成果，情节严重的；

（六）违反学校规定，严重影响学校教育教学秩序、生活秩序以及公共场所管理秩序，侵害其他个人、组织合法权益，造成严重后果的；

（七）屡次违反学校规定受到纪律处分，经教育不改的。

第五十五条 学校对学生的处分，应当做到程序正当、证据充分、依据明确、定性准确、处分适当。

第五十六条 学校在对学生作出处分决定之前，应当听取学生或者其代理人的陈述和申辩。

第五十七条 学校对学生作出开除学籍处分决定，应当由校长会议研究决定。

第五十八条 学校对学生作出处分，应当出具处分决定书，送交本人。开除学籍的处分决定书报学校所在地省级教育行政部门备案。

第五十九条 学校对学生作出的处分决定书应当包括处分和处分事实、理由及依据，并告知学生可以提出申诉及申诉的期限。

第六十条 学校应当成立学生申诉处理委员会，受理学生对取消入学资格、退学处理或者违规、违纪处分的申诉。

学生申诉处理委员会应当由学校负责人、职能部门负责人、教师代表、学生代表组成。

第六十一条 学生对处分决定有异议的，在接到学校处分决定书之日起 5 个工作日内，可以向学校学生申诉处理委员会提出书面申诉。

第六十二条 学生申诉处理委员会对学生提出的申诉进行复查，并在接到书面申诉之日起 15 个工作日内，作出复查结论并告知申诉人。需要改变原处分决定的，由学生申诉处理委员会提交学校重新研究决定。

第六十三条 学生对复查决定有异议的，在接到学校复查决定书之日起 15 个工作日内，可以向学校所在地省级教育行政部门提出书面申诉。

省级教育行政部门在接到学生书面申诉之日起 30 个工作日内，应当对申诉人的问题给予处理并答复。

第六十四条 从处分决定或者复查决定送交之日起，学生在申诉期内未提出申诉的，学校或者省级教育行政部门不再受理其提出的申诉。

第六十五条 被开除学籍的学生，由学校发给学习证明。学生按学校规定期限离校，档案、户口退回其家庭户籍所在地。

第六十六条 对学生的奖励、处分材料，学校应当真实完整地归入学校文书档案和本人档案。

## 第六章　附　则

第六十七条　对接受成人高等学历教育的学生、港澳台侨学生、留学生的管理参照本规定实施。

第六十八条　高等学校应当根据本规定制定或修改学校的学生管理规定，报主管教育行政部门备案（中央部委属校同时抄报所在地省级教育行政部门），并及时向学生公布。

省级教育行政部门根据本规定，指导、检查和督促本地区高等学校实施学生管理。

第六十九条　本规定自2005年9月1日起施行。原国家教育委员会发布的《普通高等学校学生管理规定》（国家教育委员会令第7号）、《研究生学籍管理规定》（教学〔1995〕4号）同时废止。其他有关文件规定与本规定不一致的，以本规定为准。

# 普通高等学校学生安全教育及管理暂行规定

## 第一章　总　则

第一条　为了加强高等学校管理，维护正常的教学和生活秩序，保障学生人身和财物安全，促进身心健康发展，特制定本暂行规定。

第二条　高等学校学生安全教育及管理的主要任务是宣传、贯彻国家有关安全管理工作的方针、政策、法律、法规，对学生实施安全教育及管理，妥善处理各类安全事故，引导学生健康成长。

第三条　高等学校学生安全教育及管理，要以预防为主，本着保护学生、教育先行、明确责任、教管结合、实事求是、妥善处理的原则，做好教育、管理和处理工作。

第四条　本暂行规定所称学生指在普通高等学校学习取得学籍的全日制学生，即按国家任务、用人单位委托培养、自费三种计划形式录取的学生。

## 第二章　安全教育

第五条　高等学校应将对学生进行安全教育作为一项经常性工作列入学校工作的重要议事日程，加强领导。学校各部门和有关群众团体或组织要相互配合，积极开展安全教育，普及安全知识，增强学生的安全意识和法制观念，提高防范能力。

第六条　学生安全教育应根据不同专业及青年学生的特点，从学生入学到毕业，在各种教学活动和日常活动中，特别是节假日前适时进行，并善于利用发生的安全事故教育学生，防患于未然。

学校应根据环境、季节及有关规定进行防盗、防火、防特、防病、防事故等方面的教育，并使之经常化、制度化。

第七条　高等学校对学生进行安全教育须注重心理疏导，加强思想政治工作，教育学生注意保持健康的心理状态，帮助学生克服因各种原因造成的心理障碍，把事故消除在萌芽状态。

## 第三章　安全管理

第八条　高等学校要做好学生日常安全管理工作，加强安全防范，建立和健全规章制度，严格管理。学校要把安全教育及管理工作纳入领导任期的责任目标，落实到年级、班主任。学校应由一名校领导主要负责。

第九条　高等学校应确定学生安全教育及管理工作的主管部门，明确其职责，具体组织实施安全教育及其管理工作。各有关部门应分工协作，积极配合。

第十条　全体教职工要从关心学生、爱护学生出发，树立安全意识，努力做好本职工作，改善环境与条件，保护学生人身和财产安全。

第十一条　学生发生意外事故以及学生要求保护人身或财物安全等情况时，学校应迅速采取有效措施。

第十二条　学生必须严格遵守国家法律、法规和学校的各项规章制度，注意自身的人身和财物安全，防止各种事故的发生。

第十三条　学生在日常教学及各项活动中，应遵守纪律和有关规定，听从指导，服从管理；在公共场所，要遵守社会公德，增强安全防范意识，提高自我保护能力。

第十四条　学生组织集体课外活动，须经学校同意，按学校规定进行。学校须认真进行安全审查，条件不具备时不得批准。

第十五条　学生应严格遵守宿舍管理的规定，自觉维护宿舍的安全与卫生，提高自我管理能力。

第十六条　发现刑事、治安案件或交通、灾害等事故，在场学生应保护现场，及时报告学校或公安部门并协助处理。在学校范围内的，学校应迅速采取措施，控制事态发展，减轻伤害和损失。

## 第四章　事故处理

第十七条　学生人身和财产发生一般伤害后学校要及时调查处理，根据当事人或他人的过错，责令其赔偿损失，并给予批评教育或相应的行政、纪律处分。

在校园内，发生学生非正常死亡、重伤或被窃、失火等造成财产重大损失事故后，学校应迅速采取措施进行抢救、保护现场，同时加强思想政治工作，稳定情绪，恢复秩序，并协同地方有关部门妥善处理。

第十八条　学校对事故调查后认为涉及追究刑事责任的，要及时与公安部门联系，协助调查处理。

重大事故，学校有关领导应亲自参与调查工作，并认真研究调查报告，及时处理。

第十九条　在安全管理或事故处理过程中，学校认为有必要需搜查学生住处，须报请公安部门依法进行。调查处理案件中要以事实为依据，不得逼供或诱供。

第二十条　重大事故发生后，学校应在一天内向所在省、直辖市、自治区有关部门报告，并及时通知学生家长。事故处理结束后一周内书面报告有关主管部门。

第二十一条　学生在教学、实习过程与日常生活中，因学校或有关单位责任发生死亡、重伤或残疾，由学校或有关单位承担责任，做好处理及善后工作。

在教学、实习过程与日常生活中，学生因不遵守纪律或不按要求活动而发生意外事故，学校不承担责任。

第二十二条　因忽视安全生产、管理不善；工作不负责任，违章指挥；玩忽职守，徇私舞弊等，对学生造成严重的人身、财物损害的，由其所在的单位或上级主管部门，视具体情况对有关责任人员分别给予责令检查、赔偿损失、行政处分，直至依法追究刑事责任。

第二十三条　学生未经批准擅自离校不归发生意外事故的，学校不承担责任。

对擅自离校不归，学校不知去向的学生，学校应及时寻找并报告当地公安部门，及时通知学生家长。半月不归且未说明原因者，学校可张榜公布，按自动退学除名。

第二十四条　学生假期或办理离校手续后发生意外事故的，学校不承担责任。

第二十五条　在校内正常生活及由学校在校外组织的活动中，由于不能避免的原因或自然灾害而发生的事故，由学校视具体情况处理。

第二十六条　有条件的高等学校可为学生办理人身保险。

第二十七条　凡经学校指定的专业医院确诊为精神病、癫痫病患者的学生，应予退学，由其监护人负责领回。学生及其监护人不得无理纠缠，扰乱学校教学、生活秩序。

第二十八条　因事故伤残的学生，经治疗后病情稳定，学校认为生活能自理，能坚持在校学习，可留校继续学习。不能坚持在校学习者，应予退学，由学校按其实际学习年限发给肄业证书，并根据事故性质和伤残程度一次性给予适当经济补助。退学学生回其监护人所在地，当地民政等有关部门应协助做好接收、落户等工作，由当地劳动部门按国家关于残疾人劳动就业有关规定安置。

第二十九条　学生因病死亡和责任不由学校承担的意外死亡，学校不承担丧葬费。如家庭确有困难者，学校可酌情予以一次性经济补助。

第三十条　因责任不在本人的意外死亡学生，由学校或有关单位参照国家关于事业职工死亡丧葬有关规定处理，负担丧葬费的全部，学校可一次性给予适当经济补助。无论何种情况（事故）给予的经济补助，一般不超过国家规定的学生在校期间（以四年计）的平均奖学金数。

凡是事故责任由学校以外的其他单位、个人承担的，学校不再给予经济补助。

第三十一条　因保护国家财产和他人人身安全，见义勇为而致残或英勇牺牲的学生，学校应报请所在省（自治区、直辖市）人民政府授予荣誉称号，并给予相应的待遇。

第三十二条　对事故处理不服或持有异议者，可向学校或学校上一级部门申诉，或者依法向人民法院提起民事诉讼。

## 第五章 附 则

第三十三条 普通高等学校研究生事故处理，参照本办法执行。

第三十四条 本暂行规定结合《普通高等学校学生管理规定》、《高等学校校园秩序管理若干规定》试行。

第三十五条 各省、自治区、直辖市教育行政部门和各高等学校可根据本暂行规定制定实施细则。

第三十六条 本暂行规定由国家教育委员会解释。

第三十七条 本暂行规定自发布之日起试行。

国家教育委员会

一九九二年四月十五日

# 学生伤害事故处理办法

## （中华人民共和国教育部令第12号）

《学生伤害事故处理办法》已于2002年3月26日经部务会议讨论通过，现予发布，自2002年9月1日起施行。

部长陈至立

二〇〇二年六月二十五日

## 第一章　总　则

第一条　为积极预防、妥善处理在校学生伤害事故，保护学生、学校的合法权益，根据《中华人民共和国教育法》、《中华人民共和国未成年人保护法》和其他相关法律、行政法规及有关规定，制定本办法。

第二条　在学校实施的教育教学活动或者学校组织的校外活动中，以及在学校负有管理责任的校舍、场地、其他教育教学设施、生活设施内发生的，造成在校学生人身损害后果的事故的处理，适用本办法。

第三条　学生伤害事故应当遵循依法、客观公正、合理适当的原则，及时、妥善地处理。

第四条　学校的举办者应当提供符合安全标准的校舍、场地、其他教育教学设施和生活设施。教育行政部门应当加强学校安全工作，指导学校落实预防学生伤害事故的措施，指导、协助学校妥善处理学生伤害事故，维护学校正常的教育教学秩序。

第五条　学校应当对在校学生进行必要的安全教育和自护自救教育；应当按照规定，建立健全安全制度，采取相应的管理措施，预防和消除教育教学环境中存在的安全隐患；当发生伤害事故时，应当及时采取措施救助受伤害学生。学校对学生进行安全教育、管理和保护，应当针对学生年龄、认知能力和法律行为能力的不同，采用相应的内容和预防措施。

第六条　学生应当遵守学校的规章制度和纪律；在不同的受教育阶段，应当根据自身的年龄、认知能力和法律行为能力，避免和消除相应的危险。

第七条　未成年学生的父母或者其他监护人（以下称为监护人）应当依法履行监护职责，配合学校对学生进行安全教育、管理和保护工作。学校对未成年学生不承担监护职责，但法律有规定的或者学校依法接受委托承担相应监护职责的情形除外。

## 第二章　事故与责任

第八条　学生伤害事故的责任，应当根据相关当事人的行为与损害后果之间的因果关系依法确定。

因学校、学生或者其他相关当事人的过错造成的学生伤害事故，相关当事人应当根据其行为过错程度的比例及其与损害后果之间的因果关系承担相应的责任。当事人的行为是损害后果发生的主要原因，应当承担主要责任；当事人的行为是损害后果发生的非主要原因，承担相应的责任。

第九条　因下列情形之一造成的学生伤害事故，学校应当依法承担相应的责任：

（一）学校的校舍、场地、其他公共设施，以及学校提供给学生使用的学具、教育教学和生活设施、设备不符合国家规定的标准，或者有明显不安全因素的；

（二）学校的安全保卫、消防、设施设备管理等安全管理制度有明显疏漏，或者管理混乱，存在重大安全隐患，而未及时采取措施的；

（三）学校向学生提供的药品、食品、饮用水等不符合国家或者行业的有关标准、要求的；

（四）学校组织学生参加教育教学活动或者校外活动，未对学生进行相应的安全教育，并未在可预见的范围内采取必要的安全措施的；

（五）学校知道教师或者其他工作人员患有不适宜担任教育教学工作的疾病，但未采取必要措施的；

（六）学校违反有关规定，组织或者安排未成年学生从事不宜未成年人参加的劳动、体育运动或者其他活动的；

（七）学生有特异体质或者特定疾病，不宜参加某种教育教学活动，学校知道或者应当知道，但未予以必要的注意的；

（八）学生在校期间突发疾病或者受到伤害，学校发现，但未根据实际情况及时采取相应措施，导致不良后果加重的；

（九）学校教师或者其他工作人员体罚或者变相体罚学生，或者在履行职责过程中违反工作要求、操作规程、职业道德或者其他有关规定的；

（十）学校教师或者其他工作人员在负有组织、管理未成年学生的职责期间，发现学生行为具有危险性，但未进行必要的管理、告诫或者制止的；

（十一）对未成年学生擅自离校等与学生人身安全直接相关的信息，学校发现或者知道，但未及时告知未成年学生的监护人，导致未成年学生因脱离监护人的保护而发生伤害的；

（十二）学校有未依法履行职责的其他情形的。

第十条　学生或者未成年学生监护人由于过错，有下列情形之一，造成学生伤害事故，应当依法承担相应的责任：

（一）学生违反法律法规的规定，违反社会公共行为准则、学校的规章制度或者纪律，实施按其年龄和认知能力应当知道具有危险或者可能危及他人的行为的；

（二）学生行为具有危险性，学校、教师已经告诫、纠正，但学生不听劝阻、拒不改正的；

（三）学生或者其监护人知道学生有特异体质，或者患有特定疾病，但未告知学校的；

（四）未成年学生的身体状况、行为、情绪等有异常情况，监护人知道或者已被学校告知，但未履行相应监护职责的；

（五）学生或者未成年学生监护人有其他过错的。

第十一条　学校安排学生参加活动，因提供场地、设备、交通工具、食品及其他消费与服务的经营者，或者学校以外的活动组织者的过错造成的学生伤害事故，有过错的当事人应当依法承担相应的责任。

第十二条 因下列情形之一造成的学生伤害事故，学校已履行了相应职责，行为并无不当的，无法律责任：

（一）地震、雷击、台风、洪水等不可抗的自然因素造成的；

（二）来自学校外部的突发性、偶发性侵害造成的；

（三）学生有特异体质、特定疾病或者异常心理状态，学校不知道或者难于知道的；

（四）学生自杀、自伤的；

（五）在对抗性或者具有风险性的体育竞赛活动中发生意外伤害的；

（六）其他意外因素造成的。

第十三条 下列情形下发生的造成学生人身损害后果的事故，学校行为并无不当的，不承担事故责任；事故责任应当按有关法律法规或者其他有关规定认定：

（一）在学生自行上学、放学、返校、离校途中发生的；

（二）在学生自行外出或者擅自离校期间发生的；

（三）在放学后、节假日或者假期等学校工作时间以外，学生自行滞留学校或者自行到校发生的；

（四）其他在学校管理职责范围外发生的。

第十四条 因学校教师或者其他工作人员与其职务无关的个人行为，或者因学生、教师及其他个人故意实施的违法犯罪行为，造成学生人身损害的，由致害人依法承担相应的责任。

## 第三章 事故处理程序

第十五条 发生学生伤害事故，学校应当及时救助受伤害学生，并应当及时告知未成年学生的监护人；有条件的，应当采取紧急救援等方式救助。

第十六条 发生学生伤害事故，情形严重的，学校应当及时向主管教育行政部门及有关部门报告；属于重大伤亡事故的，教育行政部门应当按照有关规定及时向同级人民政府和上一级教育行政部门报告。

第十七条 学校的主管教育行政部门应学校要求或者认为必要，可以指导、协助学校进行事故的处理工作，尽快恢复学校正常的教育教学秩序。

第十八条　发生学生伤害事故，学校与受伤害学生或者学生家长可以通过协商方式解决；双方自愿，可以书面请求主管教育行政部门进行调解。成年学生或者未成年学生的监护人也可以依法直接提起诉讼。

第十九条　教育行政部门收到调解申请，认为必要的，可以指定专门人员进行调解，并应当在受理申请之日起60日内完成调解。

第二十条　经教育行政部门调解，双方就事故处理达成一致意见的，应当在调解人员的见证下签订调解协议，结束调解；在调解期限内，双方不能达成一致意见，或者调解过程中一方提起诉讼，人民法院已经受理的，应当终止调解。调解结束或者终止，教育行政部门应当书面通知当事人。

第二十一条　对经调解达成的协议，一方当事人不履行或者反悔的，双方可以依法提起诉讼。

第二十二条　事故处理结束，学校应当将事故处理结果书面报告主管的教育行政部门；重大伤亡事故的处理结果，学校主管的教育行政部门应当向同级人民政府和上一级教育行政部门报告。

## 第四章　事故损害的赔偿

第二十三条　对发生学生伤害事故负有责任的组织或者个人，应当按照法律法规的有关规定，承担相应的损害赔偿责任。

第二十四条　学生伤害事故赔偿的范围与标准，按照有关行政法规、地方性法规或者最高人民法院司法解释中的有关规定确定。教育行政部门进行调解时，认为学校有责任的，可以依照有关法律法规及国家有关规定，提出相应的调解方案。

第二十五条　对受伤害学生的伤残程度存在争议的，可以委托当地具有相应鉴定资格的医院或者有关机构，依据国家规定的人体伤残标准进行鉴定。

第二十六条　学校对学生伤害事故负有责任的，根据责任大小，适当予以经济赔偿，但不承担解决户口、住房、就业等与救助受伤害学生、赔偿相应经济损失无直接关系的其他事项。学校无责任的，如果有条件，可以根据实际情况，本着自愿和可能的原则，对受伤害学生给予适当的帮助。

第二十七条　因学校教师或者其他工作人员在履行职务中的故意或者重大过失造成的学生伤害事故，学校予以赔偿后，可以向有关责任人员追偿。

第二十八条　未成年学生对学生伤害事故负有责任的，由其监护人依法承担相应的赔偿责任。学生的行为侵害学校教师及其他工作人员以及其他组织、个人的合法权益，造成损失的，成年学生或者未成年学生的监护人应当依法予以赔偿。

第二十九条　根据双方达成的协议、经调解形成的协议或者人民法院的生效判决，应当由学校负担的赔偿金，学校应当负责筹措；学校无力完全筹措的，由学校的主管部门或者举办者协助筹措。

第三十条　县级以上人民政府教育行政部门或者学校举办者有条件的，可以通过设立学生伤害赔偿准备金等多种形式，依法筹措伤害赔偿金。

第三十一条　学校有条件的，应当依据保险法的有关规定，参加学校责任保险。教育行政部门可以根据实际情况，鼓励中小学参加学校责任保险。提倡学生自愿参加意外伤害保险。在尊重学生意愿的前提下，学校可以为学生参加意外伤害保险创造便利条件，但不得从中收取任何费用。

## 第五章　事故责任者的处理

第三十二条　发生学生伤害事故，学校负有责任且情节严重的，教育行政部门应当根据有关规定，对学校的直接负责的主管人员和其他直接责任人员，分别给予相应的行政处分；有关责任人的行为触犯刑律的，应当移送司法机关依法追究刑事责任。

第三十三条　学校管理混乱，存在重大安全隐患的，主管的教育行政部门或者其他有关部门应当责令其限期整顿；对情节严重或者拒不改正的，应当依据法律法规的有关规定，给予相应的行政处罚。

第三十四条　教育行政部门未履行相应职责，对学生伤害事故的发生负有责任的，由有关部门对直接负责的主管人员和其他直接责任人员分别给予相应的行政处分；有关责任人的行为触犯刑律的，应当移送司法机关依法追究刑事责任。

第三十五条　违反学校纪律，对造成学生伤害事故负有责任的学生，学校可以给予相应的处分；触犯刑律的，由司法机关依法追究刑事责任。

第三十六条　受伤害学生的监护人、亲属或者其他有关人员，在事故处理过程中无理取闹，扰乱学校正常教育教学秩序，或者侵犯学校、学校教师或者其他工作人员的合法权益的，学校应当报告公安机关依法处理；造成损失的，可以依法要求赔偿。

## 第六章　附　则

第三十七条　本办法所称学校，是指国家或者社会力量举办的全日制的中小学（含特殊教育学校）、各类中等职业学校、高等学校。本办法所称学生是指在上述学校中全日制就读的受教育者。

第三十八条　幼儿园发生的幼儿伤害事故，应当根据幼儿为完全无行为能力人的特点，参照本办法处理。

第三十九条　其他教育机构发生的学生伤害事故，参照本办法处理。在学校注册的其他受教育者在学校管理范围内发生的伤害事故，参照本办法处理。

第四十条　本办法自2002年9月1日起实施，原国家教委、教育部颁布的与学生人身安全事故处理有关的规定，与本办法不符的，以本办法为准。在本办法实施之前已处理完毕的学生伤害事故不再重新处理。

# 常用应急电话

## 一、国内常用应急电话

（1）火警报警电话　119

（2）匪警报警电话　110

（3）普通道路交通事故报警电话　122

（4）高速公路交通事故报警电话　12122

（5）医疗急救电话　120

（6）电话号码查询　114

（7）天气预报　12121

（8）通常紧急状态求救　112

（9）邮编查询　184

（10）邮政特快专递　185

（11）香港：紧急求救电话　999

（12）澳门：紧急求救电话　000

## 二、国外报警电话

1. 亚洲

新加坡：紧急呼叫 999　火警 995　警察 999　救护车 999

马来西亚：紧急呼叫 112　火警 994/992　警察 999　救护车 999　查号台 103

泰国：紧急呼叫 191　火警 199　警察 195　查号台 105

印度：警察 100　救护车 102　火警 101　交通警 103

伊朗：110

以色列：警察 100　救护车 101　火警 102

日本：警察 110　火警 119

2. 欧洲

欧洲多数常用紧急数字：112 适用于奥地利、比利时、克罗地亚、塞浦路斯、捷克、丹麦、芬兰、德国、希腊、爱沙尼亚、法国、冰岛、爱尔兰、意大利、拉脱维亚、列支敦士登、立陶宛、卢森堡、荷兰、挪威、波兰、葡萄牙、斯洛文尼亚、西班牙、瑞典、瑞士、土耳其、英国

奥地利：警察 133　救护车 144　火警 122

比利时：通用紧急 112　警察 101　火警和救护车 100

克罗地亚：警察 92　救护车 94　火警 93

塞浦路斯：通用紧急 112，199

捷克：警察 158　救护车 155　火警 150

芬兰：通用紧急 112　警察 10022

法国：通用紧急 112　警察 17　救护车 15

英国：通用紧急 999，112

爱尔兰：通用紧急固定电话 999　移动电话 112

挪威：警察 112　火警和救护车 110

德国：警察 110　火警或救护车 112

意大利：警察 113　救护车 118　火警或灾害 115

波兰：警察 997　救护车 999　火警 998

葡萄牙：112

俄罗斯：警察 02　救护车 03　火警 01　气体泄漏 04

斯洛伐克：警察 158　救护车 155　火警 150

瑞士：警察 117　救护车 144　火警 118

立陶宛：警察 02　救护车 03　火警 01

3. 大洋洲

澳大利亚：000（若使用移动电话，您必须告诉操作员您在哪个洲）

新西兰：111

4. 北美洲

加拿大：911

墨西哥：060 或 080

美国：911

5. 南美洲

玻利维亚：救护车 118　警察 110

巴西：警察 190　救护车 192　火警 193

［交保卫处备案］

# 大学生安全行为规范告知书

为了进一步加强对大学生的安全教育和管理，维护学校的安全、稳定和正常的教学、生活秩序，确保广大同学的生命财产安全，本着对学生、家庭、社会负责任的态度，现将大学生应遵守和履行的安全行为规范告知如下：

一、严格遵守国家法律法规和学校各项规章制度，加强安全知识学习，切实提高安全防范意识和安全防范能力。

二、严格遵守学校消防安全的有关规定，自觉爱护学校的消防设施，不在宿舍内乱拉电线，不在学生宿舍使用违规电器以及其他加热器具；离开宿舍时，必须关掉一切电源，做到“人走电关”。不在学生宿舍、食堂、教室、实验训练场所、图书馆等室内公共场所吸烟、焚烧纸张等，以及以其他方式使用明火，使用蚊香须摆放于安全位置。

三、自觉遵守交通法规，外出须乘坐正规运输公司的安全状况合格的交通工具，不无证驾驶或驾驶无证车辆，不飙车，遵守学校相关交通安全管理规定。

四、不到危险地带游玩；不到江、河、湖、塘中游泳，到正规的游泳场馆游泳须结伴同行，并切实遵守安全管理规章制度，以防发生溺水等意外事故。

五、遵纪守法，不酗酒斗殴，不寻衅滋事，不盗窃财物，自觉远离“黄、赌、毒”。

六、自觉遵守国家计算机网络安全管理办法，不得利用计算机网络从事危害国家安全、泄露国家秘密等犯罪活动。

七、自觉遵守实验、实习、生产等各项安全制度，不擅离职守，不违章操作，不接触危险品。

八、注意饮食卫生，不到无证经营和不卫生的摊点、餐馆就餐；维护身心健康，参加体育锻炼，保持健康阳光心态。

九、不参与非法传销及邪教、封建迷信活动；不从事或者参与有损大学生形象、有损社会公德的活动。

十、妥善保管个人信息，增强自我保护意识，防止电信、网络诈骗以及其他各种诈骗。

十一、所有学生对人身、公共财产安全都应尽充分注意的义务，如遇突发性事故，所有知情（发现）者、当事人，都应积极施救并在第一时间向班主任、辅导员报告或报警。

本人已知晓上述安全行为规范　　　　签名：

年　月　日

院系：　　　　专业（班级）：　　　　学号：

宿舍或家庭地址：　　　　　　　　　手机：

备注：本告知书一式两份，一份学生自存，一份由院系或校保卫处备案。

[学生本人留存]

# 大学生安全行为规范告知书

为了进一步加强对大学生的安全教育和管理，维护学校的安全、稳定和正常的教学、生活秩序，确保广大同学的生命财产安全，本着对学生、家庭、社会负责任的态度，现将大学生应遵守和履行的安全行为规范告知如下：

一、严格遵守国家法律法规和学校各项规章制度，加强安全知识学习，切实提高安全防范意识和安全防范能力。

二、严格遵守学校消防安全的有关规定，自觉爱护学校的消防设施，不在宿舍内乱拉电线，不在学生宿舍使用违规电器以及其他加热器具；离开宿舍时，必须关掉一切电源，做到“人走电关”。不在学生宿舍、食堂、教室、实验训练场所、图书馆等室内公共场所吸烟、焚烧纸张等，以及以其他方式使用明火，使用蚊香须摆放于安全位置。

三、自觉遵守交通法规，外出须乘坐正规运输公司的安全状况合格的交通工具，不无证驾驶或驾驶无证车辆，不飙车，遵守学校相关交通安全管理规定。

四、不到危险地带游玩；不到江、河、湖、塘中游泳，到正规的游泳场馆游泳须结伴同行，并切实遵守安全管理规章制度，以防发生溺水等意外事故。

五、遵纪守法，不酗酒斗殴，不寻衅滋事，不盗窃财物，自觉远离“黄、赌、毒”。

六、自觉遵守国家计算机网络安全管理办法，不得利用计算机网络从事危害国家安全、泄露国家秘密等犯罪活动。

七、自觉遵守实验、实习、生产等各项安全制度，不擅离职守，不违章操作，不接触危险品。

八、注意饮食卫生，不到无证经营和不卫生的摊点、餐馆就餐；维护身心健康，参加体育锻炼，保持健康阳光心态。

九、不参与非法传销及邪教、封建迷信活动；不从事或者参与有损大学生形象、有损社会公德的活动。

十、妥善保管个人信息，增强自我保护意识，防止电信、网络诈骗以及其他各种诈骗。

十一、所有学生对人身、公共财产安全都应尽充分注意的义务，如遇突发性事故，所有知情（发现）者、当事人，都应积极施救并在第一时间向班主任、辅导员报告或报警。

本人已知晓上述安全行为规范　　　　签名：

年　月　日

院系：　　　　专业（班级）：　　　　学号：

宿舍或家庭地址：　　　　手机：

备注：本告知书一式两份，一份学生自存，一份由院系或校保卫处备案。

# 参考文献

[1] 李四军．大学生安全教育［M］．西安：陕西师范大学出版社，2013.

[2] 徐凯．大学生安全教育［M］．西安：西安电子科技大学出版社，2014.

[3] 方言．大学生安全教育［M］．北京：电子工业大学出版社，2012.

[4] 王明．学生安全防范常识［M］．北京：中国社会出版社，2006.

[5] 中共北京市教育工作委员会，北京高教学会保卫学研究会．大学生安全知识［M］．北京：机械工业出版社，2006.

[6] 杨军．大学生安全知识读本［M］．北京：北京师范大学出版社，2007.

[7] 上海市教育委员会学生后勤保卫处，上海市高等教育学会保卫学研究会．大学生安全教育［M］．上海：同济大学出版社，2012.

[8] 朱剑秋．互联网治理中的不良信息治理［D］．北京：北京邮电大学，2008.

[9] 王强．大学生网络安全教育与问题干预［J］．湘潮（下半月），2010（12）：108-109.

[10] 李朋飞，等．浅析计算机病毒及其防范策略［J］．科技信息（学术版），2008（18）：516-517.